应用技能型院校"十四五"规划教材

Python在财务中的应用

主 编:肖 晓 张新成 郑 胤

立信会计出版社
LIXIN ACCOUNTING PUBLISHING HOUSE

图书在版编目(CIP)数据

Python 在财务中的应用/肖晓,张新成,郑胤主编.

上海:立信会计出版社,2025.8. --(应用技能型院校

"十四五"规划教材). -- ISBN 978-7-5429-7955-1

Ⅰ. F275-39

中国国家版本馆 CIP 数据核字第 20251PK360 号

策划编辑　　王斯龙　汤　晏

责任编辑　　汤　晏

美术编辑　　北京任燕飞工作室

Python 在财务中的应用

Python ZAI CAIWU ZHONG DE YINGYONG

出版发行	立信会计出版社			
地　　址	上海市中山西路 2230 号	邮政编码	200235	
电　　话	(021)64411389	传　　真	(021)64411325	
网　　址	www.lixinaph.com	电子邮箱	lixinaph2019@126.com	
网上书店	http://lixin.jd.com		http://lxkjcbs.tmall.com	
经　　销	各地新华书店			
印　　刷	浙江临安曙光印务有限公司			
开　　本	787 毫米×1092 毫米	1/16		
印　　张	18			
字　　数	405 千字			
版　　次	2025 年 8 月第 1 版			
印　　次	2025 年 8 月第 1 次			
书　　号	ISBN 978-7-5429-7955-1/F			
定　　价	49.00 元			

如有印订差错,请与本社联系调换

前　　言

《会计信息化发展规划(2021—2025)》指出"十四五"时期我国会计信息化工作的总体目标是:服务我国经济社会发展大局和财政管理工作全局,以信息化支撑会计职能拓展为主线,以标准化为基础,以数字化为突破口,积极推动会计数字化转型,构建符合新时代要求的国家会计信息化发展体系。2021 年,《会计改革与发展"十四五"规划纲要》强调切实加快会计审计数字化转型步伐。由此可见,数字技术正在加快向实体经济的融合渗透,大数据正逐渐成为驱动经济社会发展的新的生产要素,驱动财会产业链数字化升级,也对财会人员提出了新要求。

当今时代,技术的变革引领产业变革,产业变革倒逼企业进行商业模式改革,商业模式变革催化企业转型,企业转型引发用人需求的变革,而用人需求变革只能由高校人才培养模式变革来解决。在新经济环境下,社会对会计人员的工作技能同样提出了新的要求。Python 作为开源、简洁、易学的开发语言,已经在 Web 开发、运维自动化、人工智能、大数据采集、分析等领域得到广泛应用。在此背景下,可开设"Python 在财务中的应用"课程,并将其作为会计学、审计学、财务管理专业的基础必修课。该课程从财务人员的角度出发,以基本语法知识为基础,系统地讲解 Python 语言在财务信息挖掘、检索、提取和应用分析中的应用,从而提升学生的逻辑思维和数字素养。

本书与新道科技股份有限公司联合开发,以"Python 基础"课程平台为基础,以财务应用场景为主线。本书分为 Python 基础部分和 Python 在财务中的应用部分,用 12 个教学项目讲解 Python 基础、财务数据分析可视化及 Python 在财务工作中的应用等内容,旨在培养学生利用 Python 分析财务数据、实现财务决策的数字化思维和分析能力,为后续深入学习其他大数据课程夯实基础。

Python 基础部分由认知 Python、Python 基本操作、Python 高级数据类型、程序控制语句、函数、Python 中的模块、包和库、文件及目录操作构成,是财务数据分析和应用的基础。

Python 在财务中的应用部分由 pandas 库、Python 中的网络爬虫、Python 数据可视化、Python 财务工作自动化以及 Python 在财务中的综合应用构成,主要讲述如何获取、加工和可视化呈现数据,全面展示数据分析的完整流程,帮助学生运用 Python 处理财务会计与管理会计问题,并利用数据分析结果为企业决策提供支持。本书的主要特色包括以下几个方面。

1. 多元化融入思政元素

结合《高等学校课程思政建设指导纲要》,本书多元化、多角度地融入数据安全、家国情怀、社会主义核心价值观等课程思政内容,每个项目都有"拓展阅读"模块,帮助学生开阔视野,实现学生价值引领与能力培养有机融合。

2. 注重理论创新应用,项目驱动,体系完整

本书基于 Python 3.10,以项目的形式组织内容,循序渐进地讲解 Python 在财务工作中的应用原理及具体应用方法,创新性地将侧重点向财务工作转移,突出财务工作中 Python 的灵活应用。

3. 丰富的财务场景,坚持问题导向

Python 开发原是计算机专业课程,财会专业学生在相关课程内容学习、知识理解、实践操作方面都存在一定的难度和专业限制。本书充分考虑财会专业学生的特点和知识结构,对 Python 开发内容重新进行全方位的设计,围绕 Python 在财务中的应用场景及主要矛盾,提供丰富翔实的财务案例,将 Python 编程与财务应用紧密结合,实现知行合一。

4. 与会计专业深度结合,适用范围广泛

本书实例丰富、内容翔实、简单易学,其创新点在于增加了丰富、实用的财务案例内容。因此,本书不仅适合作为高等院校财务会计相关专业的教材,还可供从事数据分析相关工作的专业人士参考,同时可作为智能财税职业技能等级证书考试用书和智能财税技能大赛参赛学员的培训参考用书。

5. 配套资源丰富,呈现形式灵活

本书提供配套软件、习题库、案例代码、电子课件、视频、思维导图等多种教学资源,"Python 基础"课程平台涵盖 100 余个技术点详解、代码实验等,覆盖财务核算、管理决策等多个应用场景,支持零门槛学习和全流程教学。学生也可以直接按照书中详细讲解的内容和配套的代码等电子资源进行操作,体验使用 Python 解决财务问题的快捷和高效。

6. 产教深度融合,促进职业能力培养

本书使用了新道科技股份有限公司"Python 在财务中的应用平台",形成了以企业人才需求为逻辑起点、以场景化教学为支撑、以岗位需求为导向的立体化教学内容体系。本书由深入了解财务工作的企业专家负责数据建设及案例开发,教学内容更契合岗位需要;由会计专业专任教师将典型的产业经验转化为教学资源,以满足学生需求,有利于学生职业能力的培养。

本书由肖晓、张新成、郑胤担任主编。在编写过程中,编者得到了立信会计出版社、新道科技股份有限公司的大力支持,在此一并表示感谢!由于编者水平有限,本书难免存在不足之处,恳请广大读者批评指正。

编者

2025 年 8 月

目　　录

项目一
认知 Python

1. 了解编程语言、Python 的特点和应用领域。
2. 了解 Python 环境的搭建。
3. 掌握 Python 常用的开发工具。

1. 能够熟练使用至少一种集成开发环境(IDLE)进行 Python 开发,掌握代码编写、调试和运行的基本操作。
2. 能够根据项目需求配置开发工具,包括安装插件、设置运行环境等。

1. 通过熟练使用开发工具,提高编程和开发效率。
2. 理解版本控制的重要性,养成及时提交代码的习惯。
3. 通过建立 Python 环境,培养积极实践操作的意识。

知识导图

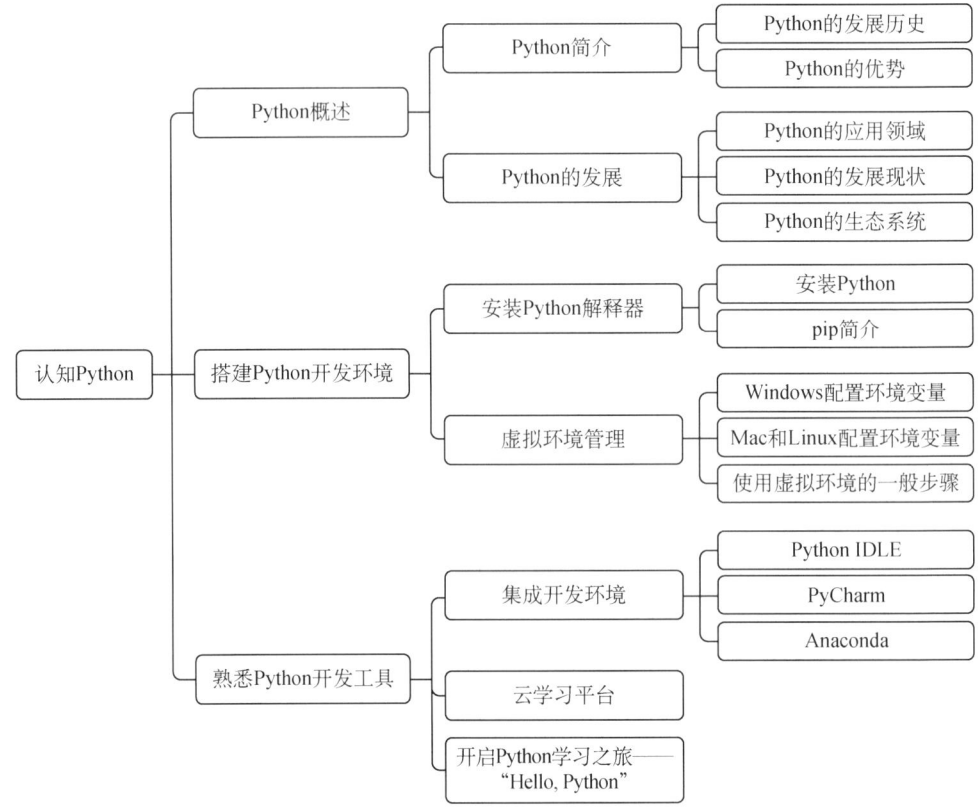

任务一　Python 概述

一、Python 简介

Python 是一种功能强大、易学易用的高级编程语言,于 1989 年由 Guido van Rossum 创立,并于 1991 年首次发布。Python 以其简洁易读的语法和强大的标准库著称,广泛应用于 Web 开发、数据分析、人工智能、科学计算、自动化等领域。Python 支持多种编程范式,包括面向对象、函数式和过程式编程,具有良好的跨平台兼容性,能够在 Windows、Linux、macOS 等操作系统上运行。此外,Python 拥有一个庞大且活跃的社区,该社区提供了丰富的第三方库和工具,极大地扩展了其功能和应用范围。

(一) Python 的发展历史

Python 的发展历史如表 1-1 所示。

表 1-1 Python 的发展历史

年份	事件
1989 年	Guido van Rossum 开始设计 Python
1991 年	Python 0.9.0 发布，支持函数、异常处理和核心数据类型
2000 年	Python 2.0 发布，引入垃圾回收和 Unicode 支持
2008 年	Python 3.0 发布，进行了许多不兼容更改以改进语言的一致性和简洁性
2020 年	Python 2.x 系列正式停止支持，Python 3.x 成为主流版本

（二）Python 的优势

Python 之所以广受欢迎，是因为 Python 的语法设计简单直观，代码风格清晰，易于理解和维护。这使得 Python 成为初学者的首选语言。Python 的优势如表 1-2 所示。

表 1-2 Python 的优势

优势	描述
易学易用	Python 语法简洁明了，适合初学者入门，代码可读性高
丰富的库和框架	Python 拥有庞大的标准库和第三方库，涵盖科学计算、数据分析、Web 开发等多个领域
跨平台性	Python 可以在 Windows、MacOS 和 Linux 等多种操作系统上运行
强大的社区支持	Python 有一个活跃的开发者社区，提供了大量的资源和支持

二、Python 的发展

（一）Python 的应用领域

Python 在许多领域都有广泛的应用，包括 Web 开发，即使用 Django、Flask 等框架构建高性能的 Web 应用；数据科学与大数据，即使用 NumPy、pandas、Matplotlib 等库进行数据分析和可视化，使用 Spark 等工具处理大数据；人工智能与机器学习，即使用 TensorFlow、Keras、PyTorch 等框架构建智能系统和机器学习模型；自动化脚本，即编写脚本自动化完成重复性任务，提高工作效率；游戏开发，即使用 Pygame 等库开发简单的游戏和图形应用；网络爬虫，即使用 Beautiful Soup、Scrapy 等工具抓取和处理网页数据。

（二）Python 的发展现状

自其发布以来，Python 经历了多个主要版本，每个版本都引入了新的功能和改进。版本更新展示了 Python 从一个简单的编程工具演变为一个功能强大的编程语言平台，支持各种复杂的应用开发需求。每个新版本不仅增加了新的功能，还不断改进性能和安全性，确保 Python 在不断变化的技术环境中保持竞争力。Python 版本的变化及其主要功能如表 1-3 所示。

表 1-3　**Python 版本的变化及其主要功能**

版本	发布时间	变化和主要功能
Python 1.0	1994 年 1 月	初始版本,包含基本的语法和数据结构(如列表、字典),以及模块和异常处理机制
Python 2.0	2000 年 10 月	引入垃圾回收机制,支持 Unicode,增加了列表解析,推出了 distutils 工具用于包管理
Python 2.2	2001 年 12 月	引入新式类(新型对象模型),迭代器和生成器,统一类型和类的层次结构
Python 2.7	2010 年 7 月	Python 2.x 系列的最后一个主要版本,增加了对新的语法特性(如字典理解和集合理解)的支持,改善了 Unicode 处理,增强了标准库
Python 3.0	2008 年 12 月	重大改动,不兼容 Python 2.x,改进了打印函数、整数除法、文本处理(引入了字节类型和 Unicode 字符串)、错误处理和标准库结构
Python 3.3	2012 年 9 月	引入 yield from 语法,改进了虚拟环境(venv),并增加了新的标准库模块(如 faulthandler、lzma)
Python 3.4	2014 年 3 月	引入 asyncio 模块用于异步编程,增加了路径处理的标准库模块 pathlib,改善了对象序列化和反序列化功能
Python 3.5	2015 年 9 月	引入 async 和 await 关键字,增强了对协程的支持,改进了矩阵乘法(@运算符),添加了类型提示(type hints)
Python 3.6	2016 年 12 月	增加了格式化字符串字面值(f-strings),改进了字典的顺序保存特性,优化了异步生成器和异步推导式
Python 3.7	2018 年 6 月	引入数据类(dataclasses),改进了模块级别的 __getattr__ 和 __dir__,增强了异步编程的性能和可读性
Python 3.8	2019 年 10 月	增加了赋值表达式(海象运算符:=),优化了 positional-only 参数的支持,改进了 f-string 格式化和标准库中的多个模块
Python 3.9	2020 年 10 月	引入了类型提示的新语法(泛型),移除了对旧版本 Python 的过时模块,改进了标准库模块(如 zoneinfo)
Python 3.10	2021 年 10 月	增加了模式匹配(match-case),改进了类型提示,增强了错误消息的清晰度和可读性
Python 3.11	2022 年 10 月	进一步提升了性能,引入了更快的解释器,更好地支持异步编程,改进了错误处理和调试功能
Python 3.12	2023 年 10 月	计划改进标准库模块,增强对最新技术和最佳实践的支持,进一步提升语言的性能和安全性

　　Python 在过去几年中发展迅速,已经成为全球最受欢迎的编程语言之一。根据 TIOBE 指数和 Stack Overflow 开发者调查,Python 的受欢迎程度持续上升,其被广泛应用于教育、科研和工业界。2023 年 Python TIOBE 指数如图 1-1 所示。

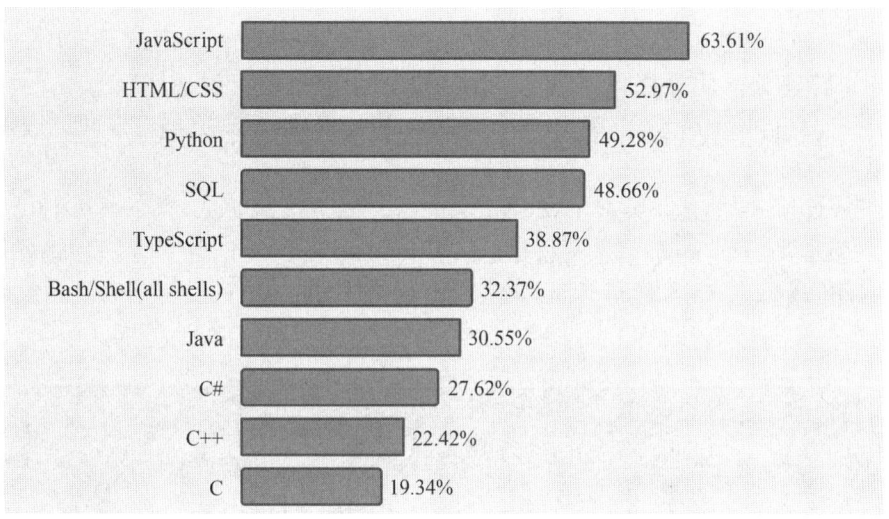

图 1-1　2023 年 Python TIOBE 指数

（三）Python 的生态系统

Python 的生态系统非常丰富，其拥有大量的库和框架，极大地扩展了其应用范围。Python 的应用领域如表 1-4 所示。

表 1-4　Python 的应用领域

领域	常用库和框架
Web 开发	Django、Flask、Tornado
数据科学与机器学习	NumPy、pandas、Matplotlib、Scikit-Learn、TensorFlow、Keras
自动化与脚本编写	Selenium、Requests、BeautifulSoup
网络爬虫	Scrapy
图像处理	Pillow、OpenCV
游戏开发	Pygame

任务二　搭建 Python 开发环境

一、安装 Python 解释器

在学习和使用 Python 之前，需要搭建一个适合的开发环境。本部分将详细介绍如何在不同操作系统上搭建 Python 开发环境，包括安装 Python、验证安装是否成功、安装 pip、创建虚拟环境。搭建 Python 开发环境是为了创建一个稳定、高效的工作环境，使开发者能够编写、测试和运行 Python 代码。

（一）安装 Python

Python 解释器是执行 Python 代码的程序。可以从 Python 官方网站下载并安装最新版本的 Python 解释器。此处以 Python3.12.3 的安装为例进行讲解，先进入 Python 官网（https://www.Python.org/）下载 Python3.12.3 的版本，打开浏览器输入网址进入 Python 官网，如图 1-2 所示。

点击"Downloads"进入下载界面，选择"Windows"进入下载页面，在下载页面找到符合计算机系统的版本，如 Python3.12.3。根据电脑 Windows 版本点击"下载"，一般选择应用文件"Windows x86-64 exe-cautable installer"进行下载，根据电脑默认设置下载到预设的电脑磁盘位置。

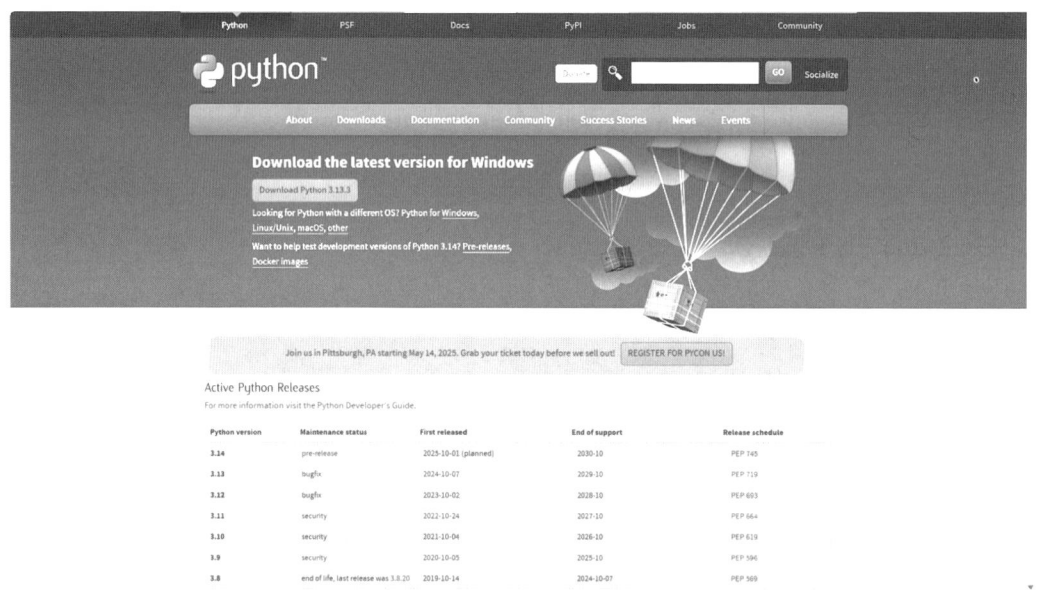

图 1-2　进入 Python 官网

完成后，打开运行，出现安装界面，建议勾选"Add Python3.12 to path"，若未勾选需自己配置环境变量，点击"Install Now"，进入安装界面，等待安装完成即可。安装完成后，打开命令提示符（CMD）或 PowerShell，输入"Python --version"或"Python3 --version"（取决于你的系统和安装情况），如果返回 Python 版本号，则说明安装成功。Python 在 Windows 成功安装如图 1-3 所示。

图 1-3　Python 在 Windows 成功安装

（二）pip 简介

pip 是 Python 的包管理工具，用于安装和管理 Python 软件包。通过 pip，开发者可以轻松地下载、安装、更新和卸载来自 Python Package Index（PyPI）和其他源的第三方库和包。pip 极大地简化了依赖管理，确保项目所需的库版本一致，提高了开发效率和项目的可维护性。

1. pip 的安装

大多数情况下，安装 Python 后，pip 会自动安装。如果你使用的是 Python 3.4 或更高版本，pip 应该已经安装了。可以通过以下步骤来确认 pip 是否已经安装，并升级到最新版本：打开命令行终端（cmd 或 Terminal），运行命令"pip-version"，如果已安装 pip，将会显示 pip 的版本信息；如果未安装，会提示找不到命令。

如果上一步骤显示未找到 pip 命令，则需要手动安装 pip。可以通过下载 get-pip.py 脚本来安装，下载 get-pip.py 脚本：

Python -m wget https://bootstrap.pypa.io/get-pip.py -o get-pip.py

即使已经安装了 pip，也可以通过以下命令来升级到最新版本：

pip install --upgrade pip

2. pip 的基本功能

pip 可以用于 Python 的包的安装、卸载更新等。pip 常用的功能如表 1-5 所示。

表 1-5　pip 常用功能

功能	用法
安装包	使用 pip install package_name 可以从 PyPI 安装指定的包
卸载包	使用 pip uninstall package_name 可以卸载已安装的包
列出已安装包	使用 pip list 可以列出所有已安装的包
查看包信息	使用 pip show package_name 可以查看指定包的详细信息
冻结依赖	使用 pip freeze > requirements.txt 可以生成当前环境中安装包的依赖列表，便于在不同环境中复现安装

3. pip 的应用

以安装 Requests 库为例。Requests 是一个流行的 HTTP 库，用于发送 HTTP 请求。以下是如何使用 pip 安装 Requests 库的示例。

【例 1-1】　使用 pip 安装 Requests 库。

输入代码：

```
1    pip install requests
```

运行结果：

```
Requirement already satisfied: requests in d:\anaconda1\lib\site-packages (2.19.1)
Requirement already satisfied: chardet<3.1.0,>=3.0.2 in d:\anaconda1\lib\site-packages (from requests) (3.0.4)
Requirement already satisfied: idna<2.8,>=2.5 in d:\anaconda1\lib\site-packages (from requests) (2.7)
Requirement already satisfied: urllib3<1.24,>=1.21.1 in d:\anaconda1\lib\site-packages (from requests) (1.23)
Requirement already satisfied: certifi>=2017.4.17 in d:\anaconda1\lib\site-packages (from requests) (2018.8.24)
```

二、虚拟环境管理

虚拟环境是一个虚拟化、从电脑独立开辟出来的环境。使用虚拟环境可以为每个项目创建独立的 Python 环境,避免依赖冲突。Python 3 自带的 venv 模块可以帮助创建虚拟环境。虚拟环境的作用至关重要,通过创建虚拟环境,可以隔离项目环境,管理依赖关系,切换 Python 版本,管理项目开发环境,共享环境配置。

(一) Windows 配置环境变量

右键点击"此电脑",选择"属性",点击"高级系统设置",然后点击"环境变量";在"系统变量"中找到并选中"Path",点击"编辑",点击"新建",将 Python 的安装路径(如 C:\Python39)添加到环境变量中,点击"确定"按钮保存设置。

(二) Mac 和 Linux 配置环境变量

打开终端,编辑". bash_profile"或". bashrc"文件,输入"nano ~/. bash_profile";添加行"export PATH="/usr/local/bin/Python3:$PATH"";保存文件并重新加载配置"source ~/. bash_profile"。

(三) 使用虚拟环境的一般步骤

1. 创建虚拟环境

打开命令行终端(如 cmd、Terminal 等)。确定你想要创建虚拟环境的目录,并在该目录下运行以下命令来创建一个名为"myenv"的虚拟环境。在 cmd 中输入"Python -m venv myenv"创建虚拟环境。

2. 激活虚拟环境

在 Windows 系统中,通过运行命令"myenv\Scripts\activate"来激活虚拟环境。

在 Linux 和 macOS 系统中,通过运行命令"source myenv/bin/activate"来激活虚拟环境。

3. 在虚拟环境中安装 Python 包

激活虚拟环境后,所有通过 pip install 命令安装的 Python 包将被安装到虚拟环境中,而不会影响到全局 Python 环境。例如,可以运行命令"pip install requests"来安装一个名为 requests 的 Python 包。

4. 使用虚拟环境

在激活虚拟环境后,所有的 Python 命令和 pip 命令都会指向该虚拟环境,这意味着在虚拟环境中安装的包和执行的 Python 代码都将在该环境中运行。

5. 退出虚拟环境

当完成了在虚拟环境中的工作时,可以通过运行命令"deactivate"来退出虚拟环境。

任务三　熟悉 Python 开发工具

一、集成开发环境

Python 的集成开发环境(integrated development environment,IDE)是一种用于编写、测

试和调试 Python 代码的软件工具。它们通常提供了丰富的功能和工具，以帮助开发者提高效率并改善开发体验。以下是 3 个常用的 Python 集成开发环境。

（一）Python IDLE

IDLE 是 Python 官方提供的简单集成开发环境，通常随 Python 安装一起提供。它提供了基本的编辑器、交互式 Python Shell、调试器等功能，适用于初学者学习 Python 和简单的脚本编写。但相比于 VS Code 和 PyCharm，IDLE 的功能相对较为有限。

（二）PyCharm

PyCharm 是专门用于 Python 程序开发的跨平台集成开发环境，由 JetBrains 公司开发。PyCharm 具备一般 IDLE 的功能，比如代码分析，使用编码语法、错误高亮、智能检测等功能可实现代码快速补全，帮助用户轻松编写代码。自带 HTML、CSS 和 JavaScript 编辑器，用户可以快速通过 Django 框架进行 web 开发、集成单元测试等。

安装方法：在浏览器中输入网址"https://www.jetbrains.com.cn/en-us/pycharm/"，点击"Downloads"进入下载界面，如图 1-4 所示。选择相应的版本下载安装。

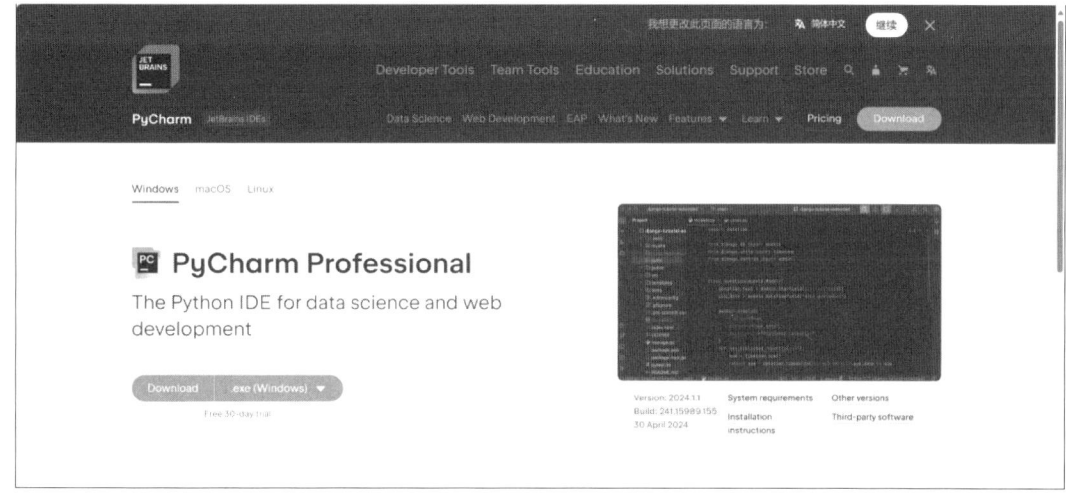

安装

图 1-4　PyCharm 官网下载界面

（三）Anaconda

Anaconda 作为数据科学领域最流行的 Python 开发环境之一，安装使用简单，对 Python 初学者极其友好。相比单独安装 Python 主程序，Anaconda 预装了许多常用的 Python 库，包括 Numpy、pandas 等；同时，Anaconda 捆绑了两个好用的交互式代码编辑器 Spyder 和 Jupyter Notebook。Jupyter Notebook 的优势在于交互性强，可以查看每段代码的运行结果。此外，Anaconda 还支持 Windows、MacOS、Linux 等操作系统。

安装方法：在浏览器中输入"https://www.anaconda.com/"，进入 Anaconda 官网，选择所需版本进行下载，下载完成后 Jupyter Notebook 会出现在 Anaconda 文件夹下。Anaconda 官方下载界面如图 1-5 所示。

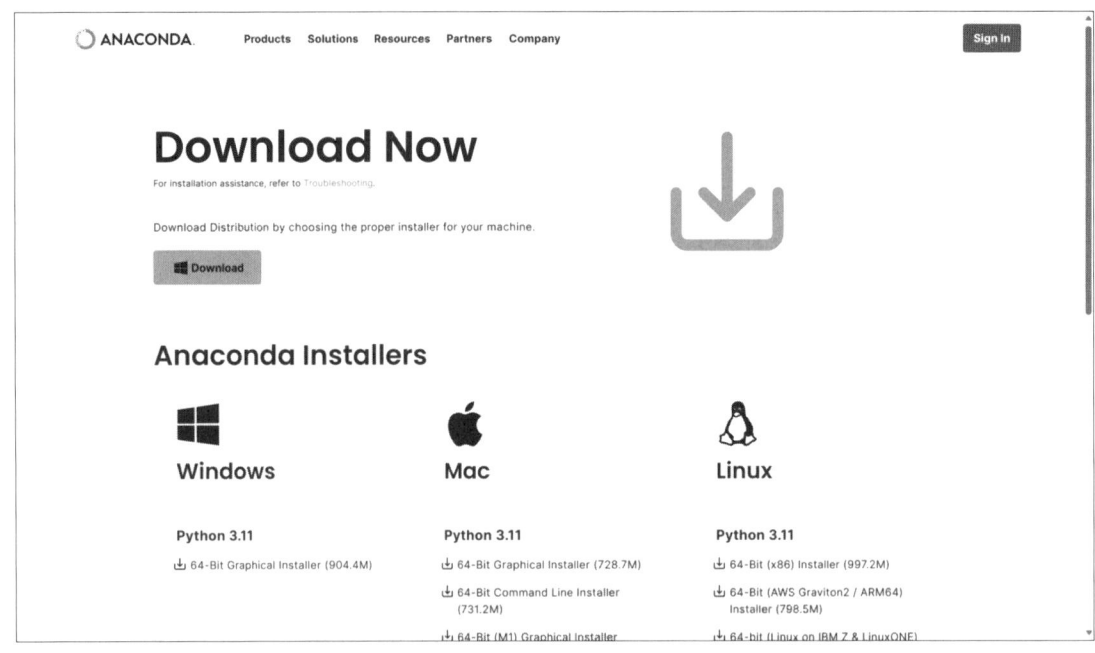

图 1-5　Anaconda 官网下载界面

二、云学习平台

Python 开发工具分为 IDE 和云学习平台。Python IDLE 适合初学者；PyCharm 以强大的代码分析和 Web 开发功能成为专业首选；Anaconda 专注数据科学，预装常用库并集成 Spyder 和 Jupyter Notebook 为数据分析提供便利。除此之外，Python 云学习平台提供了在线的开发、学习和实践环境，帮助用户通过浏览器访问并使用 Python 进行编程、数据分析和机器学习等任务。目前，很多第三方平台提供了 Python 的云编译环境，用户无须自行下载安装 Python 程序、编译环境和依赖的模块，直接登录云平台即可进行操作，如 Google Colab、Kaggle、新道云 Python 学习平台。云学习平台虽具备便捷性，但是缺乏灵活性和自主性。

以新道科技股份有限公司开发的"Python 基础"平台为例，其提供基于浏览器的在线编程环境，无须安装任何软件，即可进行 Python 编程。而且该平台提供系统化的 Python 课程和资源，从基础到高级，涵盖广泛的编程知识和应用。该平台通过实时反馈和互动练习，可提高学习效果，同时，其支持自动代码评测和作业提交，可帮助学生及时了解学习情况。

三、开启 Python 学习之旅——"Hello，Python"

现在以 Jupyter 为例，编写第一个 Python 程序"Hello，Python！"并运行它。选择并打开 Anaconda3 文件夹下的 Jupyter Notebook，进入 Jupyter 界面后，新建 Notebook 文件。新建 Notebook 文件如图 1-6 所示。在 Notebook 代码行中编写并输入代码"print（"Hello，Python！"）"。

【例 1-2】 第一个 Python 程序"Hello,Python"。

输入代码：

```
1  print("Hello, Python!")
```

运行结果：

```
Hello, Python!
```

点击"run"运行所写代码,运行结果如图 1-7 所示。print("Hello,Python!")是 Python 中最基本的输出语句,用于在控制台输出括号内的内容。"Hello,Python!"是一个字符串(由双引号包围的一系列字符),将被打印到屏幕上。

图 1-6　新建 Notebook 文件

图 1-7　Notebook 界面程序运行结果

拓 展 阅 读

数据资产赋能新质生产力:财务数智化转型的引擎和路径

新质生产力,意味着无限的想象力。按照定义,它是由技术革命性突破、生产要素创新性配置、产业深度转型升级而催生的当代先进生产力,以全要素生产率提升为核心标志。数据是继土地、劳动力、资本、技术四大生产要素之后的第五大生产要素。"激活数据要素价值,推动生产力跃迁升级,也是发展新质生产力的题中之义。"2024 年企业数智化财务创新峰会期间,用友网络副总裁、财务产品管理与解决方案事业本部总经理付建华在接受记者采访时表示,数据资产要素的价值释放,与企业的信息化部门以及财务管理部门密切相关,成为重构企业核心竞争力和高质量发展的重要路径。科技创新是新质生产力发展的核心要素。而将视野放至财务领域，付建华进一步指出，企业财务管理与新一代的云计算技术、大数据技术以及智能化技术深度融合，能够帮助企业实现运营能力的提升，进而帮助企业实现基于财务数据服务能力的升级。健全数据基础制度，大力推动数据开发开放和流通使用。适度超前建设数字基础设施，加快形成全国一体化算力体系。提高网络、数据等安全保障能力……今年的政府工作报告中，多次提到了与"数据"相关的工作。付建华表示，企业掌握并管理着大量在生产经营活动中所产生的业务数据以及财务数据，如何释放这些数据的价值，使数据资产得到有效使用，帮助企业提高效益、降低成本，释放数据资产要素核心价值，为新质生产力提供重要引擎，成为摆在我们面前的重要课题。在《"十四五"中央企业发展规划纲要》中明确，央企要将集团资金管理业务规划置于重要战略位置。而国资委 1 号文发布，则进一步强调司库建设对中央企业加强资金安全高效管理的重要意义。可以说，司库体系建设是中央企业数智化转型的一个重要突破口。

资料来源：节选自新华网于 2024 年 3 月 19 日发表的名为《用友 BIP 赋能企业提质增效 共塑新质生产力》的报道。

课后练习

项目二
Python 基本操作

知识目标

1. 描述 Python 的语法特点,会应用缩进规则和注释方法。
2. 运用 input()函数、print()函数获取和输出不同类型的数据。
3. 描述变量的概念,能运用变量命名规则进行变量的命名。
4. 能辨识不同的数据类型,会运用算术运算符、赋值运算符、比较运算符、逻辑运算符等运算符号,进行整型、浮点型和字符串型等不同数据类型的处理。

能力目标

1. 编程基础能力:能够使用 Python 语言进行基本的输入和输出操作,能够定义变量、赋值并对其进行基本的数据类型操作,能够根据需要选择合适的运算符和表达式进行数据处理。
2. 代码阅读能力:能够阅读和理解简单的 Python 代码,识别其中的变量、数据类型和运算符的使用。

素养目标

1. 编程素养:培养良好的编程习惯,如代码注释、变量命名规范等,养成不断学习和探索新技术的精神。
2. 问题解决素养:培养分析问题和解决问题的能力,能够独立思考并解决问题。
3. 团队协作素养:理解团队合作的重要性,学会在团队中分享知识和经验。

知识导图

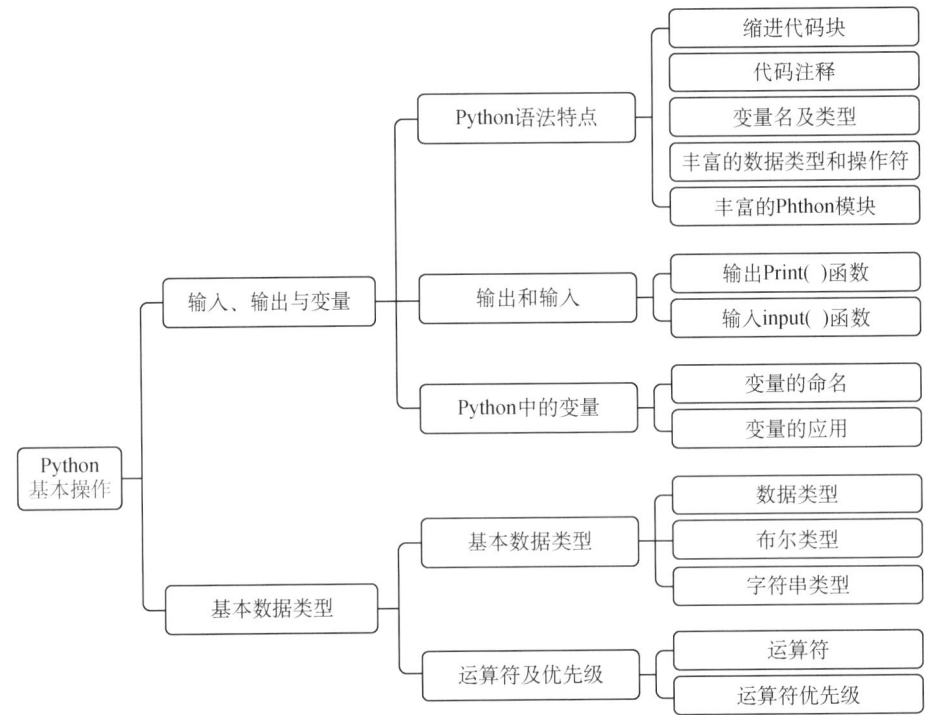

任务一 输入、输出与变量

一、Python 语法特点

Python 是一种高级编程语言,具有简洁、易读、易学的语法特点。Python 语法特点具体如下。

(一) 缩进代码块

Python 使用缩进来定义代码块,而不是像其他语言(如 C 语言)那样使用大括号{ },缩进可以使用 Tab 键或空格实现。必须使用相同数量的空格,一般 4 个空格作为 1 个缩进量;1 个 Tab 键等与 4 个空格键,不能混用空格和制表符。代码块通过缩进来表示,有助于保持代码结构的清晰和一致,易于理解。

【例 2-1】 代码缩进。

输入代码:

```
1   num = float(input("请输入:"))
2   if num > 100:
3       num = 100          #代码缩进,4 个空格,表达了所属关系。
4       print(num)         #代码缩进,4 个空格,表达了所属关系。
5   else:
6       print(num)         #代码缩进,4 个空格,表达了所属关系。
```

提示：

在 Python 代码块中所有语句中的标点符号都是半角状态(英文)标点符号,但是在字符串和注释中可以使用全角状态(中文)标点符号。

(二)代码注释

在 Python 中,代码注释是用来说明代码段的功能、目的或者是如何执行的,在执行代码时,注释的内容会被 Python 解释器忽略,不会被执行,它们对于代码的可读性和可维护性至关重要。Python 支持两种主要类型的注释:单行注释和多行注释。

单行注释,以符号"♯"开始,即 ♯ 注释内容,[例 2-1]第 3、4、6 行代码中"♯"后的内容为注释,不会被执行。

提示：

在 IDLE 开发环境中,可以使用快捷键【Alt＋3】/【Alt＋4】快速添加/取消注释。

多行注释,在 Python 中将包含在一对三引号('''……''')或者("""……""")之间,并且不属于任何语句的内容认为是多行注释。

【例 2-2】 多行注释。

输入代码：

```
1   '''
2   程序功能:输出小于等于 100 的数
3   作者姓名:本书作者
4   编写时间:2024 年 7 月
5   '''
6   num = float(input("请输入:"))
7   if num > 100:
8       num = 100          #代码缩进
9       print(num)         #代码缩进
10  else:
11      print(num)         #代码缩进
```

(三)变量名及类型

Python 是一种动态类型语言,不需要预先声明变量的类型,变量的类型在赋值时自动确定。变量名可以由字母、数字和下划线组成,但不能以数字开头,并且变量名都是大小写敏感的(Python 中函数名、类名等也都是大小写敏感的),如 Income、income、iNcome、incomE 等是不同的变量名。

(四)丰富的数据类型和操作符

Python 支持多种数据类型,包括整数、浮点数、字符串、列表、元组、字典和集合等,并且提供了算术、比较、赋值和逻辑运算等丰富的操作符来进行数据处理。

(五) 丰富的 Python 模块

模块是一个包含 Python 定义和语句的文件。Python 模块通常分为两类:标准库模块和第三方库模块。标准库提供了大量的模块和函数,涵盖了文件操作、网络通信、Web 开发、数据处理等多个领域。同时,Python 社区还提供了大量的第三方库模块,如 NumPy、pandas、Matplotlib 等,用于科学计算、数据分析、机器学习等领域。可以通过 import 语句来导入模块中的函数、类或其他对象。

【例 2-3】 Python 编程入门(适用于 IDLE 编译环境)。

步骤 1:启动 IDLE。安装 Python 后,可以在开始菜单或应用程序列表中找到 IDLE 并启动 IDLE Shell。

步骤 2:进入交互模式。启动 IDLE 后,默认进入交互模式(Python Shell),标识符为">>>"。在这里,用户可以输入 Python 代码并立即看到执行结果,这对于测试代码片段或学习 Python 基本概念非常有用。

```
>>> print("Hello Python world!")
```
回车后,结果为:Hello Python world!
```
>>> print(3 + 5)
    8
>>> print(3 * 5)
    15
>>> print("库存现金")
    库存现金
>>> print("库存现金" * 3)
    库存现金库存现金库存现金
>>> print("银行存款:" + "1000")
    银行存款:1000
```

步骤 3:编写和执行 Python 代码。

(1) 要编写多条语句实现复杂的功能,可以通过点击"File-> New File"来创建一个新的 Python 文件,并在该文件中编写代码。

(2) 编写完成后,可以通过点击"File-> Save"或"Save As"等保存文件,通常保存为".py"扩展名的文件。

(3) 要执行编写好的 Python 文件,可以使用快捷键 F5,或者点击"Run-> Run Module"。

通过"File-> New File"或"Ctrl+N"键新建.py 文件,输入如下代码:

```
1    print("库存现金" + 3)
```

保存:"File-> Save"或"Ctrl+S"键,文件名为"2-3Python 编程入门.py"。

运行:"Run-> Run Module"或"F5"键。

运行出现错误,并给出提示:

TypeError:can only concatenate str (not "int") to str

根据提示修改代码:

```
1    print("库存现金" * 3)
```

二、输出和输入

Python 语言和其他程序设计语言一样,提供了输入和输出的方法,主要用于与用户进行交互或处理数据。通过最基本的输入函数 input(),Python 程序可以接收用户输入的数据;通过 print()输出函数,Python 可以将程序运行的结果显示出来。

(一)输出 print()函数

在 Python 中,通常使用 print()函数来进行输出。print()函数可以将传入的参数(可以是字符串、数字、变量等)打印到控制台。

print()函数的语法格式为:print(输出内容)。

1. 输出文本和变量

输入代码:

```
1  print("Hello Python world!")      # 输出文本
2  course = "Python 基础"
3  print(course)                     # 输出变量
```

2. 输出多项内容

一次性输出多项内容,内容之间默认用逗号","分隔。

输入代码:

```
1  cash = 3000
2  print("库存现金:",cash)
```

3. 自定义分隔符

通过 sep 参数来自定义输出项之间的分隔符。

输入代码:

```
1  print("姓名","身高","年龄","班级",sep = '-')
2  # 输出:姓名 - 身高 - 年龄 - 班级
```

4. 自定义结束符

默认情况下,print()函数在输出内容后会添加一个换行符(自动换行),可以通过 end 参数来改变这个行为。

输入代码:

```
1  print("我爱你,")
2  print("中国!")
3  print("我爱你,",end = ")     # end = " 表示不换行
4  print("中国!")
```

仔细观察输出结果,注意区别第 3 和第 4 行代码,输出"我爱你,中国!"。

（二）输入 input()函数

在 Python 中,可以使用 input()函数来从用户那里获取输入内容,通过让程序暂停运行并等待用户从标准输入(通常是键盘)输入一些数据,无论输入了多少内容,直到遇到换行符(用户按下 Enter 键)为止,输入的文本会被作为字符串返回。

input()函数的语法格式为:variable = input("提示文字")。

> **提示:**
>
> input()函数总是返回字符串类型的数据,当输入数字时,如果需要整数或浮点数数据,可以使用 int()或 float()函数来将字符串转换为相应的数字类型。

1. 基本的用户输入

输入代码:

```
1    name = input("请输入你的名字:")    # 带提示信息的 input
2    print("你好,",name)
3    # 不带提示信息的 input,操作时请注意。
4    age = input()
5    print("你已经",age,"岁了。")
6    # 通过 type()函数测试 age 数据类型
7    print(type(age))
```

> **提示:**
>
> type()函数用于测试参数(对象)的数据类型。在 Python 中,一切都是对象,包括整数、浮点数、字符串、列表、元组、字典、集合、函数等,每种对象都有其对应的数据类型。type()函数的语法结构为:type(object),object 需要测试数据类型的对象,返回值是 object 参数的类型。

2. 将输入转换为数值型数字

输入代码:

```
1    print("你好,我是你的面试官。")
2    name = input("请问你的姓名?")                     # 输入字符串数据
3    age = int(input("你的年龄?(周岁)"))               # 输入整型数据
4    height = float(input("你的身高?(单位:米)"))        # 输入浮点型数据
5    print(name,"你的年龄",age,"岁",",","身高",height,"米。")
```

【例 2-4】 猜数字游戏。

任务描述:

人机互动猜数字,计算机随机生成一个数字,用户来猜测是什么数字。在规定的时间和范围内,根据用户猜测的结果返回不同的内容。本次任务的目的为:①阅读和借鉴代码,熟悉和

掌握编程规范；②熟练应用 input()和 print()函数；③激发读者的求知欲和兴趣。

输入代码：

```
1    import random                          # 一个可以生成随机数值的模块
2    secret = random.randint(1, 100)       # 生成一个神秘的数字
3    # 定义两个变量：用于保存猜测的数据和猜测的次数
4    guess = 0
5    tries = 0
6    # 程序说明
7    print("你好！我是小精灵，我们来玩一个游戏！")
8    print("你可以猜一个从 1 到 100 的数字，给你 6 次机会噢！")
9    # 本次任务关注 input()、print()函数即可，其他知识点只需了解。
10   while guess ! = secret and tries < 6:
11       guess = int(input("你猜的数字是多少？"))    # 得到玩家的数字
12       if guess < secret:
13           print("太小了！")
14       elif guess > secret:
15           print("太大了！")
16       tries = tries + 1
17   if guess = = secret:
18       print("太棒了，你猜对了我的神秘数字！")
19   else:
20       print("没有机会了，希望下次好运噢！")
21       print("神秘数字是", secret)
```

运行结果：每次都不一样，仅供参考。

```
你好！我是小精灵，我们来玩一个游戏！
你可以猜一个从 1 到 100 的数字，给你 6 次机会噢！
你猜的数字是多少？ 50
太小了！
……
你猜的数字是多少？ 88
太大了！
没有机会了，希望下次好运噢！
神秘数字是 81
```

三、Python 中的变量

变量是有特定含义的名字（标签），在 Python 中，变量是用来存储数据值的容器。变量可以存储任何类型的数据，包括数字、字符串、列表、元组、字典、集合等。Python 变量在使用前不需要声明其类型，变量的类型会在运行时根据赋给它的值来确定。

（一）变量的命名

变量名必须是一个有效的标识符，尽量选择有意义的单词，不能使用 Python 中的关键字

（保留字）。变量命名应遵循以下几个规则。

（1）必须以字母或下划线"_"开头，变量名不能以数字开头。

正确示例：asset、list8、_variable、my_variable。

错误示例：8list、1variable（以数字开头）。

（2）变量名可以包含字母、数字和下划线（A-z，0-9，_），但不能包含空格、特殊字符（如@、#、$等）或 Python 的关键字。Python 中的关键字如表 2-1 所示。

【例 2-5】 关键字。关键字如表 2-1 所示。

输入代码：

```
1  import keyword
2  print(keyword.kwlist)    # 通过 keyword 模块中 kwlist 函数查看关键字
```

表 2-1　Python 中的关键字

and	as	assert	await	async	break
class	continue	def	del	elif	else
except	False	finally	for	from	global
if	import	in	is	lambda	None
nonlocal	not	or	pass	raise	return
True	try	while	with	yield	

（3）区分大小写：Python 对大小写敏感，因此，myVar 和 myvar 会被视为两个不同的变量。

（4）变量名应该能够清晰地表达其存储的数据的含义，这有助于代码的可读性和可维护性。

（二）变量的应用

变量的应用非常广泛，几乎涉及编程的每一个方面。

1. 储存数据

输入代码：

```
1  #把"香蕉"储存在"水果"变量里面
2  水果 = "香蕉"
3  print(水果)
4  print("水果")
```

 提示：

　　在一个内容两边加上引号时，Python 就会按照字面意思来处理，它会把引号里的内容原样打印出来。如果没有加引号，Python 就必须明确这个变量是什么，它可能是数字、表达式、名字。这里我们创建了一个名字：水果，那么打印这个名字里的内容，就是香蕉。水果就是变量，香蕉就是赋给变量的值。

输入代码:

```
1   # 把名言警句储存在 wisdom 变量里面(列表形式)
2   wisdom = ["知识就是力量。",
3           "路漫漫其修远兮,吾将上下而求索。",
4           "生活就像骑自行车,要保持平衡就得往前走。",
5           "成功的秘诀在于对目标的执着追求。",
6           "书籍是人类进步的阶梯。",
7           "天生我材必有用。",
8           "勿以恶小而为之,勿以善小而不为。",
9           "静以修身,俭以养德。"]
10  # 逐个输出 wisdom 中的名言警句
11  for wm in wisdom:
12      print(wm)
```

2. 进行运算

变量在运算时扮演着非常重要的角色,其用于存储数据(如数字、字符串、列表等),并将这些数值用于执行加法、减法、乘法、除法等基本运算,或者更复杂的运算,从而实现在程序的不同部分之间传递和使用这些数据。

输入代码:

```
1   Python = 100
2   Financial = 98
3   average = (Python + Financial)/2
4   sum =   Python + Financial
5   print("两门课的平均成绩:",average)
6   print("两门课的总成绩:",sum)
```

3. 作为数据容器的元素

变量不仅可以单独存储数据,还可以作为数据容器(如列表、元组、字典、集合等)中的元素。这些容器是存储和操作数据的集合,其中,每个元素都可以是一个变量(实际上是变量所引用的值)。

输入代码:

```
1   # 定义几个变量
2   x = 10
3   y = "Hello"
4   z = [5,6,7]
5   # 注意,这里 z 本身也是一个容器
```

```
6   # 创建一个列表,包含上述变量作为元素
7   my_list = [x,y,z]
8   # 输出列表
9   print(my_list)
```

运行结果:

```
[10,'Hello',[5,6,7]]
```

【例 2-6】 询问姓名和年龄。

任务描述:

编写一段程序,能够与用户交互,询问姓名和年龄,并能够说出用户 5 年后的年龄。

输入代码:

```
1   name = input("你的名字是?")
2   print(name,"你好!")
3   age = int(input("你的年龄是?"))
4   print("噢!",name,",那十年以后你就",age + 5,"岁了!")
```

运行结果: 因用户不同而不同,仅供参考。

```
你的名字是? 吴邪
吴邪 你好!
你的年龄是? 20
噢! 吴邪,那十年以后你就 25 岁了!
```

任务二   基本数据类型

一、基本数据类型

在 Python 中,数据类型是用于储存不同类型数据的结构,是构建程序的基础块。数据类型决定了数据如何存储、可以执行哪些操作以及如何与其他类型的数据交互。这里只介绍数值类型、布尔类型和字符串类型三种基本数据类型。

(一)数值类型

数值类型用于储存数值数据,有整型、浮点型和复数型三种类型。

1. 整型

整型(int):用于存储整数,可以是正数或负数,没有大小限制,其在程序中的表示方法和数学上的写法一致。

输入代码：

```
1   a = 3
2   b = 10
3   c = 5.9
4   print(a + b)              # 结果 13
5   print(b − a)              # 结果 7
6   print(int(c) + a)         # 结果：8,其中 int(c) = 5
```

 提示：

　　int()函数用于将一个数值或字符串数字转换成整数。如果转换失败(如尝试将一个文本字符串转换为整数),则会提示 ValueError 异常。当一个浮点数转换为整数时,int()会去掉小数部分,只保留整数部分。

2. 浮点型

　　浮点型(float):由整数和小数组成,即带有小数点的数。其通常用于需要小数精度的计算,如科学计算、金融计算、财务计算等。然而,由于浮点数在计算机中的表示方式,它们可能无法精确表示某些小数(如0.1),这可能会导致一些意外的结果。

输入代码：

```
1    x = 0.1
2    y = 0.2
3    z = 0.5
4    a = 3
5    print(x + y)              # 结果 0.30000000000000004
6    print(y + z)              # 结果 0.7
7    print(z − y)              # 结果 0.3
8    print(round(x + y,1))     # 结果 0.3
9    print(float(a))           # 结果 3.0
10   print(round(3.5))         # 结果 4
11   print(round(2.5))         # 结果 2
```

 提示：

　　(1) 浮点数在计算机中是以二进制形式存储的,而不是十进制。二进制系统无法精确表示所有十进制小数,尤其是那些无法转换为有限二进制小数的小数,如0.1(十进制),0.1转换为二进制时是一个无限循环小数,而当在计算机中存储这些数时,它们会被截断到一定的位数,这导致了精度损失。

（2）round()函数的基本语法结构为：round(num,n)，函数会将浮点数四舍五入到小数点后 n 位。round()函数用于对浮点数进行四舍五入到指定的小数位数，如果不指定小数位数，则默认四舍五入到最接近的整数。在 Python3 中，当需要四舍五入的数字恰好位于两个可表示浮点数的中间时（即.5 的情况），round()函数会根据"银行家舍入"规则来决定舍入的方向。这种规则倾向于将数字四舍五入到最近的偶数，以减少统计偏差。

3. 复数型

复数型(complex)：用于存储复数，数值由实数部分和虚数部分组成。其形式为 a+bj，其中 a 和 b 是浮点数或整数，j(或 J)表示虚部。

输入代码：

```
1    z = 3 + 4j
2    print(z)                      # 结果(3 + 4j)
3    print(z.real)                 # 输出实部,结果 3.0
4    print(z.imag)                 # 输出虚部,结果 4.0
5    result = (2 + 3j) * (4 - 5j)
6    print(result)                 # 结果(23 + 2j)
```

(二) 布尔类型

布尔类型(bool)用于表示真(True)或假(False)的值，它是逻辑运算的基础，在进行条件判断、循环控制等编程中非常重要。在 if、elif、else 语句中，其用于判断条件是否满足；在 while 循环中，其用于控制循环是否继续执行；与(and)、或(or)、非(not)等逻辑运算符一起使用，其可进行复杂的条件判断。

1. 条件判断

输入代码：

```
1    age = int(input("请告诉我你的年龄:"))
2    if age >= 35:    # age >= 35 则为 True,否则为 False
3        print("坚持下去不是因为我很坚强,而是因为我别无选择。")
4    else:
5        print("成功将属于那些从不说"不可能"的人。")
```

2. 循环控制

输入代码：

```
1    count = 0
2    while count < 5: # count < 5 则为 True,否则为 False
3        print("这是第",count + 1,"次说我喜欢 Python!")
4        count = count + 1
```

3. 逻辑运算

输入代码：

```
1   a = True
2   b = False
3   print(a and b)              # 输出：False
4   print(a or b)               # 输出：True
5   print(not a)                # 输出：False
6   print(not b)                # 输出：True
7   print(a and not b)          # 输出：True
8   print(not (a and b))        # 输出：True
```

（三）字符串类型

字符串（str）是一种非常基础且重要的数据类型，用于存储文本信息。字符串是字符的序列，可以是字母、数字、标点符号等，是计算机所能表示的一切字符的集合。Python 中的字符串是不可变的，可以用单引号（' '）、双引号（" "）或三引号（''' ''' 或 """ """）来定义，一旦创建就不能更改。

1. 单引号和双引号

在大多数情况下，单引号和双引号在定义字符串时是等价的，可以根据个人喜好或具体需求来选择使用哪一种。

输入代码：

```
1   mot1 = '用有限的资金,创无限的利润'
2   mot2 = "用有限的资金,创无限的利润"
3   print(mot1)     # 输出：用有限的资金,创无限的利润
4   print(mot2)     # 输出：用有限的资金,创无限的利润
```

2. 三引号

三引号（单引号或双引号都可以）通常用于定义多行字符串。

输入代码：

```
1   str1 = '''假舆马者,非利足也,而致千里;
2           假舟楫者,非能水也,而绝江河;
3           君子生非异也,善假于物也。'''
4   str2 = """这是一个多行字符串。
5           它可以跨越多行,
6           而不需要在每个行的末尾使用转义字符。"""
7   print(str1)
8   print(str2)
```

3. 转义字符

转义字符是指使用"\"对一些特殊字符进行转义,如换行符\n、制表符\t 等。要在字符串中表示这些特殊字符本身,需要使用反斜线\作为转义字符。Python 还可以在引号前加 r 来表示引号内部的字符串默认不转义。

输入代码:

```
1  poem1 = "离离原上草,一岁一枯荣。\n野火烧不尽,春风吹又生。"
2  poem2 = "离离原上草,一岁一枯荣。野火烧不尽,春风吹又生。"
3  # 请观察 poem1 和 poem2 输出的差别
4  print(poem1)
5  print(poem2)
```

Python 中常用的转义字符如表 2-2 所示。

表 2-2 Python 中常用的转义字符

转义字符	说明	转义字符	说明
\\	一个反斜线(\)	\r	回车符
\'	单引号(')	\b	退格符
\"	双引号(")	\f	换页符
\n	换行符	\t	制表符(用于横向跳到下一制表符)

【例 2-7】 体重 BMI 指数。

任务描述:

根据大学生健康体测 BMI 计算方法,自己设计、编写体重 BMI 指标计算程序:依据用户输入的身高和体重,计算用户的 BMI 指标并给出合理的建议。

例 2-7

输入代码:

```
1   # 肥胖指数
2   # 输入身高的变量,单位:米,用 float 转化为浮点型数据
3   height = float(input("请输入您的身高(单位:米):"))
4   print("您的身高:",height,"米")
5   # 输入体重的变量,单位:千克,用 float 转化为浮点型数据
6   weight = float(input("请输入您的体重(单位:千克):"))
7   print("您的体重:",weight,"千克")
8   # round()函数,保留 2 位小数,四舍五入
9   bmi = round(weight/(height * height),2)
10  print("您的 BMI 指数:",bmi)
11  if bmi < 18.5:
12  print("""您的体重过轻~@_@~
```

```
13    需调整饮食结构,增加蛋白质和其他营养物质的摄入,
14    积极参加体育锻炼,增加体重,维持在正常范围内。""")
15   if bmi >= 18.5 and bmi < 23.9:
16    print("正常范围,注意保持( - _ - )\n应保持目前的生活习惯和饮食习惯。")
17   if bmi >= 23.9 and bmi < 28.0:
18    print("""您的体重过重~@_@~
19    需调整饮食结构、积极参加体育锻炼,
20    减去多余脂肪,维持体重在正常范围内。""")
21   if bmi >= 28.0:
22    print("您肥胖了 ~@_@~")
23    print("需进行健康调节,同时调整饮食结构、积极参加体育锻炼,")
24         print("减去多余脂肪,维持体重在正常范围内。")
```

运行结果:因用户不同而不同,仅供参考。

请输入您的身高(单位:米):1.75

您的身高:1.75 米

请输入您的体重(单位:千克):70

您的体重:70.0 千克

您的 BMI 指数:22.86

正常范围,注意保持(- _ -)

应保持目前的生活习惯和饮食习惯。

 提示:

一般变量被赋予什么类型的值就是什么类型,有些数据类型变量通过数据类型函数可以进行数据类型的转换。常见数据类型函数有 int( )整型、float( )浮点型、str( )字符串类型,hex( )整数转换为十六进制字符串,oct( )整数转换为八进制字符串。

二、运算符及优先级

在编程中,运算符用于执行各种算术、比较、逻辑等运算。运算符的优先级决定了表达式中操作的执行顺序,当表达式包含多个运算符时,优先级高的运算符会先被计算。

(一) 运算符

Python 中的运算符用于执行各种数学和逻辑运算,主要有算术、比较、赋值、逻辑和成员运算符。

1. 算术运算符

算术运算符用于数学运算,Python 提供加、减、乘、除等 7 个基本算术运算符,如表 2-3 所示。

表 2-3 Python 算术运算符

运算符	名称	示例描述(a=2,b=5)
＋	加法	a ＋ b,结果为 7
─	减法	b ─ a,结果为 3
*	乘法	a * b,结果为 10
/	除法(返回浮点数)	b / a,结果为 2.5
％	取模(返回两数相除的余数)	b ％ a,结果为 1
//	整除(返回商的整数部分)	b // a,结果为 2
**	幂运算	b ** a,结果为 25

2. 比较运算符

比较运算符又称关系运算符,是对数值、变量或表达式的结果进行比较。运算符两侧的值应为同一类型,比较的结果为 True 或 False,如表 2-4 所示。

表 2-4 比较运算符

运算符	名称	示例描述(a=2,b=5)
＝＝	等于	a ＝＝ b,结果为 False
！＝	不等于	a ！＝ b,结果为 True
＞	大于	a ＞ b,结果为 False
＜	小于	a ＜ b,结果为 True
＞＝	大于等于	a ＞＝ b,结果为 False
＜＝	小于等于	a ＜＝ b,结果为 True
is	指向内存同一个位置	a is b,结果为 False
is not	不是指向内存同一个位置	a is not b,结果为 True

> 💡 **提示:**
>
> "is"和"is not"也是比较运算符,又称身份运算符,用来判断两个变量是否是同一个对象(即同一个内存位置),比较的结果为 True 或 False。"is"比较两个变量是否是同一个对象(比较对象的身份),"is not"判断两个变量是否不是同一个对象。"is"运算符用于比较对象的身份(即内存地址),"＝＝"运算符用于比较对象的值(相等)。

【例 2-8】 等于＝＝和 is。

输入代码:

```
1   """
2   案例说明:不可变对象(如字符串和元组)与可变对象(如列表和字典)相比,
```

```
3    其行为可能不同。由于 Python 的优化,小整数和一些字符串字面
4    值可能会共享相同的内存位置,所以需要特别注意。"""
5    a = "银行存款"
6    b = "银行存款"
7    print(a == b)   #a 和 b 相等且指向相同内存地址
8    print(a is b)   #a 和 b 相等且指向相同内存地址
9    c = [1,2,3]
10   d = [1,2,3]
11   print(c == d)   #c 和 d 的值相等
12   print(c is d)   #c 和 d 指向不同的内存地址
13   #用 id()函数获取 a、b、c、d 四个变量的身份地址
14   print(id(a))
15   print(id(b))
16   print(id(c))
17   print(id(d))
```

运行结果:id()函数每次运行的结果均不相同,结果仅供参考。

```
True
True
True
False
1130108398736
1130108398736
1130113691200
1130113690688
```

 提示:

　　id()函数是一个内置函数,用于获取对象的"身份"(identity),可以理解为内存地址。id()函数的语法结构为:id(object),其中,object 需要获取其身份的对象,如果 object 缺省,则会抛出 TypeError 异常。[例 2-8]中,a 和 b 是不可变对象,内容相同,身份(内存地址)也相同;c 和 d 内容相同,但列表是可变对象,所以它们的身份不同。

3. 赋值运算符

　　赋值运算符用来给变量赋值,最基本的赋值运算符是"=",还有复合赋值运算符"//=""+=""-=""*=""/=""%=""**=",符合赋值运算符用于将算术运算的结果赋值给左侧的变量,如表 2-5 所示。

表 2-5 赋值运算符

运算符	示例描述(a=2,b=5)
=	a = 2,b = 5
+=	a += b 相当于 a = a + b,a 结果为 7
-=	a -= b 相当于 a = a - b,a 结果为 -3
*=	a *= b - 1 相当于 a = a * (b-1),a 结果为 8
/=	a /= b - 3 相当于 a = a / (b-1),a 结果为 1.0
%=	a %= b 相当于 a = a % b,a 结果为 2
//=	** %= b 相当于 a = a // b,a 结果为 0
**=	** %= b 相当于 a = a ** b,a 结果为 32

提示:

表 2-5 中均是 a=2、b=5 的运行结果,若在同一个文件中运行,注意 a 的数值变化。

4. 逻辑运算符

逻辑运算符用于对象间的逻辑运算,包括 and、or、not 三种。Python 中逻辑运算的返回值不一定是布尔值,如表 2-6 所示。

表 2-6 逻辑运算符

运算符	名称	示例描述(a=2,b=5,c=0)
and	与	d and f:如果 d 的值为 False,则返回 d 的值,否则返回 f 的值。 a and b:结果为 5 ,c and b:结果为 0
or	或	d or f:如果 d 的值为 True,则返回 d 的值,否则返回 f 的值。 a or b:结果为 2,c or b:结果为 5
not	非	not d:如果 d 的值为 True,则返回 False;如果 d 的值为 False,则返回 True。 not a:结果为 False,not c:结果为 True

5. 成员运算符

成员运算符主要用于检查一个元素是否存在于某个序列(如列表、元组、字符串或集合)中。成员运算符有两个:in 和 not in,如表 2-7 所示。

表 2-7 成员运算符

运算符	示例描述(a 为某元素,c 为某个序列)
in	a in c:如果 a 在 c 序列中,则返回 True,否则返回 False
not in	a not in c:如果 a 在 c 序列中,则返回 False,否则返回 True

【例2-9】 成员运算符。

输入代码：

```
1   a = "库存现金"
2   b = "固定资产"
3   c = ["库存现金","银行存款","其他货币资金"]
4   print(a in c)          # 结果为 True
5   print(b in c)          # 结果为 False
6   print(a not in c)      # 结果为 False
7   print(b not in c)      # 结果为 True
```

（二）运算符优先级

运算符的优先级决定了表达式中操作的执行顺序，优先级高的运算先执行，优先级低的运算后执行，同一优先级的操作按照从左到右的顺序执行，Python 运算符的优先级从高到低大致如表 2-8 所示。如果需要改变默认的优先级，可以使用圆括号()。

表 2-8　运算符优先顺序

运算符	描述	优先顺序	运算符	描述	优先顺序
＊＊	幂运算	1	＝＝、！＝	比较运算符	6
＋、－	正负号	2	＝	赋值运算符	7
＊、/、％、//	算术运算符	3	is、is ont	身份运算符	8
＋、－	加、减	4	in、not in	成员运算符	9
＞、＜、＞＝、＜＝	比较运算符	5	and、or、not	逻辑运算符	10

【例2-10】 诊断企业运营情况。

任务描述：

某企业年初制定了毛利、净利润和净利率目标，拟从毛利、净利润和净利率三个方面诊断企业运营情况：三个指标都达到预期，说明企业运营情况非常好；两个或一个指标达标，说明企业运营情况基本达标；三个指标都不达标，说明企业营运情况比较差。

例 2-10

输入代码：

```
1   # 获取企业诊断数据
2   g_profit_exp = float(input("请输入目标毛利额(单位:元)"))
3   n_profit_exp = float(input("请输入目标净利润(单位:元)"))
4   n_p_m_exp = float(input("请输入目标净利率(整数,单位:%)"))
5   revenue = float(input("请输入总收入(单位:元)"))
6   operating_costs = float(input("请输入营业成本(单位:元)"))
7   period_cost = float(input("请输入期间费用(单位:元)"))
8   # 计算诊断指标
```

```
9    gross_profit = revenue - operating_costs    # 毛利
10   net_profit = gross_profit - period_cost      # 净利润
11   net_profit_margin = net_profit/revenue * 100 # 净利率
12   # 输出诊断数据
13   print("企业毛利:",gross_profit,"元")
14   print("目标毛利:",g_profit_exp,"元")
15   print("企业净利:",net_profit,"元")
16   print("目标净利:",n_profit_exp,"元")
17   print("企业净利率:",net_profit_margin,"%")
18   print("目标净利率:",n_p_m_exp,"%")
19   # 进行诊断,True 达到目标,False 未达到目标
20   a = gross_profit > g_profit_exp
21   b = net_profit > n_profit_exp
22   c = net_profit_margin > n_p_m_exp
23   # 给出诊断结论
24   if a and b and c:
25       print("企业运营状况非常好!")
26   elif a or b or c:
27       print("企业运营情况基本达标!")
28   else:
29       print("企业运营情况比较差!")
```

运行结果:因用户不同而不同,仅供参考。

请输入目标毛利额(单位:元)35000

请输入目标净利润(单位:元)20000

请输入目标净利率(整数,单位:%)10

请输入总输入(单位:元)100000

请输入营业成本(单位:元)60000

请输入期间费用(单位:元)25000

企业毛利:40000 元

目标毛利:35000 元

企业净利:15000 元

目标净利:20000 元

企业净利率:15%

目标净利率:10%

企业运营情况基本达标!

拓 展 阅 读

调查研究要用好用活现代信息技术

2023 年 3 月,中共中央办公厅印发《关于在全党大兴调查研究的工作方案》,明确要求充分运用互联网、大数据等现代信息技术开展调查研究。这既是主动适应数字社会精准化、普惠化、便捷化发展趋势的题中之义,也是走好新时代网上群众路线的必然要求。当前,第一批主题教育基本结束,第二批主题教育刚刚启动,群众在哪儿,我们的领导干部就要到哪儿去。应以数字化为调查研究赋能,聚焦掌握数据、吃透数据、发现问题、回应关切、推进工作等关键环节,把现代信息技术用好用活用充足,进一步提高调查研究的科学性和实效性。

资料来源:节选自郭鹏、张小蕾发表于《天津日报》2023 年 9 月 25 日第 9 版的文章《调查研究要用好用活现代信息技术》。

课后练习

项目三
Python 高级数据类型

知识目标

1. 能够描述序列的概念及基本特点,并简单应用序列的索引、切片、迭代等基本操作。

2. 能够描述和辨识字符串、列表、元组、字典和集合的定义、性质和应用场景,归纳总结字符串的格式化方法。

3. 理解字典键值对的特点,熟练进行字典的创建、修改、删除等基本操作。

能力目标

1. 能够熟练应用字符串、列表、元组的创建、索引、切片等基本操作处理问题,能够选择合适的数据类型进行数据处理和程序设计。

2. 能够使用集合的并集、交集、差集等操作处理现实问题。

3. 能够通过查阅文档、阅读代码和进行实验来学习新的 Python 高级数据类型及其用法。

素养目标

1. 遵守编程规范,养成良好的编程和学习习惯,在编程过程中保持严谨的态度,注重代码的质量和可维护性。

2. 鼓励在学习和使用过程中发挥创造力,尝试新的思路和方法,培养对新技术和新知识的敏感度和探索精神。

3. 能够自主解决在学习和使用过程中遇到的问题。

4. 具备良好的沟通能力和团队合作精神,能够与他人协作完成项目任务。

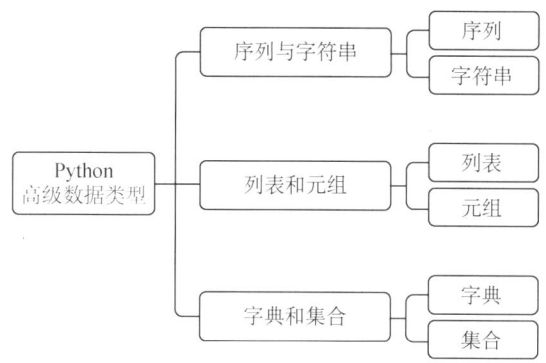

任务一　序列与字符串

一、序列

在 Python 中,序列是一块用于存放多个值的连续内部空间,并按一定顺序排列,是一种有序的元素集合。序列中的每个元素都有一个位置,可以通过索引来取值,比如字符串、列表、元组、字典和集合等,这几种内置的数据类型属于序列类型。序列一般有索引、切片、相加、乘法等操作。

1. 索引

索引是用来确定序列中元素位置的一种机制。在 Python 中,索引从 0 开始,即序列中第一个元素索引为 0,第二个元素索引为 1,以此类推。Python 也支持负索引,从序列的末尾开始计数,最后一个元素索引为 −1,倒数第二个元素索引为 −2,以此类推。

2. 切片

通过索引可以访问单个元素,还可以访问序列中的一段元素,这称为切片。切片操作使用冒号来确定序列的起始和结束位置,其语法格式如下:

```
1    slicing[start:end:step]
```

slicing 表示序列;start 表示起始索引,如果省略,则切片从序列的开始处开始;end 表示结束索引(不含),如果省略,则切片将一直进行到序列的末尾;step 表示步长,即在选取序列元素时跳过的元素数量,省略表示为 1,不能为 0。

3. 相加

序列的相加操作指的是将两个或多个序列连接起来形成一个新的序列。相加操作对于列表、元组和字符串都是支持的,但具体实现和用途可能略有不同。

列表相加会将两个列表中的元素按照顺序连接起来,形成一个新的列表。如果经常需要合并列表,可以使用 list. extend()方法,这样运行效率更高。元组相加与列表相加类似,也是将两个元组中的元素按顺序连接起来,形成一个新的元组。字符串相加通常称为字符串连接,它会将两个或多个字符串连接成一个新的字符串。

序列相加要求两边的序列类型必须相同,如列表和列表相加,字符串和字符串相加,不能将一个列表和一个字符串相加,否则会报错(TypeError)。

4. 乘法

在 Python 中,列表、元组、字符串可以使用乘法" ＊ "运算符将序列重复指定次数,从而生成一个新的序列。序列乘法在创建重复的元素时非常有用,但集合和字典不支持乘法操作(集合和字典也不支持相加操作),因为集合是无序且不包含重复元素,字典是键值对的集合,其元素是唯一的。

序列还有其他一些操作,比如,可以检查某个元素是否是序列的成员(in)、计算序列的长度(len())、最大值(max())和最小值(min())等。

【例 3-1】 序列基本操作(以列表为例)。

输入代码:

```
1    # 定义 2 个学生平时成绩列表
2    grades = [88, 95, 76]
3    grades_add = [86,90]
4    # 两个学生成绩列表合并为 grades
5    grades = grades + grades_add
6    print("合并后成绩列表:",grades)
7    # 索引操作:获取第一个学生的成绩
8    first_grade = grades[0]
9    print("第一个学生的成绩是:",first_grade)
10   # 切片操作:获取第二到第四个学生的成绩(切片是左闭右开的)
11   middle_grades = grades[1:4]
12   print("第二到第四个学生的成绩是:",middle_grades)
13   # 追加操作:向列表末尾添加一个学生的成绩
14   grades.append(92)
15   print("添加新学生后的成绩列表:",grades)
16   # 插入操作:在第三个位置插入一个学生的成绩
17   grades.insert(2,65)
18   print("在第三个位置插入新学生后的成绩列表:",grades)
19   # 删除操作:成绩 76 输入有误
20   grades.remove(76)
21   print("删除成绩后的成绩列表:",grades)
```

运行结果:

```
合并后成绩列表:[88, 95, 76, 86, 90]
第一个学生的成绩是:88
第二到第四个学生的成绩是:[95, 76, 86]
添加新学生后的成绩列表:[88, 95, 76, 86, 90, 92]
在第三个位置插入新学生后的成绩列表:[88, 95, 65, 76, 86, 90, 92]
删除成绩后的成绩列表:[88, 95, 65, 86, 90, 92]
```

二、字符串

字符串是一种不可变序列数据类型,用于存储和表示文本信息。字符串内容是不可变的,只能通过创建新的字符串来实现对字符串的修改。字符串由字符组成,可以是字母、数字、符号等。

(一)字符串常用操作

字符串创建后,常用的操作有拼接、截取、分割、测试长度等,具体可以参考表 3-1。

输入代码:

```
1   # 创建字符串
2   str1 = "Life is short,"
3   str2 = "you need Python!"
```

表 3-1　字符串的操作方法

方法描述	表达式	结果
拼接	str3=str1+str2	Life is short,you need Python!
长度	len(str1)	14
截取	str3[2:6]	fe i　# e 和 i 之间有空格,从第 3 个截取到第 6 个
分割	str4=str3. split()	['Life', 'is', 'short,you', 'need', 'Python!']
连接	" * ". join(str4)	Life * is * short, you * need * Python! # 若"*"改为空格,结果为 str3
检索	str3. find("y") str3. count("y")	14　# 索引号,第 15 个元素。 2　# "y"在 str3 中出现的次数
字母大小写转换	str3. lower() str3. upper()	life is short, you need python! LIFE IS SHORT, YOU NEED PYTHON!
替换	str3. replace("y",”Y”,1)	Life is short, You need Python!
移除两端字符	str3. strip("!")	Life is short, you need Python # 注意:半角状态"!"和全角状态是不一样的

1. split( )方法

split()方法的作用是将字符串按照指定的分隔符分割成多个子字符串,并将分割结果存储到一个列表中,其语法结构如下:

```
1   listname = str.split(sep,maxsplit)
```

其中,str 为需要分割的字符串,sep 表示分隔符,默认缺省时为空格,也可以换行(\n)、制表符(\t)等;maxsplit 分割次数,缺省或"−1"表示没有限制,全部分割。

注意:表 3-1 中由于字符串 str3 中的"short,you"中间没有空格,分割后,"short,you"是一个元素。

2. join( )方法

join( )方法用于将序列(如列表、元组、字符串等)中的元素连接成一个新的字符串。这个方法需要一个序列作为参数,并返回一个由序列中的元素连接而成的新字符串。元素之间可以指定一个分隔符,如果不指定,则默认没有分隔符。其语法结构如下:

```
1    strnew = string.join(iterable)
```

其中,strnew 表示新的序列(字符串),string 表示合并连接时的分隔符,可以为空;iterable 表示要连接的序列。

3. 检索字符串

检索字符串通常指的是在一个较大的字符串中查找一个子字符串的位置或检查子字符串是否存在于较大的字符串中,可以使用 find( )、index( )、in 操作符等方法。find( )方法语法结构如下:

```
1    subnum = str.find(sub[,start[,end]])
```

subnum 表示子字符串第一次出现的位置(索引),若找不到则返回"−1";sub 要查找的子字符串,start(可选)指定查找的开始位置,end(可选)指定查找的结束位置。index( )方法与 find( )方法类似,index( )方法在找不到子字符串时会抛出 ValueError 异常;count( )方法用于计算某个元素在字符串或列表中出现的次数。

4. replace( )方法

其中,replace( )方法用于将字符串中的指定子字符串替换为另一个子字符串。这个方法不仅适用于字符串,还可以用在其他数据类型上,如列表(list)等。replace( )方法的语法结构如下:

```
1    str.replace(old, new[,count])
```

其中,old 表示需要被替换的旧字符串,new 表示用于替换旧字符串的新字符串,count(可选)指定替换的最大次数。如果没有指定,或者指定的次数小于等于 0,则会替换所有的旧字符串。

5. strip( )方法

strip( )方法用于移除字符串两端的指定字符(默认为空白符,包括空格、换行符\n、制表符\t 等)。如果指定了参数,则移除两端匹配的字符,不会影响字符串中间的字符。这个方法不会改变原字符串,而是返回一个新的字符串。

(二)字符串格式化

字符串格式化是把变量或值嵌入字符串,以创建一个新的字符串,其常用于生成具有动态内容的文本,例如,将用户输入的数据插入序列或报告。Python 提供了多种格式化字符串的方法,在此介绍百分号%方法和 format( )方法。

1. 百分号%操作符

在 Python 中,%字符串格式化是将一组参数插入字符串中的占位符位置,占位符是由%后跟一个字符(格式说明符)组成,格式说明符指定了如何解释和格式化相应的值。%操作符的语法格式如下：

```
1   '%[-][+][0][m][.n]格式化字符'%变量
```

其中，[-][+]标识符用于指定输出数据的对齐方式，"+"表示右对齐，"-"表示左对齐，缺省默认右对齐。[0]表示空位补 0，[m]表示输出最小宽度，若实际位数小于定义的宽度，则补空格或 0(m 前有数字 0，则补 0)；若实际位数大于定义的宽度，则按实际位数输出。[.n]表示精度，n 为十进制整数，如果输出数字，则表示小数的位数；如果输出字符，则表示输出字符的个数。格式化字符：在字符串中，%后跟一个字符(如 s、d、f 等)表示一个占位符，用于说明该位置将被一个值替换；跟在%后面的字符指定了值的类型以及可能的格式选项(宽度、精度等)。常见的格式说明符包括：%s(字符串)，%d 或 i%(十进制整数)，%f(浮点数，默认保留 6 位小数)，%%(输出%字符本身)。例如，%8s 表示至少占用 8 个字符宽度的字符串(如果字符串长度小于 8，则默认用空格填充左侧)，%.2f 表示保留两位小数的浮点数。

2. format( )方法

在 Python 中，format( )方法是一种用于字符串格式化的强大工具，该方法使用花括号{}作为占位符，并在 format( )方法中传递相应的值来替换这些占位符。这种方式不仅使代码更易于阅读和维护，还提高了代码的可扩展性和灵活性。Format( )方法的基本语法结构如下：

```
1   "str{placeholder}".format(value)
```

其中，str 为字符串，placeholder 为字符串中的占位符，value 为要插入字符串中的值。

format( )方法可以使用索引作为占位符，分别对应 format( )方法中的参数，方法示例如下：

```
1   "{2},{0},{1}".format(value1,value2,value3)
```

注意：format( )参数 value1、value2、value3 对应的索引分别为 0、1、2，所以{2}对应值为value3，{0}对应值为 value1，{1}对应值为 value2。

format( )方法可以使用关键字作为占位符，方法示例如下：

```
1   "{course} is {score} 分。".format(course = "Python",score = 80)
```

format( )方法可以使用字典键作为占位符，方法示例如下：

```
1   psif = {"name": "Ben", "height": 175}
2   message = "{name}'s height is {height}cm".format( ** psif)
```

上述代码中，"**"被称为解包操作符，用于将字典的键值对解包成独立的参数。**psif 将psif 字典中的键值对解包成独立的参数，使得 format( )方法可以接收到这些参数。这样，{name}和{height}就会分别对应到字典中的"Ben"和"175"。"**"在处理字典时非常有用，特别是当需要将字典中的值传递给函数或方法时。

例 3-2

【例 3-2】 字符串格式化基本方法。

输入代码:

```python
1    # 导入 math 模块
2    import math
3    # 百分号 % 方法
4    template = '编号:% 09d\t 公司名称:% s\t 官网:http://www. % s.com'
5    item = (7,"百度","baidu")
6    print(template % item)
7    # format()方法
8    template = '编号:{:0 > 8d}\t 公司名称:{:s}\t 官网:http://www. {:s}.com'
9    print(template.format(9,"百度","baidu"))
10   # 以货币形式显示
11   print("以货币形式显示:¥{:,.2f}元". format(1251 + 3950))
12   # 用科学记数法表示
13   print("{0:.1f}用科学记数法表示:{0:E}". format(120000.1))
14   # 输出小数点后 5 位
15   print("Ⅱ取 5 位小数:{:.5f}". format(math.pi))
16   # 十六进制显示
17   print("{0:d}的十六进制是:{0:#x}". format(100))
18   print("天才是由{:.0 %}的灵感,加上{:.0 %}的汗水。". format(0.01,0.99))
19   print("{course} is {score} 分。". format(course = "Python",score = 80))
20   print("{2},{0},{1}". format(8,9,10))
21   psif = {"name":"Ben","height":175}
22   message = "{name}'s height is {height}cm". format( ** psif)
23   print(message)
```

运行结果:

```
编号:000000007    公司名称:百度    官网:http://www. baidu.com
编号:00000009     公司名称:百度    官网:http://www. baidu.com
以货币形式显示:¥5,201.00 元
120000.1 用科学记数法表示:1.200001E + 05
Ⅱ取 5 位小数:3.14159
100 的十六进制是:0x64
天才是由 1 % 的灵感,加上 99 % 的汗水。
Python is 80 分。
10,8,9
Ben's height is 175cm
```

(三) 正则表达式

正则表达式是一种强大的文本处理工具,用于在字符串中匹配、搜索和替换特定模式的文本。在 Python 中,正则表达式通过 re 模块来实现,其广泛应用于字符串处理、文本分析、数据挖掘等领域。正则表达式的设计思想是用一种描述性的语言来给字符串定义一个规则,凡是符合规则的字符串,就认为它匹配,否则就不匹配。这些规则可以包括普通字符、元字符以及这些字符的组合。

1. 正则表达式常见的元字符

正则表达式的语法由普通字符(如字母、数字、汉字等)、元字符(具有特殊功能的字符)以及模式修正字符组成。常见的元字符及限定符如表3-2所示。

表3-2　常见的元字符及限定符

元字符	含义	示例
.	匹配除换行符以外的任意单个字符	b.idu:匹配范围 baidu、boidu…
*	匹配前面的字符零次或多次	ba*idu:匹配范围 bidu、baa…idu
+	匹配前面的字符一次或多次	ba+idu:匹配范围 baidu、baa…idu
?	匹配前面的字符零次或一次	ba?idu:匹配范围 baidu、bidu
{n}	匹配前面的字符 n 次	ba{2}idu:只匹配 baaidu
{n,}	匹配前面的字符最少 n 次	ba{2,}idu:匹配的范围从 baaidu 到 baa…idu
{n,m}	匹配前面的字符最少 n 次,最多 m 次	ba{0,2}idu:匹配的范围从 bidu、baidu、baaidu
[]	匹配方括号中的任意一个字符	b[ai]du:匹配范围 badu、bidu
|	匹配多个模式中的任意一个,逻辑"或"操作	girl|boy:匹配范围 girl、boy
^	匹配字符串的开始	
$	匹配字符串的结束	
\w	匹配字母、数字、下划线或汉字	
\W	匹配字母、数字、下划线或汉字以外的字符	
\s	匹配任意的空白符	
\b	匹配单词的开始或结束	
\d	匹配数字	

2. 正则表达式 re 模块

在 Python 中,re 模块具有正则表示匹配的功能,re 模块提供了多种函数来操作正则表达式,包括匹配、搜索、替换、分割等。以下是一些常用的函数及其用法。

1) re.match

正则表达式
re 模块

```
re.match(pattern, string, flags = 0)
```

从字符串的起始位置匹配正则表达式,如果起始位置匹配成功,则返回一个匹配对象;否则返回 None。pattern 字符串形式的正则表达式,描述了要匹配的模式;string 是要搜索的字符串;flags 可选参数,一个标志位,用于控制正则表达式的匹配方式,如是否区分大小写、是否多行匹配等,默认为 0,表示没有特殊标志。常见的标志位有:re.I,忽略大小写;re.M,多行模式,改变^和$的行为(它们分别匹配字符串的开始和结束,而不是行的开始和结束);re.S,使元字符匹配包括换行符在内的任何字符。

输入代码：

```
1   import re
2   ♯ 模式字符串:原生字符串,在字符串前添加 r
3   pattern = r"ac\w"
4   ♯ 要匹配的字符串
5   string = "Account account"
6   ♯ 匹配字符串,re.I 不区分大小写
7   rematch = re.match(pattern,string,re.I)
8   print(rematch)
9   print("起始位置:",rematch.start())
10  print("结束位置:",rematch.end())
11  print("匹配数据:",rematch.group())
```

运行结果：

```
< re.Match object; span = (0, 3), match = 'Acc'>
起始位置: 0
结束位置: 3
匹配数据: Acc
```

2) re.search

re.search(pattern, string, flags = 0)

在整个字符串中搜索第一个匹配正则表达式的子串,如果找到,则返回一个匹配对象;否则返回 None。

输入代码：

```
1   import re
2   ♯ 模式字符串:原生字符串,在字符串前添加 r
3   pattern = r"ac\w"
4   ♯ 要匹配的字符串
5   string = "账户 Account account"
6   ♯ 匹配字符串,re.I 不区分大小写
7   rematch = re.search(pattern,string,re.I)
8   print(rematch)
9   print("起始位置:",rematch.start())
10  print("结束位置:",rematch.end())
11  print("匹配数据:",rematch.group())
```

运行结果：

```
< re.Match object; span = (2, 5), match = 'Acc'>
起始位置: 2
结束位置: 5
匹配数据: Acc
```

3）re. findall

re. findall(pattern, string, flags = 0)

在字符串中查找所有匹配正则表达式的子串，并返回一个列表。

输入代码：

```
1    import re
2    # 模式字符串：原生字符串，在字符串前添加 r
3    pattern = r"ac\w"
4    # 要匹配的字符串
5    string = "账户 Account account"
6    # 匹配字符串，re. I 不区分大小写
7    rematch = re. findall(pattern,string,re. I)
8    print(rematch)
```

运行结果：

```
['Acc', 'acc']
```

4）re. sub

re. sub(pattern, repl, string, count = 0, flags = 0)

在字符串中查找所有匹配正则表达式的子串，并用指定的替换内容替换它们，最后返回替换后的字符串，sub 函数在文本处理和数据清洗中经常用到。pattern 要被搜索的正则表达式模式；repl 是一个字符串或函数，用于替换字符串中每个匹配项；string 是要被检索和替换的原始字符串；count 可选参数，是一个整数，其指定要替换的最大匹配项数量，默认为 0，表示替换所有匹配项；flags 可选参数，一个标志位，用于控制正则表达式的匹配方式。

输入代码：

```
1    import re
2    # 模式字符串
3    pattern = r"(黑客)|(病毒)|(Trojan)|(Hack)"
4    message = "我是一名大学生,我喜欢看黑客方面的书籍,想研究一下 Hack。"
5    resub = re. sub(pattern,"@_@",message)
6    # 输出替换结果
7    print(resub)
```

运行结果：

```
我是一名大学生,我喜欢看@_@方面的书籍,想研究一下@_@。
```

5）re. split

re. split(pattern, string, maxsplit = 0, flags = 0)

根据匹配正则表达式的模式将字符串分割成多个子串,并返回一个列表。maxsplit 可选参数,一个非负整数,指定分割的最大次数。其默认为 0,意味着分割将无限制地进行,直到字符串被分割完毕。如果指定了 maxsplit,则函数会在执行了 maxsplit＋1 次分割后停止(生成maxsplit＋1 个结果项)。

输入代码:

```
1    import re
2    pattern = r"[? |&|/]"  #分割字符串模式
3    url = "https://www.gsxt.gov.cn/index.html"
4    resplit = re.split(pattern,url)
5    print(resplit)
```

运行结果:

```
['https:', '', 'www.gsxt.gov.cn', 'index.html']
```

6) re. compile

re. compile(pattern, flags = 0)

用于编译正则表达式模式,生成一个正则表达式对象,以便多次使用来匹配字符串。

输入代码:

```
1    import re
2    # 编译正则表达式
3    pattern = re.compile(r"\bfoo\b")
4    string = "foo bar foobaz"
5    # 使用编译后的正则表达式对象进行匹配
6    list1 = pattern.search(string)
7    if list1:
8        print("找到匹配项:",list1.group())
9    else:
10       print("未找到匹配项")
```

运行结果:

```
找到匹配项:foo
```

【例 3-3】 期间费用字符串操作。

任务描述:

完成 str1"利润表的期间费用为:"的字符串定义,通过给定的字符串 str2"销售费用、管理费用、财务费用"进行字符串的拼接、重复输出、索引、切片,判断"管理费用"是否为其成员,完成该程序。

输入代码:

```
1    # 定义字符串
2    str1 = '利润表的期间费用为:'
```

```
3   str2 = '销售费用、管理费用、财务费用'
4   # 字符串操作方法
5   str3 = str1 + str2   # 拼接字符串
6   print(str3)
7   print(str3 * 2)
8   print('管理费用' in str3)     # True:存在;False:不存在
9   print(str3[2])
10  print(str3[-2])
11  print(str3[5])
12  print(str3[0:3])
13  print(str3[10:14])
14  print(str3.replace('、',','))
```

运行结果:

利润表的期间费用为:销售费用、管理费用、财务费用

利润表的期间费用为:销售费用、管理费用、财务费用利润表的期间费用为:销售费用、管理费用、财务费用

True

表

费

间

利润表

销售费用

利润表的期间费用为:销售费用,管理费用,财务费用

任务二　列表和元组

一、列表

列表是一种非常重要的数据结构,用于存储一系列的元素,这些元素可以是不同类型的数据(整数、浮点数、字符串、列表等),即支持异质类型的数据存储。Python中的列表是动态的,是一个动态增长和缩减的数组;其大小不固定,其元素按照插入的顺序进行排序,可以包含重复的元素。

列表使用方括号"[]"来定义,元素之间使用逗号","分隔,列表创建方法:

输入代码:

```
1   list1 = ["库存现金","银行存款","应收账款","固定资产"]
2   list2 = [1,2,1,3,1,4]
3   list3 = []   # 定义空列表
```

通过索引来访问列表中的元素,常见的列表操作如表 3-3 所示。示例从最初定义的列表操作得到。

表 3-3　列表操作

方法	操作描述	示例
索引	检索列表中元素,list[m] 左从 0 开始,右从−1 开始	list1[0]结果:["库存现金"] list1[−1]结果:["固定资产"]
截取	截取列表中一段元素,list[m:n], 左闭右开区间,返回值为列表	list1[0:2]结果:["库存现金","银行存款"] list1[−3:−1]结果:["银行存款","应收账款"]
删除	删除列表中指定元素(按索引),del list[m]	del list1[2],list1 结果:["库存现金","银行存款", "固定资产"]
修改	修改列表中指定元素,list[m]= "y"	list1[2]="预付账款",list1 结果:["库存现金", "银行存款","预付账款","固定资产"]
长度	len([1,2,3])	结果:3
拼接	[1,2,3]+[4,5,6]	结果:[1,2,3,4,5,6]
重复	["Asset"]*3	结果:["Asset","Asset","Asset"]
成员	3 in [1,2,3]	结果:True
最大值	max([1,2,3])	结果:3
最小值	min([1,2,3])	结果:1
追加元素	列表末尾追加元素, list. append()	list2. append(1),list2 结果: [1,2,1,3,1,4,1]
统计次数	统计列表中元素出现次数 list. count()	list2. count(1),结果:3
追加序列	列表末尾追加另一序列的多个值 list. extend()	list2. extend([1,5]),list2 结果: [1,2,1,3,1,4,1,5]
索引位置	从列表中找出某个值第一次匹配 的索引位置,list. index()	list2. index(1),结果:0
插入元素	在列表指定位置插入元素 list. insert()	list2. insert(0,2),结果: [2,1,2,1,3,1,4]
移除元素	移除列表中的某个元素,缺省索引 时为最后一个元素,并返回该元素 list. pop()	a = list2. pop(1),a 结果:2 list2 列表结果:[1,1,3,1,4]
按值删除	移除列表中某个值的第一个匹配 项 list. remove()	list2. remove(1),结果: [2,1,3,1,4]
倒序元素	倒序列表中的元素 list. reverse()	list2. reverse(),结果: [4,1,3,1,2,1]
排序	对原列表元素排序,默认升序, reverse=True 降序排序	list2. sort(),结果:[1,1,1,2,3,4] list2. sort(reverse=True),结果: [4,3,2,1,1,1]

二、元组

列表和元组数据结构操作方面有很多相似的地方,但列表和元组又不相同,表现为列表是可变数据结构,而元组是不可变的。

元组是 Python 中用于存储多个数据(可以是不同类型)的容器。这些数据可以是数字、字符串、列表、另一个元组等。元组是一种内置的数据结构,用于存储一系列不可变的元素。与列表不同,元组一旦创建,就不能被修改(即不能添加、删除或更改元素)。这使得元组在需要存储一组数据但又不想被修改时非常有用。元组是不可变的,因此它可以作为字典的键(key),而列表则不可以。

元组通过圆括号"()"来定义,元素之间用逗号","分隔。

输入代码:

```
1    ♯创建元组,不可修改。
2    tuple1 = (1,2,3,4,5,6)
3    tuple2 = (7,8)
4    tuple3 = ()    ♯定义空元组
```

如果元组中只有一个元素,则需要在元素后面加上逗号",",以区分元组和该元素本身[比如,(1,)是一个元组,而(1)只是数字 1 的圆括号表示]。常见的元组操作如表 3-4 所示,示例结果都以最初定义的元组操作得到。

表 3-4　常见的元组操作

方法	操作描述	示例
索引	检索元组中元素,tuple(m),左从 0、右从−1 开始	tuple1[0],结果为 1 tuple1[−1],结果为 6
截取	截取元组中一段元素,tuple[m,n],左闭右开区间,返回值为元组	tuple1[1:3],结果为(2,3) tuple1[−2:−1],结果为(5,)
拼接	元组不可以修改,但可以通过"+"拼接添加元素	tuple1+tuple2,结果为(1,2,3,4,5,6,7,8)
删除	del tuple,元组不可以修改,只能删除整个元组	del tuple1,结果为/
重复	通过"*"进行元组重复	tuple2 * 3,结果为(7,8,7,8,7,8)
成员	用"in"判断元素是否在元组中	3 in tuple1,结果为 True
长度	len(tuple),元组长度	len(tuple1),结果为 6
最大值	max(tuple),取元组中最大值	max(tuple1),结果为 6
最小值	min(tuple),取元组中最小值	min(tuple1),结果为 1

【例 3-4】 列表操作。

任务描述:

给定列表 list1 = ["库存现金","银行存款","其他货币资金"]和 list2 = [1000,5000,2000,[200,300]],完成对两个列表的拼接、重复输出、索引、切片,判断元素是否存在于列表中以及增加元素于列表最后的位置。

例 3-4

输入代码:

```
1   # 定义列表
2   list1 = ["库存现金","银行存款","其他货币资金"]
3   list2 = [1000, 5000, 2000,[200, 300]]   # 嵌套列表
4   # 列表操作
5   list3 = list1 + list2
6   print(list3)
7   print(list1 * 3)
8   print(list1[2])
9   print(list1[1:3])
10  print('交易性金融资产' in list1)   # True:存在,False:不存在
11  list1.append('交易性金融资产')
12  print(list1)
13  list2. insert(0,4000)
14  print(list2)
15  list1.extend(list2)
16  print(list1)
```

运行结果:

['库存现金', '银行存款', '其他货币资金', 1000, 5000, 2000, [200, 300]]

['库存现金', '银行存款', '其他货币资金', '库存现金', '银行存款', '其他货币资金', '库存现金', '银行存款', '其他货币资金']

其他货币资金

['银行存款', '其他货币资金']

False

['库存现金', '银行存款', '其他货币资金', '交易性金融资产']

[4000, 1000, 5000, 2000, [200, 300]]

['库存现金', '银行存款', '其他货币资金', '交易性金融资产', 4000, 1000, 5000, 2000, [200, 300]]

任务三   字典和集合

一、字典

字典是一种非常强大且灵活的数据结构,它允许使用者存储任意类型对象,如整数、字符串、列表乃至另一个字典等,并以键值对(key-value pairs)的形式进行存储。字典中的每个元素都是一个键值对,键(key)必须是唯一的,用于访问字典中的值。在 Python 中,键必须是不可变类型,如整数、浮点数、字符串或元组等;而值(value)则是与键相关联的数据,可以是任何数据类型,且不必唯一。

字典使用大括号"{}"定义,键和值之间使用冒号":"分隔,键值对之间使用逗号","分隔。字典的创建方法如下:

输入代码:

```
1  f_dict = {'短期借款':'10万','应付账款':'15万','长期借款':'23万'}
2  k_dict = {}  #空字典
```

通过健来访问字典中的元素,常见的字典操作如表3-5所示,示例结果都以最初定义的字典操作得到。

表3-5 常见的字典操作

方法	操作描述	示例
查找	f_dict['短期借款']	10万
添加	f_dict['预收账款']='12万'	f_dict = {'短期借款':'10万','应付账款':'15万','长期借款':'23万','预收账款':'12万'}
修改	f_dict['短期借款']='10.5万'	f_dict = {'短期借款':'10.5万','应付账款':'15万','长期借款':'23万'}
删除	a= f_dict. pop('长期借款'),删除"长期借款"键值对,并把值赋给变量a	a='23万' f_dict = {'短期借款':'10万','应付账款':'15万'}
	del f_dict['长期借款'],删除字典中的元素	f_dict = {'短期借款':'10万','应付账款':'15万'}
	del f_dict,删除整个字典	/
长度	len(f_dict)	3
输出	str(f_dict),以字符串数据类型输出字典	{'短期借款':'10万','应付账款':'15万','长期借款':'23万'}
取健	f_dict. keys()	dict_keys(['短期借款','应付账款','长期借款'])
取值	f_dict. values()	dict_values(['10万','15万','23万'])
取 items	f_dict. items(),取所有 item	dict_items([('短期借款','10万'),('应付账款','15万'),('长期借款','23万')])
创建字典	list1 = ['短期借款','应付账款','长期借款'] a = dict. fromkeys(list1,'20万') 创建新字典a,键为序列中的元素,值为设置值	a = {'短期借款':'20万','应付账款':'20万','长期借款':'20万'}

二、集合

字典和集合都是使用大括号"{}"定义,但字典和集合的数据结构差别较大:字典是以键值对存储的数据结构,而集合是一种无序、不重复的数据结构。

集合是一个无序的(参数是文本时,每次输出集合,元素的顺序不可预知)、不包含重复元素的数据结构。集合主要用于数学上的集合运算,如并集、交集、差集和对称差集等。它主要用于去重和关系测试等场景。

集合使用大括号"{}"或 set()函数创建集合,常见集合操作表如表 3-6 所示,示例结果都是以最初定义的集合操作得到的。但注意,直接使用"{}"创建的是空字典而非集合,除非里面包含元素。

输入代码:

```
1   # 创建集合
2   set1 = {1,2,3,1,4,5,1}   # 由于集合元素不重复,实际上 set1 = {1,2,3,4,5}
```

表 3-6　常见的集合操作

方法	操作描述	示例结果
添加	set. add(),直接添加元素	set1.add(6),结果:{1,2,3,4,5,6}
	set. update(),添加列表、元组、字典等	set1. update([6,7]), set1 结果:{1,2,3,4,5,6,7}
删除	set. remove(),删除指定元素,元素不存在时会报错	set1. remove(5),结果:{1,2,3,4}
	set. discard(),删除指定元素,元素不存在时不会报错	set1. discard(5),结果:{1,2,3,4}
	set. pop(),无序排列,默认删除左面第一个元素	set1. pop(),结果:{1,2,3,4} # 若集合参数为文本,则结果不确定
长度	len(set),集合的长度	len(set1),结果:5
成员	用"in"判断元素是否在集合中	6 in set1,结果:False

集合在应用时有并集、交集等运算,集合运算符操作如表 3-7 所示。

输入代码:

```
1   # 创建 a、b 集合
2   a = {3,4,6,2,1}
3   b = {9,3,6,2,5,1}
```

表 3-7　集合运算符操作

运算表达式	操作描述	示例结果
a - b	集合 a 包含而集合 b 不包含的元素	{4}
a | b	集合 a 或集合 b 中包含的元素(并集)	{1, 2, 3, 4, 5, 6, 9}
a & b	集合 a 和集合 b 中都包含的元素(交集)	{1, 2, 3, 6}
a ^ b	不同时包含于集合 a 与 b 的元素	{4, 5, 9}

【例 3-5】　字典操作。

任务描述：

给定字典 dict1 = {"公司名称":'郑州瑞坤网络设备有限公司',"成立时间":'2015 年 5 月',"资产总额":2000000}，完成对字典"公司名称""成立时间""资产总额"对应的值的索引后，将"资产总额"的数值修改为 2 000 000，增加"员工数量"100 人到字典后再作删除处理。

例 3-5

输入代码：

```
1   # 创建字典
2   dict1 = {"公司名称":'郑州瑞坤网络设备有限公司',"成立时间":'2015 年 5 月',"资产总额":2000000}
3   cn = dict1["公司名称"]              # 对公司名称进行索引
4   print(cn)
5   ct = dict1["成立时间"]              # 对成立时间进行索引
6   print(ct)
7   at = dict1["资产总额"]              # 对资产总额进行索引
8   print(at)
9   dict1["资产总额"] = 200000          # 对资产总额数据进行修改
10  print(dict1)
11  dict1["员工数量"] = 100            # 添加员工数量 100 到字典
12  print(dict1)
13  del dict1["员工数量"]              # 删除字典中的员工数量
14  print(dict1)
```

运行结果：

郑州瑞坤网络设备有限公司

2015 年 5 月

1000000

{'公司名称':'郑州瑞坤网络设备有限公司','成立时间':'2015 年 5 月','资产总额':200000}

{'公司名称':'郑州瑞坤网络设备有限公司','成立时间':'2015 年 5 月','资产总额':200000,'员工数量':100}

{'公司名称':'郑州瑞坤网络设备有限公司','成立时间':'2015 年 5 月','资产总额':200000}

拓 展 阅 读

数字化赋能生态文明建设

良好的生态环境是最公平的公共产品，是最普惠的民生福祉。习近平总书记指出："我国经济社会发展已进入加快绿色化、低碳化的高质量发展阶段，生态文明建设仍处于压力叠加、负重前行的关键期。"随着新一轮科技革命和产业变革深入发展，数字化赋能生态文明建设已成为提升生态环境治理现代化水平、全面推进美丽中国建设、加快推进人与自然和谐共生的现代化的关键所在。数字化赋能生态文明建设,其采用大数据、人工智能和区块链等技术,深入挖掘、融合应用生态环境数据,构建智慧高效的生态环境管理信息化体系,全面提升环境治理的整体性、系统性、协同性,推动形成绿色智慧的生产生活方式,使天更蓝、地更绿、水更清,万里河山更加多姿多彩,人民群众的生态环境获得感、幸福感、安全感不断提升。

资料来源:节选自任南琪发表于《人民日报》2023 年 12 月 01 日第 9 版的文章《数字化赋能生态文明建设》。

课后练习

项目四
程序控制语句

知识目标

1. 了解 Python 程序设计的基本结构。
2. 掌握 Python 分支结构语句的运用。
3. 掌握 Python 循环结构语句的运用。
4. 掌握 Python 程序的异常处理方法。

能力目标

1. 能够正确区分不同分支结构的应用场景。
2. 能够正确区分遍历循环、条件循环、嵌套循环的应用场景。
3. 能够熟练应用分支结构语句、循环结构语句,并能进行程序的异常处理。

素养目标

1. 通过分支结构的学习提高财会类专业领域解决问题的能力,拓展数学逻辑思维。
2. 养成分析问题、事前规划的良好习惯,增强总结规律、将事物化繁为简的能力。
3. 培养通过计算机语言解决问题的意识。

知识导图

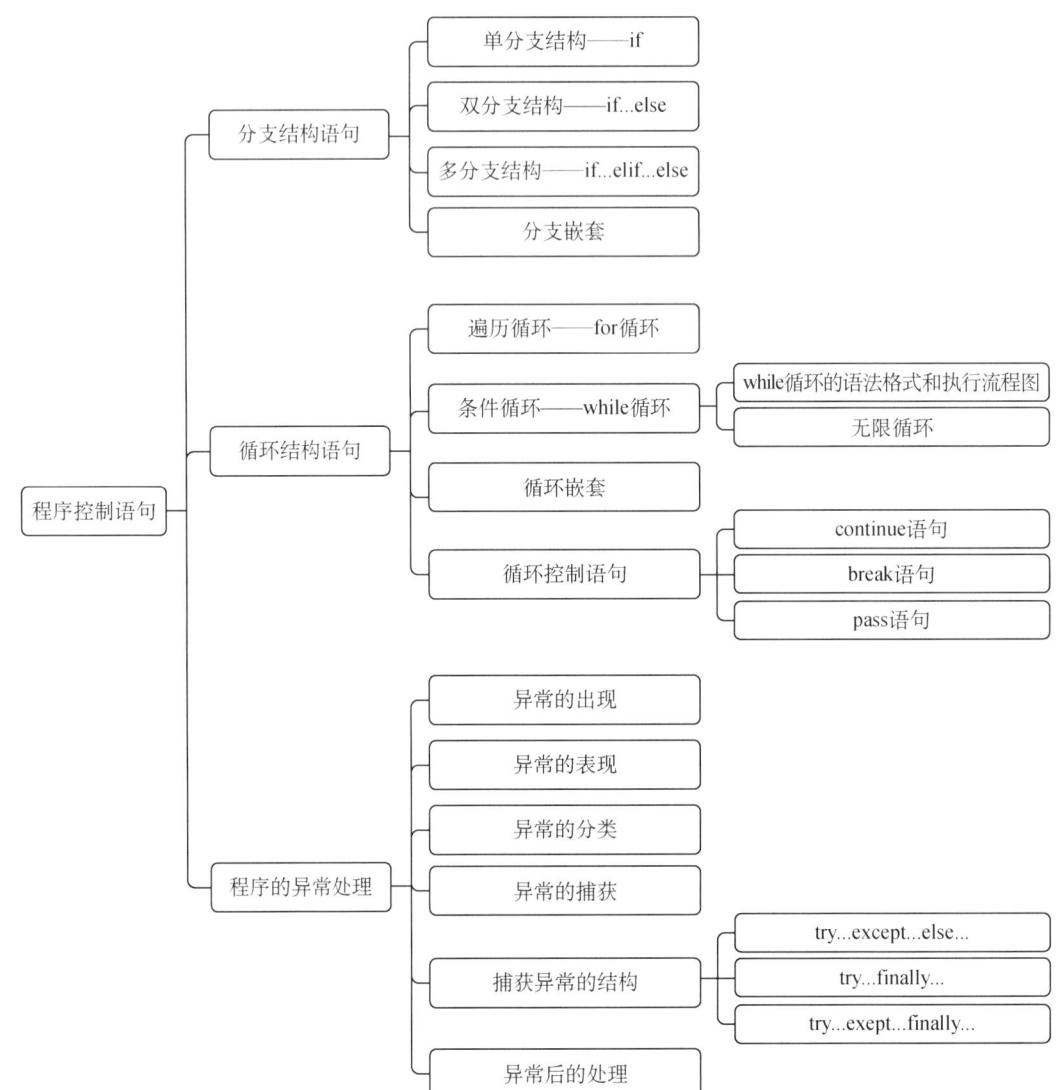

任务一 分支结构语句

一、单分支结构——if

分支结构也称选择结构，就是让程序"拐弯"，有选择性地执行代码；换句话说，可以跳过没用的代码，只执行有用的代码。

单分支结构是最简单的分支结构，也称作不完全分支结构。在 Python 中，单分支由 if 语句实现。其语法格式如下。

```
if 条件判断：
    条件代码1    #条件判断为真,执行条件代码1
其他顺序代码    #if条件结构执行完,执行其他代码
```

　　如果 if 条件判断为真,执行条件代码部分；如果判断为假,则按顺序执行其他代码。这里可以应用于判断是否出现特定或特殊的情况,出现则执行条件代码部分,否则为正常情况,按顺序执行代码。单分支执行流程如图 4-1 所示。

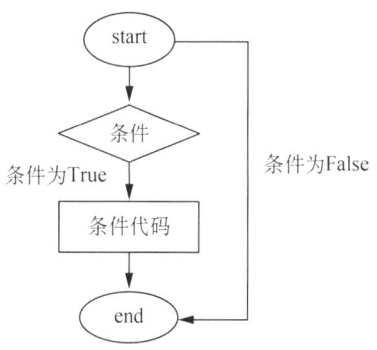

图 4-1　单分支执行流程

【例 4-1】　单分支成绩判断。

输入代码：

```
1    score = 85.9
2    if score >= 60:
3        print("score 为 % s,及格了" % score)
4    print("判断结束,可继续执行后续代码")
```

运行结果：

score 为 85.9,及格了

判断结束,可继续执行后续代码

工作场景 4-1　单分支决策

　　某公司要新购进一台设备,单价为 5 000 元/台。要求：如果设备单价大于 2 000 元/台,就输出"设备应分类为固定资产"。

输入代码：

```
1    price = 5000
2    if price > 2000:
3        print("设备应分类为固定资产")
```

运行结果：

设备应分类为固定资产

由于新购进设备的单价大于 2 000 元/台,满足判断条件,因此输出"设备应分类为固定资产"。如果将设备单价(price)改为 800 元/台,代码运行后,我们会发现没有任何输出。由此可见,使用 if 语句时,只有满足判断条件才执行下面的代码,否则就不执行。

 提示：

   Python 采用缩进来控制程序的层次结构,缩进字符的长短没有严格规定,但所有代码块语句的缩进字符数必须相同。使用"tab"键可对缩进内容进行统一。另外,注意条件语句后面需要输入英文格式的冒号,否则程序会报错。

二、双分支结构——if... else

双分支结构也称二分支结构或全分支结构。双分支结构可以分别处理满足条件的情形和不满足条件的情形,在 Pyhon 中用 if... else 语句实现。if... else 语句的语法格式如下。

```
if 条件判断:
    条件代码1    # 条件判断为真,执行条件代码1
else:
    条件代码2    # 条件判断为假,执行条件代码2
```

if... else 结构适用于出现两种相反的情况。else 语句后面不用再写条件判断。双分支执行流程如图 4-2 所示。

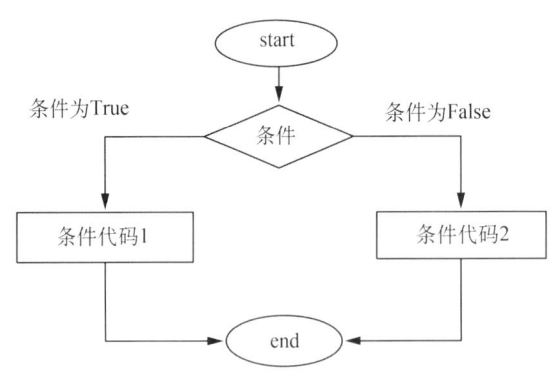

图 4-2 双分支执行流程

【例 4-2】 双分支成绩判断。

输入代码：

```
1   score = int(input("请输入成绩(0～100 整数)"))
```

```
2    if score >= 60:
3        print("成绩为%s,及格" % score)
4    else:
5        print("成绩为%s,不及格" % score)
```

运行结果:

请输入成绩(0～100 整数)80   ←输入 80 的运行结果

成绩为 80,及格

工作场景 4-2　双分支决策

某公司要新购进一台设备,单价为 5 000 元/台。要求:如果设备单价大于 2 000 元/台,则输出"设备应分类为固定资产";如果设备单价小于等于 2 000 元/台,则输出"设备应分类为低值易耗品"。

工作场景
4-2

代码实现:

输入代码:

```
1    price = 5000
2    if price > 2000:
3        print("设备应分类为固定资产")
4    else:
5        print("设备应分类为低值易耗品")
```

运行结果:

设备应分类为固定资产

由于新购进设备的单价大于 2 000 元/台,满足第一个判断条件,输出"设备应分类为固定资产"。如果将设备单价(price)改为 800 元/台,则代码运行后输出"设备应分类为低值易耗品"。这是因为 else 语句定义了不满足判断条件时执行的代码。

 提示:

Python 的 if... else 语句中,如果 if 语句的判断条件为 True,就执行 if 语句后的代码块;如果判断条件为 False,则执行 else 语句后的代码块。同样,在 if 语句和 else 语句后,都需要输入英文格式的冒号,否则程序会报错。

三、多分支结构——if... elif... else

程序分支在三个及三个以上时,其就被称为多分支结构。在 Python 中通过 if... elif 和 if... elif... else 语句实现多分支的场景。if... elif 语句的语法格式如下。

```
if 条件判断 1：
      条件代码 1    # 条件判断 1 为真，执行条件代码 1
elif 条件判断 2：
      条件代码 2    # 条件判断 2 为真，执行条件代码 2
elif 条件判断 3：
      条件代码 3    # 条件判断 3 为真，执行条件代码 3
```

相似的 if... elif... else 的语法格式如下。

```
if 条件判断 1：
      条件代码 1    # 条件判断 1 为真，执行条件代码 1
elif 条件判断 2：
      条件代码 2    # 条件判断 2 为真，执行条件代码 2
elif 条件判断 3：
      条件代码 3    # 条件判断 3 为真，执行条件代码 3
else：
      条件代码 4    # 条件判断 123 为假，执行条件代码 4
```

if... elif 结构和 if... elif... else 结构是一致的，else 补充判断条件都不满足或不容易写出条件判断的情况。在判断过程中，一旦通过 if 或某个 elif 判断，整段代码就会结束，不会再向下继续判断。该结构适用于存在很多种情况的判断，if 和其余每个 elif 后面都需要写条件判断语句。其适用场景如个人所得税缴纳金额的计算，打折促销结算，成绩评定等。多分支执行流程如图 4-3 所示。

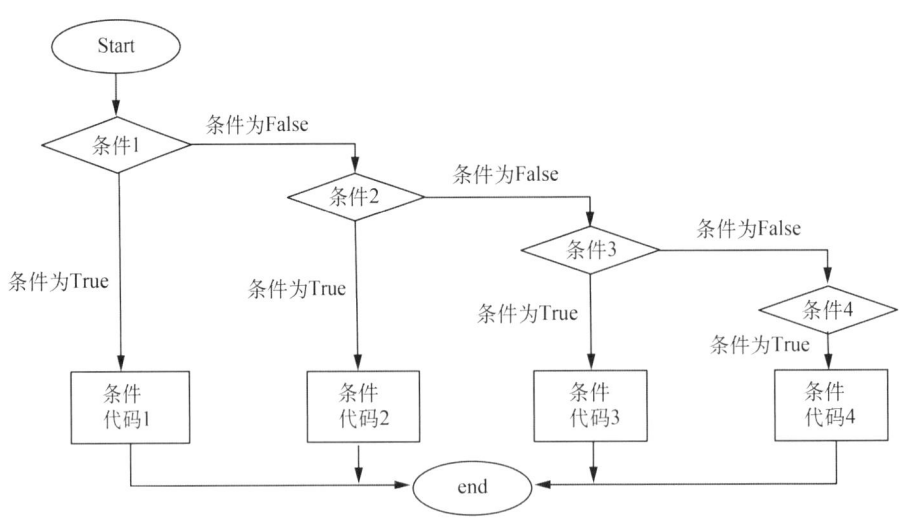

图 4-3　多分支执行流程

【例 4-3】　多分支成绩判断。

输入代码：

```
1    score = int(input("请输入成绩(0~100 整数)"))
2    if score < 60:
3        print(f"成绩为{score},不及格")
4    elif score < 70:
5        print(f"成绩为{score},及格")
6    elif score < 80:
7        print(f"成绩为{score},中等")
8    elif score < 90:
9        print(f"成绩为{score},良好")
10   elif score < = 100:
11       print(f"成绩为{score},优秀")
```

运行结果：

请输入成绩(0~100 整数)80　　←输入 80 的运行结果

成绩为 80,良好

工作场景 4-3　多分支决策

某公司要新购进一台设备,价格为 50 000 元,资产类型为生产设备。该公司采用直线法计提折旧,其固定资产折旧规定如表 4-1 所示。

工作场景 4-3

表 4-1　某公司固定资产折旧规定

资产类型	折旧年限(年)	残值率
房屋建筑物	50	5%
生产设备	10	5%
办公设备	3	3%
其他设备	5	3%

该公司根据资产类型计算固定资产月折旧额。固定资产有 4 种类型,可以采用 if... elif... else 语句进行判断。

输入代码：

```
1    price = 5000
2    FAtype = '生产设备'
3    if FAtype = = '房屋建筑物':
```

```
4        year = 50
5        rate = 0.05
6    elif FAtype = ='生产设备':
7        year = 10
8        rate = 0.05
9    elif FAtype = ='办公设备':
10       year = 3
11       rate = 0.03
12   else:
13       year = 5
14       rate = 0.03
15   dep = round(price * (1 - rate)/year/12,2)
16   print('资产月折旧额为:',dep)
```

运行结果:

资产月折旧额为:39.58

提示:

  Python 的 if... elif... else 语句是从上往下执行的。如果满足某个条件,执行该条件对应的代码块后,就不会再执行剩下的代码块。

四、分支嵌套

  分支嵌套即 if... 嵌套结构,适用于存在多层判断的情况。具体的结构可以理解为,if 结构、if... else 结构、if... elif 结构互相嵌套。在实际应用场景中,我们需要判断的情况可能非常多,需要灵活使用。

  以最简单的单分支为例,分支嵌套的语法格式如下。

```
if 条件判断 1:
    条件代码 1
    if 条件判断:
        条件代码 2
......
```

  if 关键字和条件判断 1 及其从句构成外层分支,if 关键字和条件判断 2 及其从句构成内层分支。不难看出,内层分支语句也是外层分支的从句。在这里需要特别注意的是缩进的问题,通常情况下,我们使用 4 个空格(Space 键)来控制缩进。同一个判断条件下,缩进保持一致。嵌套结构在外层缩进的基础上,也要保持内层缩进。随意缩进和缩进不一致的情况,都会出现报错。分支嵌套的执行流程如图 4-4 所示。

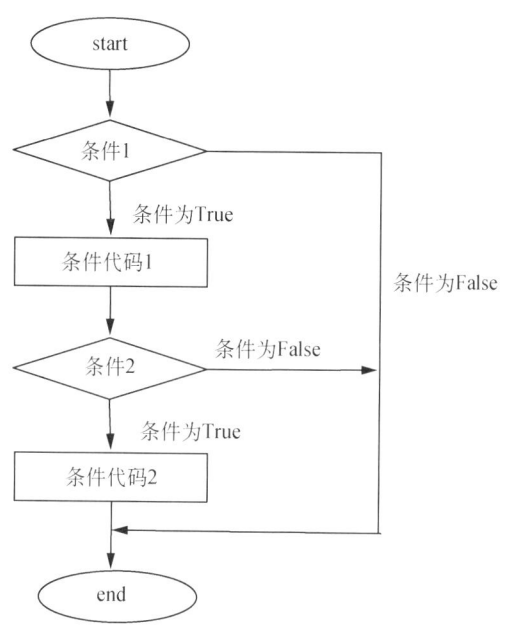

图 4-4　分支嵌套执行流程

【例 4-4】　请用分支嵌套做一个判断月份天数的程序。每年的 1、3、5、7、8、10 和 12 月固定为 31 天，4、6、9、11 月固定为 30 天，2 月则要判断是否为闰年，平年的 2 月有 28 天，闰年的 2 月有 29 天。

输入代码：

```
1   ny = input("请输入年月(六位数字):")
2   year = int(int(ny)/100)
3   month = int(ny) % 100
4   print("%d 年" % year,end = "")
5   if month in[1,3,5,7,8,10,12]:
6       print("%d 月有 31 天。" % month)
7   elif month in[4,6,9,11]:
8       print("%d 月有 30 天。" % month)
9   elif month = = 2 :
10      if year % 400 = = 0 or year % 4 = = 0 and year % 100! = 0:
11          print("%d 月有 29 天。" % month)
12      else :
13          print("%d 月有 28 天。" % month)
14  else:
15      print("您输入的月份有误!")
```

输入 202301，运行结果如下。

运行结果:

请输入年月(六位数字):202301

2023 年 1 月有 31 天。

输入 202402,运行结果如下。

运行结果:

请输入年月(六位数字):202402

2024 年 2 月有 29 天。

输入 202413,运行结果如下。

运行结果:

请输入年月(六位数字):202413

2024 年您输入的月份有误!

本例中,外层采用多分支进行月份的判断,当进入 2 月的分支时,再使用内层分支对年份进行闰年的判断,从而完成月份天数的判定。

工作场景 4-4　if 嵌套条件决策

某公司当月采购纸箱 10 000 个,每个纸箱 2 元。如果采购数量大于 5 000 个,则达到折扣起算点。采购数量和折扣比例的关系如表 4-2 所示,请计算纸箱采购总金额。

工作场景
4-4

表 4-2　采购数量和折扣比例的关系

采购数量(个)	折扣比例
5 000 <采购数量< 8 000	2%
采购数量≥8 000	5%

该公司根据采购数量确定折扣比例,并由此计算采购总金额。如果采购数量大于 5 000 个,则可以享受折扣,否则折扣为 0。具体折扣比例根据采购数量计算,可采用嵌套语句进行判断。

输入代码:

```
1   quantity = 10000
2   unitprice = 2
3   if quantity > 5000:
4       if quantity < 8000:
5           discount = 0.02
6       else:
```

```
7            discount = 0.05
8    else:
9        discount = 0
10   amount = round(quantity * unitprice * (1 - discount),2)
11   print('采购数量:%d;折扣比例:%d%%;采购总金额:%d'%(quantity,discount * 100,
amount))
```

运行结果:

采购数量:10000;折扣比例:5%;采购总金额:19000

 提示:

需要注意区分 Python 的 if…elif…else 多分支结构与 if 嵌套语句的执行逻辑。多分支结构只有在前面的条件不满足时,才进入下一个语句的条件判断;而 if 嵌套语句则是在外部的 if 条件满足时,才会执行内部的 if 语句。

任务二　循环结构语句

一、遍历循环——for 循环

在生活中,我们经常能见到循环,如季节的循环更替、路口交通信号灯的循环闪烁、自然界的水循环等。不断重复相同的几件事,就可称为循环。程序设计中另一个重要的流程控制结构就是循环。Python 中常见的循环语句有两种:一是遍历循环,二是条件循环。

Python 中遍历循环通过 for 语句实现。与 C 语言和 Java 语言不同,Python 中的 for 循环不是计数循环,而是遍历循环。遍历是指逐一访问目标对象中的数据,直到所有数据被访问到结束循环。遍历循环的语法格式如下。

```
for 变量名 in 可迭代对象:
    循环体代码
```

可迭代对象可以是字符串、列表、字典、元组、集合。不满足 for 循环条件,则不再执行循环体代码,退出 for 循环。

for 循环执行过程,需要先判断循环条件表达式的值,当其值为真(True)时,则执行循环体代码,当执行完毕后,再回过头来重新判断条件表达式的值是否为真,若仍为真,则继续重新执行循环体代码。如此循环,直到条件表达式的值为假(False),才终止循环。

遍历循环的执行流程如图 4-5 所示。

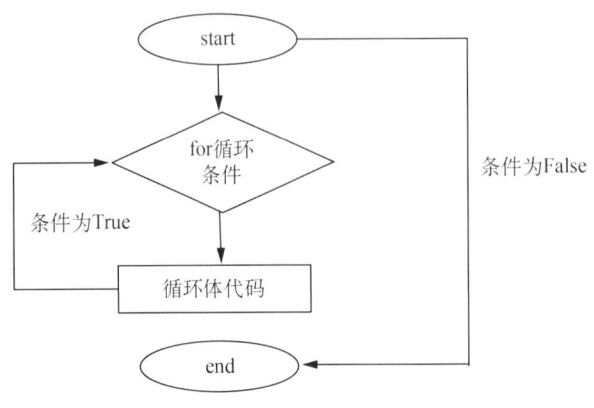

图 4-5 遍历循环执行流程

【例 4-5】 range 与 for 循环。

输入代码：

```
1    for i in range(1, 5):
2        print(i)
```

运行结果：

```
1
2
3
4
```

[例 4-5]中,for i in range(1,5):是遍历 1,2,3,4 这四个数字,依次赋值给变量 i,(1,5)的意思,类似于数学中的左闭右开区间[1,5),1 到 5 的数字中,5 不能取到。

在 Python 中,函数 range()返回的是一个可迭代对象(类型是对象),而不是列表类型。函数语法是 range(start, stop, step)。start 代表记数从 start 开始,默认从 0 开始。例如,range(5)等价于 range(0,5)。stop 代表记数到 stop 结束,但不包括 stop,为必写项。又如,list(range(0,5)),结果是[0,1,2,3,4],不包括 5。step 代表步长,默认为 1。再如,range(0,5),等价于 range(0,5,1)。

【例 4-6】 结合步长的 for 循环。

输入代码：

```
1    for i in range(0,11,2):
2        print(i)
```

运行结果：

```
0
2
```

```
4
6
8
10
```

〔例 4-6〕中,for i in range(0,11,2):是遍历 0～10 的偶数,依次赋值给变量 i,(0,11)的意思类似于数学中的左闭右开区间[0,11),0～11 的数字中,11 不能取到,但还有步长为 2,就取到 0～10 的偶数了。

【例 4-7】 列表的循环。

输入代码:

```
1    course = ['高等数学','线性代数','数理统计']
2    for one in course:
3        print(one)
```

运行结果:

```
高等数学
线性代数
数理统计
```

〔例 4-7〕中,for 循环遍历列表,不用使用 range 函数,将列表的变量名写在 in 后,可实现对整个列表的遍历。for 循环中列表的每个元素,依次赋值给 one,直到列表中的元素被遍历完,自动退出 for 循环。

二、条件循环——while 循环

(一) while 循环的语法格式和执行流程图

Python 中的条件循环由 while 语句来实现。while 循环的语法格式,与单分支结构中的 if 语句类似,都需要检查是否满足条件。只不过 if 语句判断一次,满足判断条件时就执行下面的代码块。而 while 循环执行过程,需要先判断循环条件表达式的值,其值为真(True)时,则执行条件代码块中的语句,当执行完毕后,再回过头来重新判断条件表达式的值是否为真,若仍为真,则继续重新执行条件代码块……如此循环,直到条件表达式的值为假(False),才终止循环。其语法格式如下。

```
while 条件判断:
    条件代码1     # 条件判断为真,执行条件代码1
```

条件循环的执行流程如图 4-6 所示。

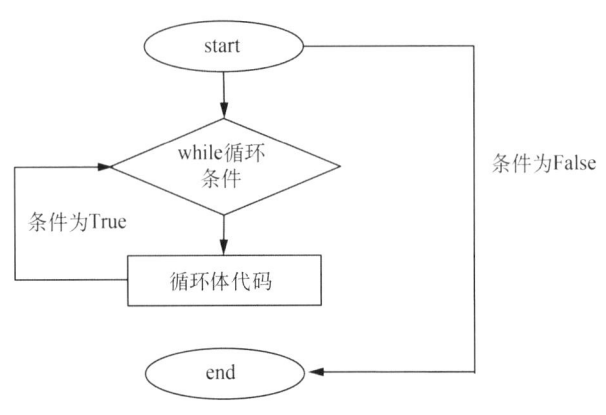

图 4-6 条件循环执行流程

能否将 for 循环中的例子,修改为 while 循环呢? 请思考:循环时条件判断表达式的变量和参数分别是什么? 如何使用它们?

【例 4-8】 *输出 5 以下的整数。*

输入代码:

```
1    number = 0
2    while number < 5:
3        print(f'number 为:{number}')
4        number += 1
```

运行结果:

```
number 为:0
number 为:1
number 为:2
number 为:3
number 为:4
```

[例 4-8]中,number 是在 while 语句中条件判断的参数,需要先定义它的初始值,之后我们在 while 语句中,确定需要循环的次数,循环次数与 number 之后如何增加或减少有关。

每次循环 number 增加 1,增加到 number=5 时,while 条件判断为假,此时退出 while 循环,不再执行 number=5 时的逻辑。number 从 0 到 4,循环执行了 5 次。

(二)无限循环

当 while 循环的判断条件一直为真时,循环就会陷入死循环。

输入代码:

```
1    while True:
2        print("死循环中")
```

上述代码中,循环条件始终为 True,没有退出循环的条件。循环无法退出,持续执行循环体代码,这样的循环称为死循环。

为真的情况不仅限于本例中的 True,还有很多种,如非 0 的数字类型都为真,非空的字符串都为真等。

如果要退出循环,可以使用 break 语句进行控制。

工作场景 4-5　固定资产折旧计算

某公司有一台设备原值为 200 000 元,预计使用年限为 10 年,预计残值率为 5%,按直线法计提折旧。截至 2025 年 1 月,累计折旧金额为 178 833.3 元,要求计算未来 12 个月的折旧额[条件判断:当固定资产原值—累计折旧—残值>0 时,当月应计提折旧=固定资产原值×(1—残值率)/折旧月数,否则当月应计提折旧=固定资产原值—上月累计折旧—残值]。固定资产折旧计算公式如表 4-3 所示。

工作场景
4-5

表 4-3　固定资产折旧计算公式

项目	计算公式
当月应计提折旧	固定资产原值 ×(1 — 残值率)/折旧月数
当月累计折旧	上月累计折旧 ＋ 当月应计提折旧

输入代码:

```
1   amount = 200000
2   rate = 0.05
3   accuDep = 178833.3
4   dep = round(amount * (1 - rate)/120,2)
5   for i in range(12):
6       if amount - accuDep - dep - amount * rate > 0:
7           dep = dep
8       else:
9           dep = round(amount - accuDep - amount * rate,2)
10      print('第',i + 1,'个月折旧额为',dep)
11      accuDep + = dep
```

运行结果:

```
第 1 个月折旧额为 1583.33
第 2 个月折旧额为 1583.33
第 3 个月折旧额为 1583.33
第 4 个月折旧额为 1583.33
第 5 个月折旧额为 1583.33
第 6 个月折旧额为 1583.33
第 7 个月折旧额为 1583.33
```

第 8 个月折旧额为 83.39

第 9 个月折旧额为 0.0

第 10 个月折旧额为 0.0

第 11 个月折旧额为 0.0

第 12 个月折旧额为 0.0

 提示：

在实际业务中，for...in 循环常用于遍历字符串、列表、元组、字典等数据结构，其执行顺序是遍历这些数据结构里的每一个元素。while 循环的特点是当循环条件不满足时结束循环，而 for...in 循环的特点则是遍历完数据结构中的所有元素后结束循环。

三、循环嵌套

一个循环语句的循环体内包含另一个完整的循环结构，被称为循环的嵌套。嵌套在循环体内的循环称为内循环，嵌套有内循环的循环称为外循环。内循环中还可以嵌套循环，即多重循环。

与 if 嵌套一样，while 循环和 for 循环也可以在循环内部嵌套循环，既可以在 while 循环中嵌套 while 循环，for 循环中嵌套 for 循环，也可以使 while 循环和 for 循环相互嵌套。外层循环体中可以包含一个或多个内层循环结构。但要注意的是，各循环必须完整包含，相互之间不允许有交叉现象。

例 4-9

【**例 4-9**】 利用循环嵌套输出九九乘法表。

输入代码：

```
1    for i in range(1,10):
2        for j in range(1,i + 1):
3            print(j," * ",i," = ",i * j,"",end = "")
4        print()
```

运行结果：

```
1 * 1 = 1
1 * 2 = 2    2 * 2 = 4
1 * 3 = 3    2 * 3 = 6    3 * 3 = 9
1 * 4 = 4    2 * 4 = 8    3 * 4 = 12    4 * 4 = 16
1 * 5 = 5    2 * 5 = 10   3 * 5 = 15    4 * 5 = 20   5 * 5 = 25
1 * 6 = 6    2 * 6 = 12   3 * 6 = 18    4 * 6 = 24   5 * 6 = 30   6 * 6 = 36
1 * 7 = 7    2 * 7 = 14   3 * 7 = 21    4 * 7 = 28   5 * 7 = 35   6 * 7 = 42   7 * 7 = 49
1 * 8 = 8    2 * 8 = 16   3 * 8 = 24    4 * 8 = 32   5 * 8 = 40   6 * 8 = 48   7 * 8 = 56   8 * 8 = 64
1 * 9 = 9    2 * 9 = 18   3 * 9 = 27    4 * 9 = 36   5 * 9 = 45   6 * 9 = 54   7 * 9 = 63   8 * 9 = 72   9 * 9 = 81
```

外层循环有 1 至 9 共 9 个元素,逐一赋值给 i,控制行的循环;内层循环的元素个数与行有关,共有 1 至 i,即 9 个元素,逐一赋值给 j,控制列的循环。

工作场景 4-6　管理费用预算

某公司各子公司 2024 年的管理费用预算如表 4-4 所示,各季度管理费用预算分配比例如表 4-5 所示。请计算各子公司 2024 年各季度的管理费用预算。

工作场景
4-6

表 4-4　各子公司 2024 年管理费用预算

单位:万元

子公司	甲	乙	丙
年度管理费用预算	20	30	50

表 4-5　各季度管理费用预算分配比例

季度	第一季度	第二季度	第三季度	第四季度
分配比例	0.3	0.2	0.2	0.3

可以构建外层循环,读取甲、乙、丙公司的管理费用预算,同时构建内层循环,依次计算每个季度的预算。

输入代码:

```
1  budexp = {'甲':20,'乙':30,'丙':50}
2  ratio = {'1':0.3,'2':0.2,'3':0.2,'4':0.3}
3  for i in budexp.keys():
4      budexp_quarter = []
5      for j in ratio.keys():
6          budexp_quarter.append (budexp[i] * ratio[j])
7      print(i,'公司各季度管理费用预算为',budexp_quarter)
```

运行结果:

甲　公司各季度管理费用预算为[6.0,4.0,4.0,6.0]
乙　公司各季度管理费用预算为[9.0,6.0,6.0,9.0]
丙　公司各季度管理费用预算为[15.0,10.0,10.0,15.0]

 提示:

循环嵌套需要先对外层循环条件进行判断。当外层循环条件为 True 时,执行外层循环结构中的循环体后,进入内层循环。当内层循环条件为 True 时,会执行内层循环的循环体,直到内层循环条件为 False;然后跳出内层循环,继续执行外层循环体,直到外层循环的循环条件为 False。只有当内层循环的循环条件为 False,且外层循环的循环条件也为 False 时,整个嵌套循环才算执行完毕。

四、循环控制语句

在 Python 中,循环控制语句主要包括 continue 语句、break 语句。continue 语句用来跳出当前循环,break 语句则用来结束循环。当逻辑不完整时,可使用 pass 语句。

(一) continue 语句

continue 翻译为"继续",在代码逻辑中也是同样的意思。其用于循环语句的循环体中,作用是结束本次循环,即跳过循环体中 continue 语句后面的语句,开始下一次循环。

使用 continue 语句跳过循环的语法格式如下。

```
for 变量 in 序列:
    if 条件:
        continue      # 当满足条件时跳过本次循环,直接开始下次循环
```

continue 语句同样可以在 while 循环中使用。需要注意的是,使用 continue 语句时,更新变量的表达式要写在 continue 语句前面,否则继续语句会跳过更新变量的表达式,造成死循环。其具体语法格式如下。

```
while 条件 1:
    条件代码
    if 条件 2:
        continue      # 当满足条件 2 时跳过本次循环,继续下次循环
```

【例 4-10】 continue 基本应用。

输入代码:

```
1    for i in range(1, 6):
2        if i in [2, 3, 4]:
3            continue
4        print('当前的 i 是:', i)
```

运行结果:

```
当前的 i 是:1
当前的 i 是:5
```

[例 4-10]中,for 循环依次遍历 1、2、3、4、5 五个数,i=1 时,i 不在[2,3,4]中,不执行 continue,按顺序执行 print。

i=2 时,i 在[2,3,4]中,执行 continue,后面的代码不再执行,进行下一次 for 循环。

 提示:

continue 语句并不会跳出循环,执行 continue 语句时,会忽略后面的逻辑,直接执行下一次循环。

工作场景 4-7　查找符合条件的全部工资数据

某公司销售部员工小王 1~6 月份的工资分别为 8 000 元、11 000 元、7 600 元、9 200 元、13 500 元、12 000 元。要求：使用 for… in 循环和 continue 语句，筛选出小王工资超过 10 000 元的所有月份。

工作场景
4-7

输入代码：

```
1    salary = {'1 月':8000,'2 月':11000,'3 月':7600,'4 月':9200,'5 月':13500,'6 月':12000}
2    for key in salary:
3        ifsalary[key]＜10000:
4            continue
5        print(key)
```

运行结果：

```
2 月
5 月
6 月
```

（二）break 语句

break 翻译为"打破"，在代码逻辑中起到和词义相似的作用。用在 for、while 循环语句中，当执行 break 语句时，会直接结束循环，执行和循环语句相同缩进的后续代码。

break 语句在 for 循环中的语法格式如下。

```
for 变量 in 序列：
    if 条件：
        break      ＃当满足条件时结束循环
```

break 语句同样可以在 while 循环中使用，其语法格式如下。

```
while 条件 1：
    条件代码
    if 条件 2：
        break      ＃当满足条件 2 时结束循环
```

【例 4-11】 break 基本应用。

输入代码：

```
1    for i in range(1, 6):
2        if i in [2, 3, 4]:
3            break
```

```
4        print('当前的 i 是:', i)
5    print(' for 循环结束')
```

运行结果:

```
当前的 i 是: 1
for 循环结束
```

for 循环依次遍历 1、2、3、4、5 五个数,i=1 时,i 不在[2,3,4]中,不执行 break,按顺序执行 print。与 for 同缩进的 print 不执行。i=2 时,i 在[2,3,4]中,执行 break 语句,后面的代码不再执行,直接退出 for 循环。

提示:
break 执行时会忽略后面的逻辑,直接结束循环。

工作场景 4-8　查找符合条件的工资数据

工作场景
4-8

某公司销售部员工小王 1～6 月份的工资分别为 8 000 元、11 000 元、7 600 元、9 200 元、13 500 元、12 000 元。要求:使用 for... in 循环和 break 语句,筛选出小王工资超过 10 000 元的第一个月份。

输入代码:

```
1    salary = {'1 月':8000,'2 月':11000,'3 月':7600,'4 月':9200,'5 月':13500,'6 月':12000}
2    for key in salary:
3        if  salary[key] > 10000:
4            print('第一个工资超过 10000 元的月份:',key)
5            break
```

运行结果:

```
第一个工资超过 10000 元的月份: 2 月
```

提示:
break 语句、continue 语句是 Python 实现流程控制的重要语句,可以用于改变原有循环的流程。通常情况下,循环遍历需要执行到循环条件为 False 时才会终止循环。通过 break、continue 语句与 while 和 for... in 循环的组合,可以构造更加灵活的循环程序。break 语句和 continue 语句的区别是:break 语句用于终止整个循环;continue 语句则用于跳过本次循环,继续下一次循环。

（三）pass 语句

pass 语句是空语句，什么都不执行，不做任何事情，用于占位。它的作用一般不体现在完整代码的逻辑中，常用在代码编写过程中。当不确定逻辑如何写时，可以使用 pass 先占位，这并不影响整体逻辑的执行。Python 解释器会忽略 pass 占位处的语法异常，起到不报错的作用。

【例 4-12】 pass 语句基本应用。

输入代码：

```
1    for i in range(1, 6):
2        if i in [2, 3, 4]:
3            pass
4        print('当前的 i 是:', i)
5    print('for 循环结束')
```

运行结果：

```
当前的 i 是: 1
当前的 i 是: 2
当前的 i 是: 3
当前的 i 是: 4
当前的 i 是: 5
for 循环结束
```

for 循环依次遍历 1、2、3、4、5 五个数，i＝1 时，i 不在[2,3,4]中，不执行 pass，按顺序执行 print。与 for 同缩进的 print 不执行。i＝2 时，i 在[2,3,4]中，执行 pass 语句之后，按顺序正常执行后面的代码。

任务三　程序的异常处理

一、异常的出现

Python 程序一般对输入有一定要求，但当实际输入不满足程序要求时，可能会产生程序的运行错误。如[例 4-13]，需要输入的是数字，却输入了中文，因此出现了异常。

【例 4-13】 异常代码。

输入代码：

```
1    n = eval(input("请输入一个数字:"))
```

运行结果：

```
请输入一个数字:好
Traceback(most recent call last):
    File "/Desktop/Python 学习.py", line 1, in < module >
        n = eval(input("请输入一个数字:"))
    File "< string >", line 1, in < module >
NameError: name'好' is not defined
```

[例 4-13]中输出结果的第二行为发生异常的文件路径与异常发生的代码行数，在实操过程中可能会有些许差异，是正常情况，请以实际为准。异常信息中"NameError"是此次代码出现问题的异常类型，冒号后面的内容则是异常内容提示。这类由于输入与预期不匹配造成的错误有很多种可能，此处不再逐一列出。

程序中会出现各种各样的异常。在编写程序时，可以编写捕获异常的情况，让程序进行自我检查和自我修复。

pass 语句能解决忽略逻辑的问题，但是如果我们想主动捕获异常，就要用到异常处理语句。我们先了解三个问题。

第一，什么是异常？异常即是一个事件，该事件会在程序执行过程中发生，影响程序的正常执行。一般情况下，在 Python 无法正常处理程序时，就会发生一个异常。异常是 Python 对象，表示一个错误。当 Python 脚本发生异常时，我们需要对它进行捕获处理，否则程序会终止执行。

第二，为什么要主动捕获异常？程序在运行过程中，如果我们放任错误或异常不管，可能会引起程序崩溃、退出、卡死等问题。如果主动捕获这些可能出现的异常，就有机会在发生错误时，主动对程序作出必要的调整，使程序在可控范围内执行。

第三，在什么地方捕获异常？就像我们在骑摩托车之前要戴头盔一样，这是事先应做好的必要的防护措施。同理，在代码中为了防止程序异常，一定要在编写代码时就考虑到哪些地方可能会出现异常，并在对应的代码块前后加入异常处理逻辑，做到异常可控、有路可退。程序的设计与运行并不是一蹴而就的，我们经常会遇到各种各样的错误，应不断改写、优化程序逻辑。这并不是说我们对所有的错误都要捕获异常，某些问题我们换种方法或许就能完全正确理顺；对于存在不可控因素的地方，我们要谨慎捕获异常。

二、异常的表现

不同的程序出现不同的错误或者异常，它们的表现形式可能不同，如电脑出现蓝屏、电脑中毒无法正常启动、游戏卡顿等，这些是我们看得见的异常。程序中也可能出现一些我们看不到的异常，这些看不到的异常很可能在程序中用 PlanB 解决了，而我们并没有感知到。不论异常或错误如何，在编写程序的时候，我们需要尽可能考虑周全，让程序变得"聪明"起来，使其能够处理和应对各种各样的问题。

三、异常的分类

当 Python 中出现错误或者异常，程序停止运行时，Python 的解释器会告知我们出错的问题是什么,从而帮助我们快速找到异常点,快速修复程序。这里总结一下常见的 Python 标准异常,如表 4-6 所示。

表 4-6 常见的 Python 标准异常

异常名称	异常基类	异常名称	异常基类
BaseException	所有异常的基类	OverflowError	数值运算超出最大限制
SystemExit	解释器请求退出	IndentationError	缩进错误
KeyboardInterrupt	用户中断执行(通常是输入 ctrl+c)	TabError	Tab 和空格混用
Exception	常规错误的基类	AttributeError	对象没有这个属性
StopIteration	迭代器没有更多的值	ValueError	传入无效的参数
GeneratorExit	生成器(generator)发生异常来通知退出	EnvironmentError	操作系统错误的基类
StandardError	所有的内建标准异常的基类	IOError	输入/输出操作失败
NotImplementedError	尚未实现的方法	TypeError	对类型无效的操作
SyntaxError	Python 语法错误	UnicodeError	Unicode 相关的错误
ImportError	导入模块/对象失败	MemoryError	内存溢出错误
Warning	警告的基类	NameError	未声明/初始化对象
IndexError	序列中没有此索引	ValueError	传入无效的参数
KeyError	映射中没有这个键	ReferenceError	弱引用,试图访问已经垃圾回收了的对象
RuntimeError	一般的运行时错误		

比如,之前在学习中遇到过的,字符串不能和数字类型进行相加运算。错误提示为 TypeError,这就是错误或异常的类型之一,即类型错误。

Python 对异常和错误的提示有两点内容需要注意:第一,箭头(→)指向代码行号及内容,可以快速定位错误的位置;第二,TypeError:说明了错误的原因。我们可以根据错误的原因,确定问题,并修正程序。

了解这些标准的错误类型后,就可以快速定位问题所在。如果不是常见的错误类型,不清楚问题原因,则可以向搜索引擎提问。

四、异常的捕获

Python 提供了三个非常重要的功能来捕获 Python 程序在运行中出现的异常和错误,try... except... 、raise 和 assert,可以使用它们来调试 Python 程序。下面我们来学习异常处理 try... except... 语句的功能。

捕获异常可以使用 try... except... 语句,try 语句可检测一个程序的错误,except 语句捕获异常信息并作出处理,其基本的语法格式如下。

```
try:
    <代码块>      ♯ 运行尝试捕获异常的代码
except <名字>:
    <代码块>      ♯ 如果在 try 捕获了异常,执行该部分的代码
```

执行一个 try 语句时,Python 解析器会在当前程序流的上下文中作标记。当出现异常后,程序流能够根据上下文的标记回到标记位,从而避免终止程序。

如果 try 语句执行时发生异常,则程序流跳回标记位,并向下匹配执行第一个与该异常匹配的 except 语句。异常处理完后,程序流就通过整个 try 语句(除非在处理异常时又引发新的异常)。

如果没有找到与异常匹配的 except 语句(也可以不指定异常类型或指定同样异常类型 Exception,来捕获所有异常),异常就被递交到上层的 try(若有 try 嵌套时),甚至会逐层向上提交异常给程序(逐层上升直到能找到匹配的 except 语句。实在没有找到时,结束程序并打印缺省的错误信息)。

如果在 try 语句执行时没有发生异常,Python 则将控制流通过整个 try 语句。

【例 4-14】 输入下列代码并运行。

输入代码:

```
1  try:
2      result = "a" > 1
3  except Exception as e:
4      print("出错了",e)
```

运行结果:

出错了 '>' not supported between instances of 'str' and 'int'

[例 4-14]中,程序 try 语句下代码块出现了异常,执行 except 下的代码块。这里没有指定捕获异常的类型,而是将不确定的错误类型用 Exception 接收,并用 e 来替代 Exception 所捕获的异常(可以捕获多种异常),之后正常输出 print()语句,从而捕获到我们想要的异常。

如果按错误或异常的类型来捕获异常,可以这样做。

【例 4-15】 输入下列代码并运行。

输入代码:

```
1  try:
2      num = 0
3      result = 9/num
4      print(result)
5  except ZeroDivisionError:
6      print("除以 0 错误")
```

运行结果：

除以 0 错误

确定异常的类型可以按以上方式来做。如果不确定，则可以使用之前通用的方式。如果确定的异常类型没有捕获到，程序会异常退出，而并没有起到捕获异常的作用。

五、捕获异常的结构

除了上述 try… except… ，异常捕获的结构还包括 try… except… else… 、try… finally… 、try… exept… finally… 等。

（一） try… except… else…

如果在 try 子句执行时没有发生异常，Python 将执行 else 语句后的语句（可选），然后控制流通过整个 try 语句。

【例 4-16】　输入下列代码并运行。

输入代码：

```
1  try:
2      openFile = open('notExistsFile.txt','r')
3      fileContent = openFile.readlines()
4  except IOError:
5      print('File not Exists')        # 执行
6  except:
7      print('process exception')      # 不执行
8  else:
9      print('Reading the file')       # 不执行
```

运行结果：

File not Exists

（二） try… finally…

无论 try 语句块中是否触发异常，都会执行 finally 子句中的语句块，因此，该语句一般用于关闭文件或关闭因系统错误而无法正常释放的资源，如文件关闭，释放锁，把数据库连接返还给连接池等。

【例 4-17】　输入下列代码并运行。

输入代码：

```
1  try:
2      print(1 < 2)
3  finally:
4      print('finally')
```

运行结果:

```
True
finally
```

(三) try... exept... finally...

try... exept... finally... 中 finally 的意义在于,我们在 try 代码块中执行了 return 语句,但是仍然会继续执行在 finally 中的代码块,所以我们一般将该语句用于处理资源的释放。

【例 4-18】 输入下列代码并运行。

输入代码:

```
1   try:
2       openFile = open('notExistsFile.txt','r')
3       fileContent = openFile.readlines()
4   except IOError:
5       print('File not Exists')
6   except:
7       print('process exception')
8   finally:
9       print('finally')
```

运行结果:

```
File not Exists
finally
```

六、异常后的处理

捕获异常的方法,能帮助我们获取异常的内容。捕获模块的功能结束后,程序退出。正常来说,我们捕获到了异常,但程序还要继续,程序还要有它自己的 planB、planC 等。程序异常是一种很正常的现象,但这并不是程序的结束。异常的处理,需要根据不同情况来确定不同的处理方式。当然,每位工程师都有自己的想法!

举一个例子,猜数字,输入错误,提示错误,但程序还要继续,直到输入正确。这样的功能,我们怎么实现呢?

【例 4-19】 猜数字游戏(捕获异常版)。

输入代码:

```
1   import random
2   def guess_num():
3       print("{:-^30}".format("猜数字游戏"))
4       try:
5           max = int(input("请输入猜数字游戏的最大整数:"))
```

```
6              num = random.randint(0, max)
7      except:
8          print("输入数字有误,请重新开始游戏。")
9      while 1:
10         try:
11             n = int(input(f"请在 0~{max}中猜一个整数:"))
12             if n = = num:
13                 print("{:-^30}".format("恭喜猜对了"))
14                 break
15             else:
16                 print("接近了!")
17         except:
18             print("输入有误,请重新输入……")
19     guess_num()
```

运行结果:

```
---------------猜数字游戏---------------
请输入猜数字游戏的最大整数:3
请在 0~3 中猜一个整数:r
输入有误,请重新输入……
请在 0~3 中猜一个整数:9
接近了!
请在 0~3 中猜一个整数:2
--------------恭喜猜对了--------------
```

本例的程序中定义 guess_num 函数实现猜数字的小游戏。用户输入猜数字的最大整数,如果用户输入错误,执行最外层的 except,结束游戏。如果输入正确,则开始游戏。

其中用到 while 1 来无限循环,直到猜对才结束游戏。即使捕获到异常,循环仍会进行。直接退出或继续循环,异常后的处理还有很多方式。

当然,[例 4-19]的程序设计还能更加完善,大家可以尝试对这个程序进行改进。

拓 展 阅 读

加快数字技术赋能新型工业化

工业和信息化部数据显示,我国已建成具有一定影响力的工业互联网平台超过 340 家,工业设备连接数超过 9 600 万台套,"5G+工业互联网"项目数超过 1 万个,工业互联网上市企业数连续 7 年保持增长。以 5G、人工智能、大数据为代表的数字技术,正成为新一轮科技革命和产业变革的重要力量。

数字技术创新能力的持续提升、数字基础设施的逐步完善,不仅为新型工业化构建起全要素、全产业链、全价值链的生产制造和配套服务体系,也将大数据、云计算、人工智能等赋能新型工业化的新一代信息技术深度融合,为协同推进新型工业化提供强大智力支持。许多城市已经在数字技术的助力下推动新型工业化,比如,有的城市通过"智改数转"推动了传统产业"弯道超车",建成 10 余个物流公共信息平台;有的城市聚焦高端数字安防制造领域,以"数智"技术为依托,在 2023 年实现营收超过 3 000 亿元。

当前,我国数字技术发展正处于关键时期,围绕新型工业化的转型和升级出台了一系列指导政策,包括"十四五"规划纲要、《关于深化新一代信息技术与制造业融合发展的指导意见》《制造业数字化转型行动方案》等。

不过,在数字技术助力新型工业化的过程中,关键技术受制于人、工业互联网体系大而不强、中小企业转型犹豫不决等一系列亟待解决的问题仍然存在。未来,要进一步推进数字技术助力新型工业化,应从产业、企业和服务消费者等层面作出努力。

提升政策资金支持力度。发挥"政府+市场"合力,增强对企业数字化转型的政策资金扶持力度,降低企业转型压力。健全社会数字经济生态,打破企业数字化转型的"孤岛化",强化龙头企业对中小企业数字化转型的示范带动作用。加强新型工业化领域的数据安全保障体系,提升数据安全风险监测和应急处置的能力。

强化企业科技创新能力。将数字技术引入生产全过程,实现生产的智能化、网络化和自动化,提升全要素生产率。以数字技术为基底,实现新型工业化企业上下游融合,建立健全数字化产品服务供应链"一体化"网络体系。把数字要素纳入新型工业化企业的生命周期,利用数据要素的特性和优势来转变企业的增长方式,增加产品的多样性和差异性。

构建服务消费者支撑体系。充分利用数字技术打通供销端信息共享渠道,提升供应链协同响应水平,提升对消费者的需求反馈速度和产品服务交付能力。借助人工智能、边缘计算等新兴数字技术,感知消费者信息和购买偏好,推动产品服务交易模式的转变,开拓新的盈利增长方向。基于工业互联网平台等数字手段,以消费者为中心,提供产品智能维护服务、精准定制个性化服务、环境感知差异化服务等有"温度"的售后服务市场体系,提升消费者黏性和用户满意度。

资料来源:选自何林、李学成发表于《经济日报》2024 年第 15048 期(总 15621 期)的文章《加快数字技术赋能新型工业化》。

课后练习

项目五

函 数

1. 了解 Python 函数的定义和分类。
2. 掌握 Python 函数不同的返回值。
3. 掌握 Python 函数不同参数的作用。
4. 掌握 Python 匿名函数与变量的作用域。

能力目标

1. 能够利用 Python 将复杂重复的工作定义为函数,便于工作中直接调用,提高工作效率。
2. 能够熟练使用匿名函数,掌握局部变量和全局变量的区别和典型用法。

素养目标

1. 提高对类似事物归纳总结的能力,加强团队合作能力。
2. 培养创新实践素养,提高学生解决问题的能力,为后续知识应用打下良好的基础。
3. 培养创造性思维,提高学生使用计算机编程语言化繁为简的能力,为解决财务工作难题夯实基础。

知识导图

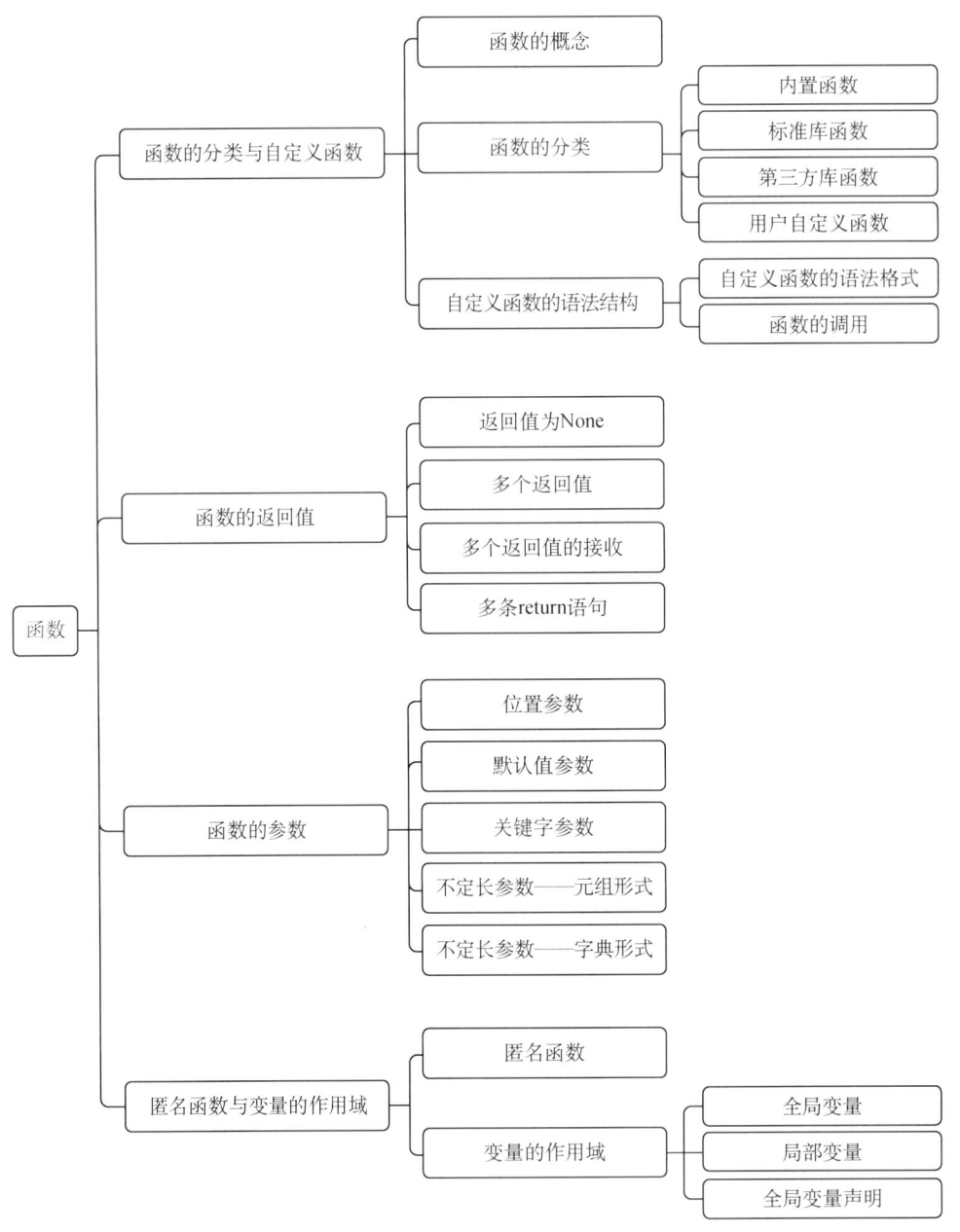

任务一　函数的分类与自定义函数

一、函数的概念

在了解什么是函数之前,我们先看一个问题:根据之前已学的知识,如何求出以下温度值列表中的最大值?

[20,24,25,26,25,18,18,17]

思考一:用 for 循环逐一取出每个元素,并与已经取出来的所有元素作对比,每次确定已取出元素中的最大值,循环到最后,就能得到列表中所有元素的最大值了!

思考二:是否可以用 max()函数?

max([20,24,25,26,25,18,18,177)

max()方法或者说 max()函数,是 Python 内置的、可随时使用的函数。我们传递一个参数,即可获得结果。不用关心它内部的实现原理,"开箱即用",提高效率。那么函数是什么呢?

"函数"对应的英文单词是 function。剑桥词典中的解释译为:计算机或计算机程序用来完成任务的过程。牛津词典中的解释译为:执行基本操作的程序等的一部分。韦氏词典中的解释译为:用程序提供的变量进行计算,并为程序提供单一结果的一种程序。

我们可以理解为:函数是将一些语句集合在一起,能够多次执行的代码块;函数允许我们指明作为输入的实际参数,并能够计算出数个返回值。让程序能够通过传递参数或不传递参数,方便实现某些特定的功能。

为什么要使用函数? 一是最大化代码重用。函数允许我们整合并通用化代码,方便多次使用,实现一处编写,多处运行。二是最小化代码冗余。在代码重用的基础上,减少代码冗余、降低代码维护成本。三是复杂过程的分解。如将公司主营业务成本计算的工作分解为多个子任务来完成,每个子任务对应数量不等的函数,独立地实现较小的任务,这样要比一次完成整个任务要容易得多。

二、函数的分类

(一)内置函数

Python 语言内置了常用的函数,如 max()、min(),可以直接使用。

(二)标准库函数

安装 Python 的同时,也安装一些标准库函数,如 math、random 等。通过 import 语句导入标准库后,即可使用。

(三)第三方库函数

PyPI(Python Package Index)是 Python 官方的第三方库的仓库,提供了许多功能丰富、强大的库。下载安装后,通过 import 语句导入第三方库,即可使用导入库中的函数。

(四)用户自定义函数

任何人都可以通过编写代码,定义自己的函数。

三、自定义函数的语法结构

Python 支持自定义函数,即将一段有规律的、可重复使用的代码定义成函数,达到一次编写、多次调用的目的。

(一)自定义函数的语法格式

自定义函数的语法格式如下:

```
def 函数名(参数 1,参数 2…参数 n):
    """对函数的说明或备注"""
```

　　函数体
　　return 表达式

函数的组成部分可总结为以下几点：

（1）函数代码块以 def 关键字开头，后面接函数名称和英文括号及内部参数（自定义），以英文冒号结束第一行。

（2）传入的参数须放在 def 后的圆括号内，以英文逗号分隔，数量不限。

（3）函数的第二行，可以使用英文三引号给该函数做多行备注和说明。

（4）函数体的内容以 def 的缩进为标准，再缩进四个空格，行数不宜过多。

（5）return[表达式]结束函数，选择性地返回零个，一个值或多个值给调用方。不带表达式的 return 相当于返回 None，函数执行结束。

【例 5-1】　自定义一个函数。好时光公司的会计人员要计算月末库存存货成本，月末库存存货的数量为 1 500，存货单位成本为 1.5 元。她想通过函数实现传入任意的数量和单位成本，都能获得本月月末库存存货成本的计算结果，应如何操作？

输入代码：

```
1   def end_month_cost(count, per_cost):
2   """计算本月月末库存存货成本
3   本月月末库存存货成本 = 月末库存存货的数量 * 存货单位成本"""
4       cost = count * per_cost
5       return cost
```

运行结果：

运行结束！

函数体为具体计算过程，return 将最后的计算结果返回。根据实际需要，说明可以简写或省略。上述函数可简化为：

输入代码：

```
1   def end_month_cost(count,per_cost):
2       return count * per_cost
```

运行结果：

运行结束！

工作场景 5-1　计算个人所得税

创建自定义 tax() 函数，计算个人所得税。个人所得税税率（综合所得适用）如表 5-1 所示。

表 5-1　个人所得税税率(综合所得适用)

级数	全年应纳税所得额	税率	速算扣除数
1	不超过 36 000 元的	3%	2
2	超过 36 000 元至 144 000 元的部分	10%	2 520
3	超过 144 000 元至 300 000 元的部分	20%	16 920
4	超过 300 000 元至 420 000 元的部分	25%	31 920
5	超过 420 000 元至 660 000 元的部分	30%	52 920
6	超过 660 000 元至 960 000 元的部分	35%	85 920
7	超过 960 000 元的部分	40%	181 920

根据个人所得税税率表,自定义 tax() 函数,实现计税功能。

输入代码:

```
1   def tax(x):
2       if x > 960000:
3           return round(x * 0.45 - 181920,2)
4       elif x > 660000:
5           return round(x * 0.35 - 85920,2)
6       elif x > 420000:
7           return round(x * 0.3 - 52920,2)
8       elif x > 300000:
9           return round(x * 0.25 - 31920,2)
10      elif x > 144000:
11          return round(x * 0.2 - 16920,2)
12      elif x > 36000:
13          return round(x * 0.1 - 2520,2)
14      else:
15          return round(x * 0.03,2)
```

运行结果:

运行结束!

(二)函数的调用

调用函数需要做两件事:①指定调用函数的名称;②为调用的函数传递参数。语法格式为:

函数名(参数 1,参数 2…参数 n)

调用[例 5-1]的函数可以写为:

```
def end_month_cost(count,per_cost):
    return count * per_cost
end_month_cost(1500,1.5)
```

可以直接打印调用函数的结果：

```
print(end_month_cost(1500,1.5))
```

【例 5-2】 定义一个函数，实现连续自然数 1~n 累加求和。利用 Python 如何实现？

输入代码：

```
1   def add(n):
2       sum = 0
3       for i in range(1, n+1):
4           sum = sum + i
5       return sum
6   print(add(6))
```

运行结果：

```
21
```

上面定义函数功能是：计算连续自然数的和。函数名称是 add，传入一个参数 n。函数体是 2~4 行。最后执行 return sum，返回求和的结果。将传入参数 n 设为 6，并调用函数，运行结果为 21。

工作场景 5-2　根据产品的单价和成本计算利润

某公司 1 月份销售 5 000 件甲产品，3 000 件乙产品；2 月份销售 4 000 件甲产品，4 000 件乙产品；3 月份销售 3 000 件甲产品，5 000 件乙产品。甲产品的销售单价为 10 元，变动成本为 5 元；乙产品的销售单价为 12 元，变动成本为 4 元，公司每个月的固定成本都是 20 000 万元。请根据利润的计算公式（利润＝销售收入－变动成本－固定成本），并通过 Python 函数的定义和调用，实现计算 1~3 月份的利润。

代码实现：

输入代码：

```
1   def profit(sv1,sv2):
2       a = (10-5) * sv1 + (12-4) * sv2 - 20000
3       print('本月利润为:',a)
4   profit(5000,3000)
5   profit(4000,4000)
6   profit(3000,5000)
```

运行结果：

本月利润为：29000
本月利润为：32000
本月利润为：35000

在本例中，如果增加了丙产品的生产量，通过改变定义好的函数 profit(sv1,sv2)，就可以轻松实现我们需要的计算结果。

任务二　函数的返回值

一、返回值为 None

【例 5-3】　情形一，延续[例 5-2]，如果不写 return 后面的表达式，程序运行的结果是什么？

例 5-3

输入代码：

```
1  def add(n):
2      sum = 0
3      for i in range(1, n+1):
4          sum = sum + i
5      return
6  print(add(6))
```

运行结果：

None

【例 5-4】　情形二，延续[例 5-2]函数中不出现 return 语句，程序运行后的结果是什么？

输入代码：

```
1  def fun():
2      print("无 return 语句")
3  print(fun())
```

运行结果：

无 return 语句
None

二、多个返回值

return 语句后,用英文逗号隔开多个返回值。

【例 5-5】 输入下列代码并运行。

输入代码:

```
1  def fun(x,y):
2      return x + y, x - y
3  print(fun(9,3))
4  print(type(fun(9, 3)))
```

运行结果:

```
(12,6)
< class 'tuple'>
```

函数有多个返回值时,以元组的形式返回。

三、多个返回值的接收

在调用有多个返回值的函数时,可以用一个或多个变量接收返回值。

【例 5-6】 输入下列代码并运行。

输入代码:

```
1  def fun(x,y):
2      return x + y, x - y
3  a, b = fun(9, 3)    # 多个参数接收
4  c = fun(20, 10)     # 一个参数接收
5  print(a, b, type(a))
6  print(c, type(c))
```

运行结果:

```
12 6 < class 'int'>
(30,10) < class 'tuple'>
```

[例 5-6]中,使用 a,b 两个变量接收函数的两个返回值,a 对应第一个返回值 x+y,b 对应第二个返回值 x-y。返回值的和接收参数的类型一致,即 a 与 x+y,b 与 x-y 类型一致。

使用一个变量 c 接收函数的两个返回值,多个返回值以元组的类型返回,赋值给 c。

提示:

两种方法本质上没有区别,多个返回值会以元组形式返回,使用多个变量接收时,发生了这样的赋值。

四、多条 return 语句

return 语句可以出现在函数的任何位置,当执行到第一个 return 语句时,该段程序结束,返回到调用程序。

【例 5-7】 定义一个折扣商品字典(discount),判断商品(goods)有无折扣的函数(judge_discount)。

返回的结果有两种:

第一种,有折扣,折扣是多少?

第二种,无折扣。

输入代码:

```
1   discount ={'羽绒服':0.7,'卫衣':0.6,'T恤':0.9,'跑鞋':0.8}
2   def judge_discount(goods):
3       if   goods in discount:
4           return f'{goods},折扣为{discount.get(goods)}'
5       else:
6           return f'{goods},无折扣'
7   print(judge_discount('围巾'))
8   print(judge_discount('T恤'))
```

运行结果:

围巾,无折扣

T恤,折扣为0.9

任务三 函数的参数

一、位置参数

定义函数时都会选择有参数的函数形式,函数参数的作用是传递数据给函数,令其对接收的数据进行具体的操作处理。在使用函数时,经常会用到形式参数(以下简称形参)和实际参数(以下简称实参),两者都叫参数。两者之间的区别是:形参,在定义函数时,函数名后面括号中的参数就是形式参数。实参,在调用函数时,函数名后面括号中的参数称为实际参数,也就是函数的调用者给函数的参数。

Python 的函数对参数的支持非常灵活。Python 中有四种类型的函数参数,按使用的方式可分为位置参数、默认值参数、关键字参数与不定长参数。

位置参数是最常见的形参类型,用于按照函数头文件中定义的顺序将参数传递给函数。位置参数以逗号分隔,它们的值与参数列表的顺序相同。因为函数调用时,每个参数的值都必须提供,一个也不能省略,所以其也是必选参数。

【例 5-8】 输入下列代码并运行。

输入代码:

```
1   def greet(name, greeting):
2       print(f"{greeting}, {name} !")
3   greet("同学","你好")
```

运行结果:

```
你好,同学!
```

代码中设定了一个打招呼的函数,那么在遇到"同学"的时候调用这个函数就需要给定称呼"同学"以及打招呼的内容"你好"。

二、默认值参数

默认值参数是在定义函数时给形参提供了一个默认值。调用函数的时候,如果没有给该函数赋新值,则使用默认值。如果位置参数和默认参数都存在,则必须将位置参数放在默认值参数之前。带有默认值参数的函数定义语法格式如下:

def〈函数名〉(···,形参名=默认值):
　　〈函数体〉

【例 5-9】 郝美同学购买若干化妆品,想计算一共需缴纳多少消费税,税率目前为 30%。税率可能会更改,可将税率作为一个默认参数,写进函数的参数。

例 5-9

输入代码:

```
1   def cosmetics_consumption_tax(cost, rate = 0.3):
2       """化妆品消费税 30 %"""
3       return cost * rate
4   print(cosmetics_consumption_tax(200))
```

运行结果:

```
60.0
```

如果调用函数时,没有传递 rate 参数,那么函数会按给定默认的值进行计算。
如果传入自定义的值,那么以传入的值进行计算。

输入代码：

```
1   def cosmetics_consumption_tax(cost, rate = 0.3):
2       """化妆品消费税30%"""
3       return cost * rate
4   print(cosmetics_consumption_tax(200,0.5))
```

运行结果：

```
100.0
```

三、关键字参数

关键字参数主要指调用函数时按照"参数名=值"的形式传递参数值，这是调用函数时的参数传递方式。实参顺序可以与形参顺序不一致。所有的位置参数都可以按关键字传递。当函数有许多形参，并且不清楚哪个实参对应哪个形参时，使用关键字调用函数可以无须记住参数顺序，也能明确参数值的含义。需要注意的是，位置参数必须在关键字参数之前。

【例 5-10】 延续[例5-9]，使用关键字参数。

输入代码：

```
1   #关键字参数 化妆品消费税
2   def cosmetics_consumption_tax(cost, rate):
3       return cost * rate
4   print(cosmetics_consumption_tax(rate = 0.3, cost = 200))
```

运行结果：

```
60.0
```

如果按顺序传递参数即位置参数，不按位置传递，可以按关键字传递参数，优势包括：一是不必担心函数定义时参数的位置和顺序，使用函数变得更加简单了；二是假设其他参数都有默认值，可以给我们想要的部分参数赋值，不必在意已有默认值的参数。

四、不定长参数——元组形式

不定长参数是指传入的参数格式是可变的，可以有任意多个，也可以没有。当传入参数个数不确定时，我们可以使用不定长参数。Python 提供了一种元组的方式来接收没有直接定义的参数。这种方式在定义函数参数时，前面加"*"。如果在函数调用时，没有指定参数，那么它是一个空元组。

【例 5-11】 不定参数应用。

输入代码：

```
1   def students_info(name, number, sex = '女', * hobby):
2       print(f'昵称:{name}', end = '')
```

```
3       print('ID:%s'% number, end ='')
4       print('性别:{}'.format(sex), end ='')
5       print('爱好:{}'.format(hobby))
6   students_info("风映月",32,'女',"钢琴","读书","绘画")
7   students_info(number = 55, name = "水木冰")
```

运行结果:

昵称:风映月 ID:32 性别:女 爱好:('钢琴','读书','绘画')

昵称:水木冰 ID:55 性别:女 爱好:()

提示:

第一,调用时,参数按位置顺序,一一对应,多出的参数全部放入不定长参数的元组里。

第二,调用时,不定长参数未传值,其结果为空元组。

五、不定长参数——字典形式

当传入参数个数不确定时,我们可以使用不定长参数。Python 提供了一种字典的方式来接收没有直接定义的参数。这种方式在定义函数参数时,前面加"＊＊"。如果在函数调用时,没有指定参数,则它是一个空字典。

【例 5-12】 不定参数与字典结合应用。

例 5-12

输入代码:

```
1   def students_info(name, number, sex ='女', ＊＊ hobby):
2       print(f'昵称:{name}', end ='')
3       print('ID:%s'% number, end ='')
4       print('性别:{}'.format(sex), end ='')
5       print(f'爱好:{hobby}')
6   students_info("水木冰",55)
7   students_info("水木冰",55, hobby =("绘画","吉他"))
8   students_info("水木冰",55,"男", hobby1 ="足球", hobby2 ="篮球")
```

运行结果:

昵称:水木冰　ID:55　性别:女　爱好:{}

昵称:水木冰　ID:55　性别:女　爱好:{'hobby':('绘画','吉他')}

昵称:水木冰　ID:55　性别:男　爱好:{'hobby1':'足球','hobby2':'篮球'}

提示:

调用时,使用字典形式的不定长参数传递参数,需要使用关键字方式传递参数。不定长参数将它们转为字典。

任务四 匿名函数与变量的作用域

一、匿名函数

定义函数可以不给函数命名吗？答案是肯定的。Python 中可以定义匿名函数，使用 lambda 创建。

基本语法：

```
lambda arg1,arg2,…,argn:expression
```

【例 5-13】 输入下列代码并运行。

输入代码：

```
1   tax = lambda cost, rate: cost * rate
2   print(tax(200,0.3))
```

运行结果：

```
60.0
```

定义两个参数，cost 和 rate，包含参数的表达式为"cost * rate"，参数和参数的表达式用英文冒号分隔。

由 lambda 表达式所返回的函数对象与 def 创建并赋值后的函数对象工作起来是一样的，但是 lambda 有一些不同之处：一是 lambda 是一个表达式，而不是语句；二是 lambda 的主体是一个单独的表达式，而不是一个代码块。

二、变量的作用域

变量定义的位置不同，可以被访问的范围也不同。变量可以被访问的范围称为变量的作用域，可分为全局变量和局部变量。

（一）全局变量

全局变量是指在函数、类之外定义的变量，它的作用域为其所在模块。

【例 5-14】 郝学同学定义一个函数计算居民企业的企业所得税。将税率定义为全局变量。（居民企业的企业所得税为 25%）

输入代码：

```
1   rate = 0.25
2   def resident_enterprise_tax(income):
3       return income * rate
4   print(resident_enterprise_tax(300000))
```

例 5-14

运行结果：

75000.0

（二）局部变量

局部变量指在函数（函数的参数）、类内定义的变量。它的作用域为函数体内，或类以内。

【例 5-15】 郝学同学定义一个函数，计算居民企业的企业所得税。将税率定义为局部变量。（居民企业的企业所得税为 25%）

例 5-15

输入代码：

```
1   rate = 0.3
2   def resident_enterprise_tax(income):
3       rate = 0.25
4       print('局部变量 rate', rate)
5       return income * rate
6   print('全局变量 rate', rate)
7   print(resident_enterprise_tax(300000))
```

运行结果：

全局变量 rate 0.3
局部变量 rate 0.25
75000.0

（三）全局变量声明

如果要在函数体内对全局变量进行修改，可以使用 global 语句，声明变量为全局变量。

【例 5-16】 输入下列代码并运行。

输入代码：

```
1   rate = 0.3
2   def resident_enterprise_tax(income):
3       global rate
4       print('全局变量 rate 修改前', rate)
5       rate = 0.25
6       print('全局变量 rate 修改后', rate)
7       return income * rate
8   print(resident_enterprise_tax(300000))
9   print('全局变量 rate', rate)
```

运行结果：

全局变量 rate 修改前 0.3
全局变量 rate 修改后 0.25
75000.0
全局变量 rate 0.25

在函数内部使用 global 语句将 rate 声明为全局变量,实现在函数内部修改全局变量。一般避免频繁使用,因为它会导致程序可读性变差。

拓展阅读

促进数字经济和实体经济深度融合

近年来,数字经济发展速度之快、辐射范围之广、影响程度之深前所未有,其正在成为重组全球要素资源、重塑全球经济结构、改变全球竞争格局的关键力量。习近平总书记强调:"要大力发展数字经济,促进数字经济和实体经济深度融合"。党的二十届三中全会对发展数字经济作出重要部署。数字经济具有高创新性、强渗透性、广覆盖性等特征,可以促进各类资源要素快捷流动,帮助经营主体优化组织模式,赋能传统产业转型升级,催生新产业新业态新模式,进而提高全要素生产率。当前,发展数字经济已经成为推动高质量发展的内在要求和重要着力点,主要体现在以下三个方面。

第一,数字经济可推动劳动者、劳动资料、劳动对象优化组合和更新跃升。在数字经济中,数据成为新型生产要素,数字平台成为新的组织形式,算力成为新的生产力形式,人工智能成为新的生产工具,它们共同推动新质生产力加快形成和发展。随着数字技术加速突破应用,拥有更多知识储备及更高专业素养、能够充分利用现代技术的高素质劳动者规模不断扩大,技能水平持续提升,劳动资料实现智能化升级,劳动对象范围不断扩展。

第二,数字经济可为新质生产力的产业载体提供重要支撑。数字经济通过提供智能工具和技术、提高信息收集处理和分析效率等,对传统产业进行全方位、全链条的改造,其能够打破传统产业的地域限制,推动传统产业转型升级。为此,要推动农业、制造业、服务业等产业数字化,加快新旧动能转换,提升产业链供应链韧性和安全水平。战略性新兴产业和未来产业是培育和发展新质生产力的重要阵地。建设数字化的产业链供应链,促进创新资源汇聚,有助于打造人工智能、航空航天、高端装备等战略性新兴产业,开辟量子、生命科学等未来产业新赛道。

第三,数字经济可促进发展方式绿色低碳转型。绿色发展是高质量发展的底色,新质生产力本身就是绿色生产力。数字经济具有较强的规模效应,数据要素突破了传统资源要素约束,数字技术、数字平台能够提升各类经济要素的配置效率,这将大幅减少经济发展对自然资源的损耗和对生态环境的污染。例如,电力、交通、制造、建筑等重点行业,通过企业上云、智能网联等方式进行绿色供应链管理,能够在实现提质增效的同时,减少生产过程中的能源消耗。数字经济发展也有助于推动形成绿色生活方式,比如,共享单车、在线医疗、线上办公等新业态、新模式减少了资源的消耗。

习近平总书记强调:"不断做强做优做大我国数字经济。"充分发挥海量数据和丰富应用场景优势,促进数字经济和实体经济深度融合,以数字技术赋能传统产业转型升级、催生新产业新业态新模式,就能在不断做强做优做大我国数字经济的过程中不断形成并发展新质生产力。要充分发挥我国新型举国体制优势和超大规模市场优势,提升数字技术基础研发能力,打好关键核心技术攻坚战,把发展数字经济的自主权牢牢掌握在自己手中。加快打造具有国际竞争力的数字产业集群,加快建设高速泛在、天地一体、云网融合、智能敏捷、绿色低碳、安全可控的智能化综合性数字信息基础设施,打通经济社会发展的信息"大动脉",让数据供得出、流得动、用得好。协同推进数字产业化和产业数字化,在全面释放实体经济和数字经济融合效能中创造更加广阔的发展空间,为经济发展注入强劲动能。

　　资料来源:选自伏霖、李涛发表于《人民日报》2024 年第 27779 期的文章《促进数字经济和实体经济深度融合》。

课后练习

项目六
Python 中的模块、包和库

知识目标

1. 了解什么是模块,掌握如何创建模块和导入模块。
2. 了解 Python 中包的结构,掌握创建和使用包的方法。
3. 了解 Python 中的库,掌握如何导入和使用标准库以及第三方库的下载安装方法。

能力目标

1. 能够根据需求选择并导入合适的模块。
2. 能够根据项目需求编写自定义模块。
3. 能够快速掌握第三方库的安装、配置和使用方法,并将其融入项目。

素养目标

1. 遵守 Python 编程规范,编写清晰、简洁、可维护的代码。
2. 能够通过阅读文档、教程和社区讨论等方式自主学习新的模块和库。
3. 在团队项目中,能够与团队成员有效沟通,共同讨论模块设计和使用中的问题。

知识导图

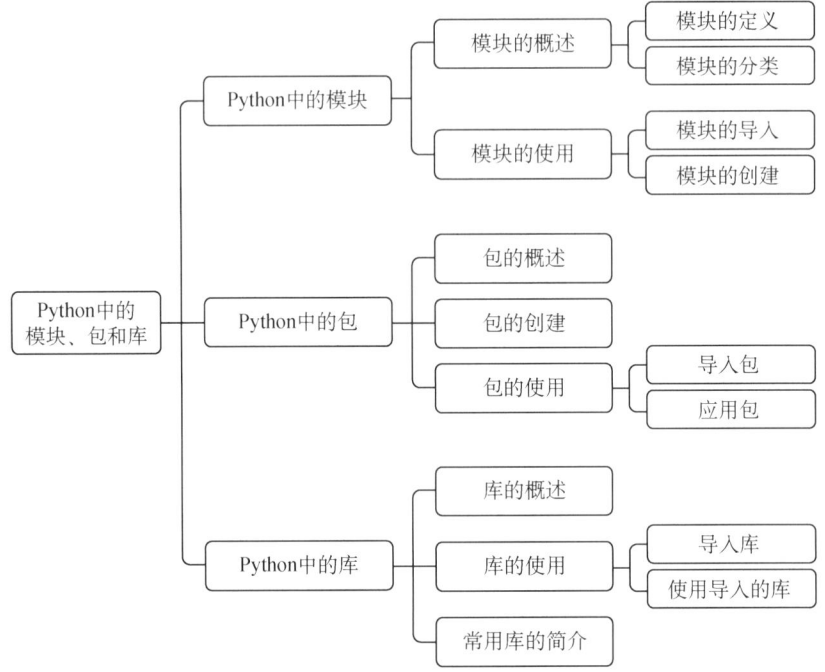

任务一　Python 中的模块

一、模块的概述

(一) 模块的定义

模块(module)是 Python 程序中一个非常重要的概念,它允许使用者将 Python 代码分割成多个文件,每个文件包含了 Python 定义和声明的集合。模块可以被其他 Python 程序导入并使用,这有助于代码的重用和组织。Python 的模块可以是 Python 标准库中的模块,也可以是第三方库中的模块,甚至是你自己编写的模块。

在 Python 中,一个扩展名为.py 后缀的文件,就可以称为一个模块,如图 6-1 所示。模块中包含定义的类、函数、表达式、语句等内容。其表达的含义是实现了某个功能。

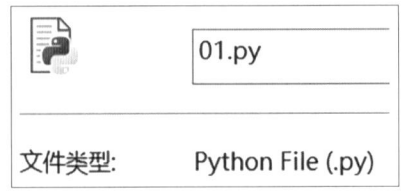

图 6-1　一个模块

（二）模块的分类

在 Python 中，按照来源进行分类，可将模块分为以下三类：

（1）内置模块（built-in modules）：这些是 Python 安装时自动包含的模块，覆盖了广泛的编程任务，比如文件 I/O、GUI、网络编程、文本处理、数据库接口、多线程等。内置模块包括：os、sys、math、json、re（正则表达式）等。

（2）第三方模块（third-party modules）：这些模块不是 Python 内置模块的一部分，而是由 Python 社区的其他成员开发并发布。它们可以通过 PyPI（Python Package Index）等包索引平台获取并安装。第三方模块包括 numpy（用于科学计算）、pandas（数据分析）、requests（网络请求）、flask（Web 应用开发）等。

（3）用户自定义模块（user-defined modules）：开发者为了完成特定任务而编写的模块。这些模块可以是简单的脚本文件，也可以包含多个文件和子目录（包）。用户自定义模块可以是为了项目需要而编写的 Python 文件，只要它们遵循 Python 的模块命名和编写规则即可。

二、模块的使用

（一）模块的导入

在 Python 中，可使用 import 关键字来导入某个模块。导入模块的方法有以下三种。

1. 导入整个模块

使用 import 关键字导入整个模块的基本语法如下：

```
1    import 模块名［as 重命名］
```

在 Python 中有许多内置的模块，如 math（数学运算）、datetime（日期和时间）、os（操作系统接口）等。接下来演练如何使用 import 关键字导入内置模块。

【例 6-1】　导入 math 模块并计算平方根。

使用这种方式直接导入整个模块后，如果要使用模块中的某个函数，则需要先在模块名后加"."，再加函数名，其基本语法如下。

```
1    模块名.函数名
```

具体使用方法如下：

输入代码：

```
1    import math
2    result = math.sqrt(16)    # 使用 math 模块中的 sqrt 函数计算平方根
3    print(result)             # 输出结果为 4.0
```

2. 导入特定的函数

在使用过程中只需要模块中的某个函数时，可以不用直接导入整个模块，只需要导入特定的函数，其基本语法如下。

```
1    from 模块名 import 函数名
```

【例 6-2】 只导入 math 模块中的 sqrt 函数。

输入代码：

```
1    from math import sqrt              # 从 math 模块中导入 sqrt 函数
2    result = sqrt(16)                  # 直接使用 sqrt 函数
3    print(result)                      # 输出结果为 4.0
```

如果导入指定的函数名过长，也可以对其进行重命名。这种导入方式可以减少查询的次数，提高访问的速度，同时也可以减少代码量，降低出错的概率，进而提高工作效率，其基本语法格式如下。

```
1    from 模块名 import 函数名   as 重命名
```

【例 6-3】 只导入 random 模块中的 randint 函数并将其重命名。

输入代码：

```
1    from random import randint as rd   # 导入 randint 函数并重命名为 rd
2    data = rd(1, 50)                   # 直接使用 rd 随机生成 1~50 之间的整数
3    print(data)                        # 输出结果为 27.0
```

3. 导入模块中的所有内容

在某些情况下，可能需要从模块中导入所有内容（包括函数和常量）。尽管不推荐这种做法（因为它可能会使得命名空间变得混乱），但可以使用"＊"来实现，其基本语法如下。

```
1    from 模块名 import   *
```

【例 6-4】 导入 math 模块中所有的内容。

输入代码：

```
1    from math import *                 # 导入 math 模块中的所有内容
2    print(pi)                          # 输出常量 Π，结果为 3.14
3    print(sqrt(49))                    # 计算并输出 49 的开平方，结果为 7.0
```

> 💡 **提示：**
>
> 这种方法可以直接使用模块中的所有函数，而且不需要再使用模块名作为前缀。但是一般并不推荐使用该方法，因为这样做会降低代码的可读性，同时会导致命名空间的混乱。

（二）模块的创建

在 Python 中，创建模块是一个非常直接的过程。模块本质上就是一个包含 Python 代码的文件，文件名就是模块名（通常使用小写字母，并可以使用下划线来增加可读性）。

1. 创建自定义的模块

【例 6-5】 在已有的 Python 文件"StudentInfo. py"中，定义一个课程调查函数 Stu_fun。

输入代码：

```
1   #-*-coding：utf-8-*-
2   def Stu_fun()：
3   # 添加个人信息
4   stu_school = input("请输入学校：")
5   stu_num = input("请输入学号：")
6   stu_name = input("请输入姓名：")
7   stu_class = input("请输入班级：")
8   stu_sex = input("请输入性别：")
9   stu_kc = input("请输入课程名称：")
10  stu_pj = int(input("请输入对课程的评分"))
11  # 将个人信息保存在字典中
12  add_all_information = {}      # 创建字典
13  add_all_information['school'] = stu_school
14  add_all_information['num'] = stu_num
15  add_all_information['name'] = stu_name
16  add_all_information['classes'] = stu_class
17  add_all_information['sex'] = stu_sex
18  add_all_information['kc'] = stu_kc
19  add_all_information['pj'] = stu_pj
20  return add_all_information
```

【例 6-6】 在同一级文件下创建模块。

建立一个名为 use_module 的文件夹，之后在该文件夹下建立两个 Python 文件，分别命名为 my_module. py 和 run. py。自定义模块结构如图 6-2 所示。

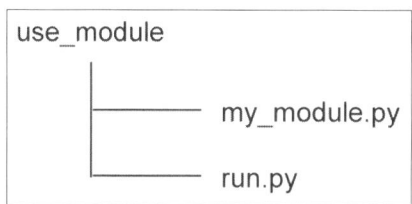

图 6-2 自定义模块结构

其中，my_module. py 是我们自定义的模块，内容如下。

输入代码：

```
1   #-*-coding：utf-8-*-
2   def model()：
```

```
2    print("This is my_model")
3    return "abc"
```

run. py 的作用是调用 my_module. py,所以需要在 run. py 中导入 module. py 模块,内容如下。

输入代码:

```
1    #- * -coding: utf-8- * -
2    from my_module import model
3    model()
```

 提示:
#- * -coding: utf-8- * -告诉 Python 解释器,按照 utf-8 编码读取代码文件,否则,文件中的文字或符号在输出时可能会有乱码。

2. 导入自定义的模块

【例 6-7】 调用上述"StudentInfo. py"模块中的 Stu_fun 函数,添加信息并输出。

输入代码:

1 import StudentInfo as si	# 导入 StudentInfo 模块并重命名为 si
2 new = si.Stu_fun()	# 调用 StudentInfo 模块中的函数 Stu_fun
3 print(new)	# 输出字典

运行结果:

{'school': 'sd', 'num': '123 456', 'name': '李明', 'classes': '2022 级', 'sex': '女', 'kc': '财务管理', 'pj': 88}

任务二 Python 中的包

一、包的概述

Python 的包(package)是在模块之上的概念。项目中的模块多了之后,众多功能相似的模块可以使用包组成新的组织结构,方便维护和使用。

Python 的模块是". py"文件,包是文件夹。通常文件夹中包含名为 __init__. py,则 Python 解释器就将该文件夹识别为一个包,其中的模块文件(. py 后缀)属于包的模块。

特殊的 __init__. py 文件,可以为空,也可以有属于包的代码。当导入或调用包中的模块时,执行 __init__. py 文件。

包可以包含子包,没有层级限制,但需要注意避免名称的冲突。

Python 的包中__init__.py 文件的作用如下:

(1) Python 中包(package)的标识不能删除(包其实是一个文件夹),为了和普通文件夹作区别,使用了__init__.py。

(2) 当需要导入包中模块的时候,实际上是导入了__init__.py 文件。可以一次性全部导入,而不需要将模块一个一个地导入,也不需要找层级关系。

(3) 编写 Python 代码。因为导入包的时候,__init__.py 也会一起导入,所以可以在 init.py 文件中写初始设置。

二、包的创建

假设在 Python 中的创建一个名为 my_project 的包,它包含两个模块:base.py 和 process_data.py。此外,还希望 my_project 能够作为一个整体被导入,所以还需一个__init__.py 文件。自定义包的结构如图 6-3 所示。

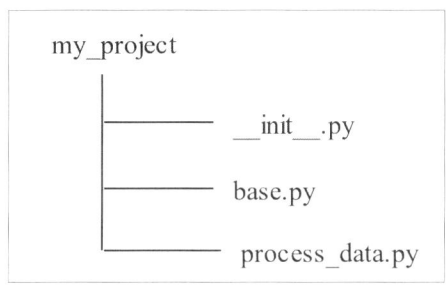

图 6-3　自定义包的结构

其中,__init__.py 文件不写内容,base.py 文件中的具体内容如下。

输入代码:

```
1  #-*-coding: utf-8-*-
2  def display(con):
3  print(con)
```

在 process_data.py 文件中的具体内容如下。

输入代码:

```
1  #-*-coding: utf-8-*-
2  class Process():
3  @classmethod
4  def print_data(cls):
5      print("This is data from process_data")
6      return "OK"
```

三、包的使用

只要创建包和模块,就可以在其他 Python 脚本中导入并使用它们了。

(一) 导入包

导入包的方法有以下三种。

输入代码:

```
1    from 包.模块名 import 函数名
2    from 包.模块名 import 类名
3    from 包.模块名 import 类名.函数名
```

 提示:

如果是直接导入函数名,该函数 def 必须写在最左侧,没有缩进,不在类里面。

当然,也可以只导入包(import 包名),但是在使用的时候,需要使用如下代码。

输入代码:

```
1    包名.模块名.函数名()
2    包名.模块名.类名.函数名()
```

如果导入自定义的包,则需要根据路径来写,具体写法与导入模块类似。具体使用语法如下。

```
1    from 包名.模块名 import 类名
```

(二) 应用包

在 my_project 包所在的文件夹下创建一个 run.py 文件,调用自定义的 my_project 包,具体内容如下。

输入代码:

```
1    # - * -coding: utf-8- * -
2    from my_project.base import display
3    from my_project.process_data import Process
4    display("This is base module")
5    p = Process()
6    p.print_data()    # 调用类方法
7    print("------")
8    print(p.print_data())    # 调用并打印返回值
```

运行结果：

```
This is base module
This is data from process_data
------
This is data from process_data
OK
```

任务三　Python 中的库

一、库的概述

库是由具有相关功能，数量不定的模块、包构成。开源后，所有人都可以使用，这也是 Python 的一大特色，即具有强大的标准库、第三方库以及自定义模块。

Python 拥有广泛的标准库（standard library），这些库随着 Python 的安装而自动安装，不需要额外下载。此外，还有大量的第三方库，这些库需要单独安装，但其提供了从数据处理到网络编程、图形界面创建等广泛的功能。

标准库由 Python 官方撰写。第三方库是个人或组织开发的，任何人都可以发布自己的开源库。

库、包、模块的引用顺序为：官方的调用优先级最高，第三方次之，自定义的优先级最低，如图 6-4 所示。

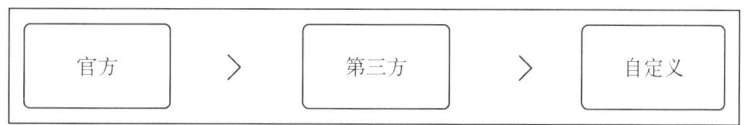

图 6-4　库、包、模块的引用顺序

二、库的使用

（一）导入库

在 Python 中，导入库是一种常见且重要的操作，它允许使用库提供的函数、类和变量；它也是在编写模块时，由于需要用到其他库中的方法，而被广泛使用。

导入库的基本语法很简单，但有多种方式可以执行此操作。常见的导入的方法有以下几种。

输入代码：

```
1  import 库名
2  import 库名 as 自定义别名
3  from 库名.模块名 import 函数名
4  from 库名.模块名 import 类名
5  from 库名.模块名 import 类名.函数名
```

（二）使用导入的库

导入库和导入自定义的包非常类似，区别是包是用户定义的，而库是其他开发者发布并开源的。库可以在已经安装的情况下，自由导入和使用，不受文件夹父级、子级的影响，且在任何位置都可以导入开源的库和 Python 的标准库或模块。

1. 标准库

【例 6-8】 导入 python 中的标准库 os 并使用。

输入代码：

```
1   # -*-coding: utf-8-*-
2   import os                             # 导入 os 库
3   print(os.path.abspath("my_project")#打印 my_project 文件夹的绝对路径
4   print(os.path.abspath("data.py"))  # 打印 data.py 文件的绝对路径
```

运行结果：

```
/home/seentaopty/.seentao/workspace/bltfea/working-dir/my_project
/home/seentaopty/.seentao/workspace/bltfea/working-dir/data.py
```

其中，os.path.abspath("__file__")表示能够打印出任意名称的"__file__"文件的绝对路径，它的具体使用方法将在"项目七 文件及目录操作"中详细介绍。

【例 6-9】 使用 random 库，生产随机数。

输入代码：

```
1   # -*-coding: utf-8-*-
2   import random
3   n = random.random()          # random 方法，随机生成 0-1 的浮点数
4   print(n)                      # 0.513 5
5   n1 = random.uniform(1,10)    # uniform 方法，随机生成指定范围的浮点数
6   print(n1)                     # 4.073 7
7   n2 = random.randint(1,10)    # randint 方法，随机生成指定范围的整数
8   print(n2)                     # 7
```

【例 6-10】 使用 time 库，获取不同形式的时间。

输入代码：

```
1   # -*-coding: utf-8-*-
2   import time
3   print(time.time())           # time 方法，返回当前时间戳
4   print(time.asctime())        # asctime 方法，返回 24 个字符的时间格式
5   # strftime 方法支持时间格式转换
6   print(time.strftime('%Y-%m-%d %H:%M:%S',time.localtime()))
```

运行结果：

1,725,957,782.521 4
Tue Sep 10 16:43:02 2024
2024-09-10 16:43:02

 提示：

时间戳（timestamp），1970 年 1 月 1 日 0 点开始，到现在的秒数（以格林尼治时间为准）。

2. 第三方库

第三方库在 Python 生态系统中扮演着不同的角色，其为开发者提供了广泛的功能和工具，以满足各种编程需求。第三方库涵盖了从数据分析、机器学习、网络编程到图形界面开发等多个领域。

在财务中常用的第三方库有 pandas、numpy、matplotlib、pyecharts 等。

【例 6-11】 导入 numpy 库并使用其内置模块及函数。

输入代码：

```
1   # -*-coding：utf-8-*-
2   import numpy as np                        # 导入 numpy 库
3   arr1 = np.array([1,2,3,4,5])             # 一维数组
4   arr2 = np.array([[1,2,3,4,5],[6,7,8,9,10]])   # 二维数组
5   print("arr1:", arr1)
6   print("----------分割线----------")
7   print("arr2:", arr2)
```

例 6-11

运行结果：

arr1: [1 2 3 4 5]
----------分割线----------
arr2: [[1 2 3 4 5]
[6 7 8 9 10]]

三、常用库的简介

Python 中常用的库覆盖了从数据处理、网络编程、Web 开发到人工智能等多个领域。常用库如表 6-1 所示。

表6-1　常用库

常见库

应用领域	常用库	说明
网络爬虫	urllib	Python 自带的标准库，不需要安装，直接可以用。它提供了多种功能，包括网页请求响应获取、代理和 cookie 设置、异常处理、URL 解析、爬虫所需要的功能
	requests	requests 基于 urllib，号称"为人类准备的 HTTP 库"
	lxml	python 的一个解析库，这个库支持 HTML 和 xml 的解析，支持 XPath 的解析方式
办公自动化	openpyxl	处理 Microsoft Excel 文档的 Python 第三方库，它支持读写 Excel 的 xls、xlsx、xlsm、xltx、xltm。python-docx 是一个处理 Microsoft Word 文档的 Python 第三方库，它支持读取、查询以及修改 doc、docx 等格式的文件，并能够对 Word 常见的样式进行编程设置
	PyPDF2	能够分割、合并和转换 PDF 页面的库
	pdfminer	从 PDF 文档中提取各类信息的第三方库
数据可视化	matplotlib	一个绘图库可以生成各种可用于出版的硬拷贝格式和跨平台交互式环境数据。matplotlib 可用于 Python 脚本、Python 和 iPython shell（例如，matlab 或 mathematica）、web 应用程序服务器和各种图形用户界面工具包
	numpy	Python 进行科学计算所需的基础包。其用来存储和处理大型矩阵，如矩阵运算、矢量处理、N 维数据变换等
	pandas	一个强大的分析结构化数据的工具集。其基于 numpy 扩展而来，提供了一批标准的数据模型和大量便捷处理数据的函数和方法
	pyecharts	用于生成 echarts 图表的类库
	scipy	基于 Python 的 matlab 实现。其旨在实现 matlab 的所有功能，在 numpy 库的基础上增加了众多的数学、科学以及工程计算中常用的库函数
	plotly	其提供的图形库可以进行在线 web 交互，并提供具有出版品质的图形，支持线图、散点图、区域图、热图、子图、多轴、极坐标图、气泡图、玫瑰图、热力图、漏斗图等众多图形

拓 展 阅 读

"智能会计"时代到来　用友 BIP 发布智能财务新主张

在新一代信息技术蓬勃发展的今天，企业数智化转型驶上了快速道。在国家政策的指引下，以国产化科技力量赋能民族企业实现高质量发展、建设数字强国的责任落在了大型企业财务领军者的肩头。

　　用友网络高端 BG 总裁何强说："现在已经到了由量变到质变的时候。"数智化是企业迈向世界一流水平的基础和加速器,财务管理也不再是单纯的合并报表、会计核算,而是通过财务数智化手段,提高数据资产的规模和质量,有效释放数据要素价值,从而提高企业财务管理水平和效率,大幅增强数字经济发展的质量效益。据了解,在数智化时代的大背景下,"数字中国"蓝图正在加速,"数智企业"新范式正在逐渐趋于规模化。"智能会计、价值财务"成为了用友 BIP 智能财务新的价值主张。智能会计新时代,在全球领先技术的运用下,实时、精细、多维的经营数据,成为企业转型和发展的"原子"力量。通过战略财务、业务财务、共享财务,财务的职能被重新定义,新技术、新场景、新产品、新方案赋予财务更高的价值,助力企业实现高质量发展。

　　资料来源:节选自赵家瑞发表于新华网 2023 年的文章《"智能会计"时代到来　用友 BIP 发布智能财务新主张》。

课后练习

项目七
文件及目录操作

知识目标

1. 掌握文件和目录的基本操作。
2. 掌握文件压缩、归档技术。
3. 掌握不同压缩文件格式的操作。

能力目标

1. 熟练进行文件和目录的基本操作,能够使用 Python 脚本创建、删除、移动、遍历目录及文件,进行文件的打开、读取、写入、关闭操作。
2. 熟练处理文件压缩、归档和实际应用场景,能够使用模块进行文件压缩与解压缩,处理实际应用中的文件操作。

素养目标

1. 培养高效文件操作和数据处理的思维,培养优化文件操作性能的能力,理解并应用高效的文件处理技术。
2. 培养灵活应用标准库和工具的能力,培养灵活应用不同文件处理技术和工具的能力,提升编程技能和实际操作能力。

 知识导图

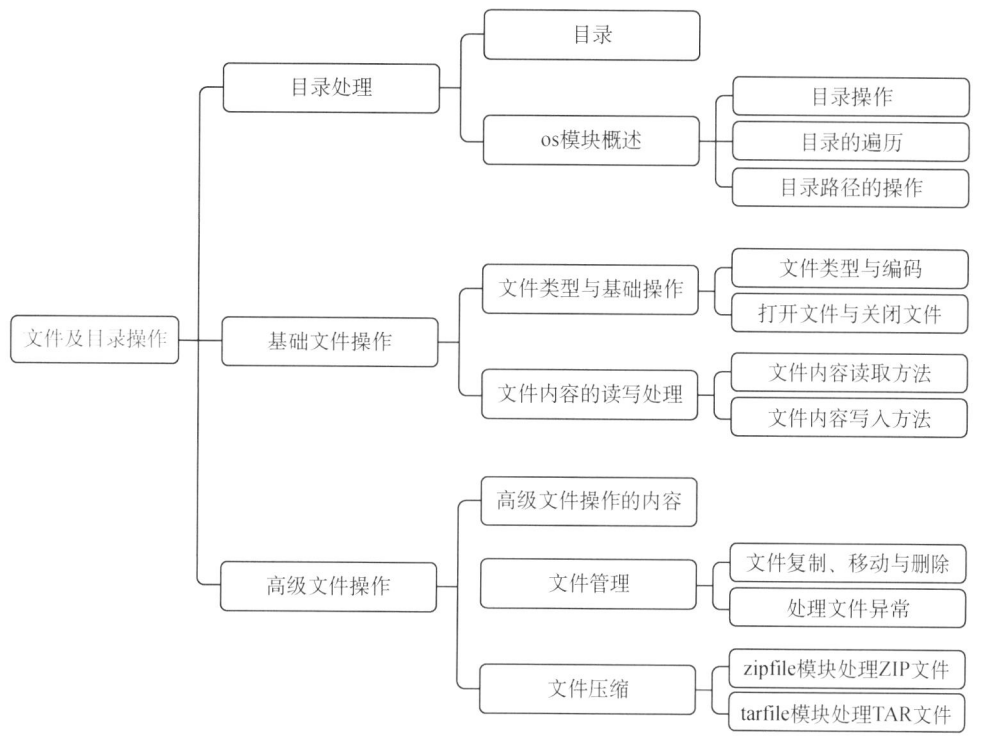

任务一 目录处理

一、目录

目录(directory)是文件系统中的一种关键数据结构,用于组织和管理文件。它提供了一种层次结构,使文件能够按类别和主题进行分类存储,形成清晰的树形结构。目录不仅帮助用户有效地分类和访问文件,还允许文件系统对文件进行权限控制和路径管理。通过目录,用户可以创建、删除、重命名目录,以及列出其中的文件和子目录。目录的存在简化了文件的管理和访问,使得复杂的文件系统能够以一种有序和结构化的方式进行操作。目录在文件系统和数据管理中的重要性不言而喻,目录的功能及重要性如图 7-1 所示。

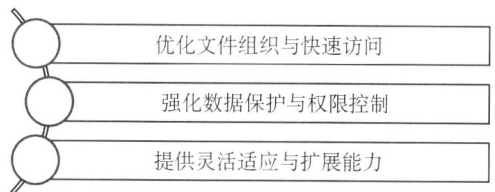

图 7-1 目录的功能及重要性

（1）优化文件组织与快速访问：目录使得文件能够按照项目、主题或任何逻辑分组，极大地提升了文件系统的组织性。这种结构化的存储方式让用户能够迅速定位并访问到所需文件，提高了工作效率。

（2）强化数据保护与权限控制：通过为目录设置详细的访问权限，系统管理员可以确保只有授权用户才能访问、修改或删除目录中的文件。这种权限管理机制是保护敏感数据和隐私的关键，增强了文件系统的安全性。

（3）提供灵活适应与扩展能力：目录结构的设计允许用户根据项目需求的变化灵活调整，包括添加新目录、重命名现有目录或将目录移动到新位置。这种灵活性确保了文件系统能够随着数据的增长和需求的变化而不断扩展，满足了长期数据管理的需求。

二、os 模块概述

os 模块是 Python 标准库中用于与操作系统进行交互的核心模块，提供了丰富的功能来处理文件和目录操作、系统信息获取等任务。os 模块的设计目标是为 Python 程序员提供一个方便且一致的接口，用于操作系统级别的任务，从而简化程序的系统交互工作。作为 Python 的一部分，os 主要用于处理文件系统的操作，包括文件和目录的创建、删除、重命名、路径操作等。其功能涵盖了从简单的文件管理到复杂的系统任务，如获取系统信息和执行系统命令。这个模块在许多应用场景中都是不可或缺的，例如，文件系统管理、脚本编写和系统自动化等。

（一）目录操作

目录的操作包括创建、删除、重命名以及移动或复制目录。创建目录用于组织文件，删除目录则需确保目录为空。重命名目录用于更新目录名称，而移动和复制目录可以帮助调整目录结构或进行数据备份。这些操作通过系统命令（如 mkdir、rmdir）或编程接口［如 Python 的 os.mkdir()、os.rmdir()］来完成。掌握这些基本操作有助于有效管理文件系统。

在模块中，os 和 os.path 子模块提供了丰富的函数来处理文件和目录，os.system 函数允许执行系统命令，os.getpid 等函数可以获取系统级信息。如果使用的是 Anaconda 环境，os 模块通常已经预装在 Python 标准库中，无须额外安装。如果你使用的是其他 Python 环境，也无须特别安装 os 模块，因为它是 Python 标准库的一部分，随 Python 一起提供。作为 Python 的内建库，使用 os 模块时可以通过 importos 导入。在实际使用中，os 模块提供了一致且跨平台的接口，使得 Python 程序员能够方便地进行系统级别的文件和目录操作，简化了文件系统管理的复杂性。os 模块中相关的函数如表 7-1 所示。

表 7-1　os 模块中相关的函数

函数	参数	描述	示例场景
os.mkdir	path	创建一个目录	创建新的文件夹
os.makedirs	path, exist_ok	创建多层目录。如果 exist_ok 为 True，则不会抛出目录已存在的错误	创建多层目录结构
os.rmdir	path	删除一个空目录	删除不再需要的空目录

函数解释及参数介绍如下：

（1）os.mkdir(path)：创建一个名为 path 的目录。如果目录已存在，则抛出 FileExistsError。

（2）os. makedirs(path，exist_ok＝False)：递归创建目录。如果 path 的上级目录不存在，则一并创建。exist_ok 为 True 时，不会抛出已存在的错误。

（3）os. rmdir(path)：删除一个空目录。如果目录不为空，则抛出 OSError。

（4）os. removedirs(path)：递归删除目录及其所有空父目录。如果目录不为空，则不删除。

在 Python 中使用 os 模块对目录进行操作时主要包含创建目录及删除目录，以下四个案例代码将针对目录的创建与删除进行练习。创建的目录示例如图 7-2 和图 7-3 所示。

图 7-2　创建示例目录

图 7-3　创建多层示例目录

【例 7-1】 使用 os. mkdir 创建目录。

输入代码：

```
1    import os
2    # 创建一个名为 "财务报表" 的目录
3    os.mkdir('财务报表')
4    # 查看当前目录内容
5    print("当前目录内容:", os.listdir('.')) # 列出当前目录
```

运行结果：

当前目录内容:['财务报表']#在 python 工作目录下创建的目录

【例 7-2】 使用 os. makedirs 创建多层目录。

输入代码：

```
1    import os
2    # 创建嵌套目录 "2024/财务报表"
3    os.makedirs('2024/财务报表')
4    # 查看当前目录内容
5    print("当前目录内容:")
6    print(os.listdir('2024'))    # 列出 2024 目录内容
```

运行结果：

当前目录内容:
['财务报表']#2024 目录内容

不难发现 os. mkdir 仅可创建单层目录,功能具备局限性,在实际文件处理中使用最多的是 os. makedirs 创建多层目录。而目录创建后难免会出现冗余的情形,也就是空白目录的出现。空白目录会增加不少寻找、处理文件的时间,因此在应对空白目录时,通常会将这些无用的目录删除。[例 7-3]简要介绍了如何使用 os 模块进行基础操作。

【例 7-3】 使用 os. makedirs 删除空目录。

例 7-3

输入代码:

```
1   import os
2   # 删除名为 "财务报表" 的空目录
3   os.rmdir('财务报表')
4   print("删除目录:财务报表")
5   # 查看当前目录内容
6   print("当前目录内容:")
7   print(os.listdir('.'))   # 列出当前目录
```

运行结果:

```
删除目录:财务报表
当前目录内容:
[]
```

(二)目录的遍历

目录的遍历是访问目录及其子目录中的所有文件和文件夹的过程。它允许用户查看目录结构及其内容,并进行批量处理操作。通过递归遍历,可以访问多层次的目录结构,获取每个目录和文件的路径。这对于文件管理、数据分析和系统维护非常有用。Python 中的 os 模块支持对文件目录进行访问并列出目录文件。常用的目录操作函数如表 7-2 所示。

表 7-2 常见的目录操作函数

函数	参数	描述	示例场景
os. listdir	path	列出目录中的所有文件和目录名	获取目录中的所有文件和子目录
os. scandir	path	返回目录中 DirEntry 对象的迭代器,包含文件和目录的信息	获取目录中的详细文件信息

函数解释及参数介绍:

(1)os. listdir(path):返回目录 path 中所有文件和目录的名称列表。

(2)os. scandir(path):返回一个迭代器,生成目录 path 中的 DirEntry 对象,包括文件和目录的信息。

目录遍历可以通过多种方式实现,其具体取决于所使用的编程语言和文件系统的类型。以下是一些常见的目录遍历练习案例。

例 7-4

【例 7-4】 获得遍历文件目录。

输入代码:

```
1    # 创建示例文件及目录
2    import os
3    # 创建示例目录
4    os.mkdir('财务报表')   # 创建目录
5    print("创建目录:财务报表")
6    # 创建示例文件
7    with open('财务报表/2024年财务报表.txt','w', encoding ='utf-8') as f:
8        f.write('日期,账户,收入,支出\n')
9        f.write('2024-01-01,工资,5000,0\n')
10       f.write('2024-01-02,餐饮,0,50\n')
11   print("创建文件:2024年财务报表.txt")
12   # 使用 os.listdir 列出当前目录内容
13   print("当前目录内容(使用 os.listdir):")
14   print(os.listdir('.'))   # 列出当前目录
```

运行结果:

```
创建目录:财务报表
创建文件:2024年财务报表.txt
当前目录内容(使用 os.listdir):
['财务报表']
```

【例 7-5】 获得遍历文件目录。

输入代码:

```
1    # 使用 os.scandir 列出财务报表目录内容
2    print("财务报表目录内容(使用 os.scandir):")
3    entries = os.scandir('财务报表')
4    for entry in entries:
5        print(entry.name)   # 输出每个条目的名称
```

运行结果:

```
财务报表目录内容(使用 os.scandir):
2024年财务报表.txt
```

(三)目录路径的操作

目录路径的操作涉及路径的拼接、解析和规范化,以确保文件系统中的路径正确无误。有效的路径操作对于文件管理和跨平台兼容性至关重要。os 模块目录路径操作函数如表 7-3 所示。

表 7-3　os 模块目录路径操作函数

函数	参数	描述	示例场景
os. path. join	path	连接多个路径部分,生成一个完整的路径	拼接目录和文件名生成完整路径
os. path. split	path	将路径分成目录和文件名两部分	获取路径中的目录和文件名
os. path. abspath	path	返回路径的绝对路径	获取相对路径的绝对路径
os. path. normpath	path	规范化路径,消除冗余分隔符和上级目录	规范化文件路径格式

函数解释及参数介绍如下:

(1) os. path. join(path1,path2(1),…):将多个路径部分连接成一个完整的路径。适用于拼接目录和文件名。

(2) os. path. split(path):将路径 path 分成目录和文件名两部分,返回一个包含这两部分的元组。

(3) os. path. abspath(path):返回路径 path 的绝对路径。如果路径已经是绝对路径,则返回其本身。

(4) os. path. normpath(path):规范化路径 path,去除冗余的分隔符和上级目录,确保路径格式的一致性。

Python 中对于路径的操作通常包括路径的合并、分割、绝对路径的获取及路径的规范化。以下将通过设置案例对路径的操作进行练习。

路径合并是将多个路径部分组合成一个完整的路径。在编程中,这通常用于构建文件或目录的完整路径。在 Python 中,os. path. join 函数接受多个路径部分作为参数,并返回一个符合当前操作系统规范的完整路径字符串。

【例 7-6】　路径合并。

输入代码:

```
1    import os
2    # os.path.join:将多个路径组件合并成一个路径
3    path = os.path.join('C:', '财务', '报表', '账目', '财务报告.txt')
4    print(path)  # 输出:C:\财务\报表\账目\财务报告.txt
```

运行结果:

```
C:\财务\报表\账目\财务报告.txt
```

路径分割则是将完整的路径拆分为不同的部分,如目录名和文件名。这在处理文件路径时非常有用,因为有时需要分别获取路径的目录部分和文件部分。在 Python 中,os. path. split 函数可以实现这一功能,它将路径拆分为目录和文件名两部分,并返回一个元组。

【例 7-7】 路径分割。

输入代码：

```
1   # os.path.split：将路径分割为目录名和文件名
2   dir_name, file_name = os.path.split(path)
3   print(dir_name)    # 输出：C:\财务\报表\账目
4   print(file_name)   # 输出：财务报告.txt
```

运行结果：

```
C:\财务\报表\账目
财务报告.txt
```

获取绝对路径是从文件系统的根目录开始，到目标文件或目录的完整路径。绝对路径不受当前工作目录的影响，因此，这可以准确地定位文件或目录。在 Python 中，可用 os.path.abspath 函数来获取给定路径的绝对路径。这个函数接受一个路径字符串作为参数，并返回该路径的绝对路径表示。

【例 7-8】 获取绝对路径。

输入代码：

```
1   # os.path.abspath：获取绝对路径
2   # 当前工作目录是 C:\财务\报表
3   rel_path ='账目/财务报告.txt'
4   abs_path = os.path.abspath(rel_path)
5   print(abs_path)   # 可能输出：C:\财务\报表\账目\财务报告.txt
6   # 实际输出取决于当前工作目录
```

运行结果：

```
C:\财务\报表\账目\财务报告.txt
```

规范化路径是指将路径字符串转换为符合当前操作系统规范的格式。这包括处理路径中的冗余分隔符、相对路径转换为绝对路径等。规范化路径可以确保路径字符串的一致性和可预测性，从而避免在文件操作中出现问题。在 Python 中，os.path.normpath 函数可以实现路径的规范化。这个函数接受一个路径字符串作为参数，并返回一个规范化后的路径字符串。

【例 7-9】 规范化路径。

输入代码：

```
1   # os.path.normpath：规范化路径，合并多余的斜杠和点
2   weird_path = 'C://财务/./报表/../报表/账目//财务报告.txt'
3   norm_path = os.path.normpath(weird_path)
4   print(norm_path)   # 输出：C:\财务\报表\账目\财务报告.txt
```

运行结果：

```
C:\财务\报表\账目\财务报告.txt
```

任务二 基础文件操作

一、文件类型与基础操作

(一) 文件类型与编码

在 Python 中,处理不同类型的文件(如 TXT、CSV、JSON 等)是日常编程任务中的常见需求。TXT 文件通常用于存储纯文本数据,它们简单且易被人们阅读。CSV(comma-separated values)文件则用于存储表格数据,其中每行代表一条记录,字段之间由逗号分隔,这种格式非常适合于数据交换和存储。而 JSON(javascript object notation)文件则是一种轻量级的数据交换格式,它易被人们阅读和编写,同时也易于机器解析和生成。Python 提供了丰富的内置库和外部库来读取、写入和处理这些不同类型的文件,使得开发者能够轻松应对各种文件处理需求。

在 Python 中,文件编码是一个重要的概念,它指定了文件中字符的表示方式。不同的文件类型可能会使用不同的编码格式,以正确地存储和显示文本数据。常见的文件编码包括 ASCII、UTF-8、GBK 等。ASCII 编码是最古老的编码之一,它主要用于表示英文字符,每个字符占用一个字节的空间。然而,ASCII 编码并不能满足表示中文字符等更多字符集的需求,因此诞生了 UNICODE 编码。UTF-8 是 UNICODE 编码的一种编码格式,它使用 1 到 6 个字节来表示一个字符,能够涵盖地球上几乎所有地区的文字,包括中文字符。GBK 编码则是中国国家标准的一种扩展编码,它主要用于表示中文字符,并在很多中文操作系统和应用程序中得到广泛应用。

在 Python 中,处理文件时需要指定正确的编码格式,以确保能够正确地读取和写入文件内容。如果不指定编码格式,Python 将使用默认的编码(在 Python 3. x 中通常是 UTF-8)。但是,在处理特定语言或特定系统的文件时,可能需要指定其他编码格式,如 GBK 等。

 补充:

有一个有趣的网站:https://graphemica.com,可以在该网站的 search 搜索栏搜索不同的字符,观察它们的编码信息。

(二) 打开文件与关闭文件

文件的打开与关闭是文件操作的基础。打开文件时需要指定文件路径和操作模式,如读取、写入等。文件关闭则是为了释放系统资源并确保数据被正确写入磁盘。Python 的 open() 函数用于打开文件,返回一个文件对象,通过该对象可以执行各种文件操作。关闭文件通常通过调用 close() 函数方法完成。文件的打开与关闭如表 7-4 所示。

表 7-4 文件的打开与关闭

函数	参数	描述	示例场景
open	file、mode、encoding	打开文件并返回文件对象	打开文件进行读写操作
file. close	无	关闭文件对象,释放文件资源	结束文件操作后关闭文件

函数解释及参数介绍：

（1）open(file，mode=' r'，buffering＝－1)：打开指定路径的文件。file 是文件路径，mode 是打开模式(如' r'、'w')，编码方式(读取的过程其实是解码)，如 utf-8 是一种编码规则。

（2）file. close()：关闭文件对象，确保文件资源得到释放。关闭文件后，不能再对其进行读写操作。

文件的类型非常多，常用的有 txt、csv 等类型，下面通过案例代码熟悉 open 函数读取 txt、csv 文件类型的方法。在桌面上创建 txt 类型案例文件。创建的案例文件示例如图 7-4 所示。

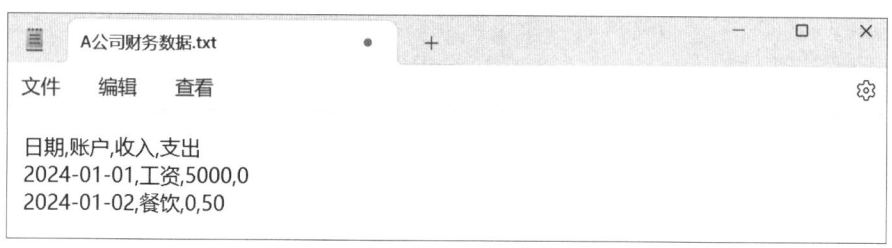

图 7-4　创建的案例文件示例

【例 7-10】　txt 文件的打开与关闭。

输入代码：

```
1    path = 'C:\\Users\\Desktop\\A 公司财务数据.txt'#此为案例文件路径
2    f = open(file = path, mode =' r', encoding = 'utf-8')
3    print("文件 A 公司财务数据.csv'已打开。")
4    f.close()   ♯关闭文件
5    print("文件 A 公司财务数据.csv'已关闭。")
```

运行结果：

文件 A 公司财务数据.csv'已打开。

文件 A 公司财务数据.csv'已关闭。

通过 Python 打开文件后，即可对文件进行写入、复制、移动等处理，操作完毕后，通过 close 函数关闭文件，关闭文件后即可保存对文件操作后的内容，如不关闭文件，则不会同步至原路径文件。

二、文件内容的读写处理

（一）文件内容读取方法

文件内容读取是从文件中获取数据的过程。根据需要，读取的内容可以是整个文件，也可以是文件的一部分。合理选择读取方式有助于高效地处理文件数据。文件的读取函数如表 7-5 所示。

表 7-5　文件的读取函数

函数	参数	描述	示例场景
file. read	size	读取指定大小的文件内容。如果 size 为负数,则读取整个文件	读取文件内容
file. readline	size	读取一行文件内容	逐行读取文件
file. readlines	hint	读取所有行并返回一个列表。hint 是一个可选参数,用于限制读取字节数	读取文件所有行

函数解释及参数介绍:

(1) file. read(size):读取文件内容。如果 size 是负数,则读取整个文件。否则,读取指定字节数的内容。

(2) file. readline(size):读取一行内容。如果 size 为负数,则读取一整行。如果指定了 size,则最多读取指定字节数。

(3) file. readlines(hint=-1):读取所有行并返回一个列表。hint 是一个可选参数,指定读取的字节数限制。

在 Python 中处理文件时,file. read()、file. readline()和 file. readlines()是三种常用的读取文件内容的方法。每种方法都有其特定的用途和适用场景,适用于不同的需求。下面是使用这三种方法的案例,请在练习时理解它们之间的差异和适用情况。

【例 7-11】　使用 file. read 读取 txt 文件内容。

输入代码:

```
1    # 读取 TXT 文件
2    f = open('A公司财务数据.txt', 'r', encoding='utf-8')
3    content = f.read(20)   # 读取前 20 个字符
4    print(content)   # 只输出前 20 个字符
5    f.close()   # 关闭文件
```

运行结果:

```
日期,账户,收入,支出
```

【例 7-12】　使用 file. readline 读取 txt 文件内容。

输入代码:

```
1    # 逐行读取 TXT 文件
2    f = open('A公司财务数据.txt', 'r', encoding='utf-8')
3    line = f.readline(15)   # 读取前 15 个字符的第一行
4    print(line.strip())   # 输出:日期,账户,收
5    f.close()   # 关闭文件
```

运行结果:

```
日期,账户,收
```

【例 7-13】 使用 file. readlines 读取 txt 文件内容。

输入代码：

```
1  # 读取所有行并打印
2  f = open('A公司财务数据.txt','r', encoding='utf-8')
3  lines = f.readlines(40)    # 读取前40个字符的所有行
4  for line in lines:
5      print(line.strip())    # 输出读取的行
6  f.close()   # 关闭文件
```

运行结果：

```
日期,账户,收入,支出
2024-01-01,工资,5000,0
```

不难发现，file. read()方法会一次性读取文件的全部内容，并返回一个包含整个文件内容的字符串。这种方法简单直接，适合处理小型文件或需要一次性获取文件全部内容的情况。然而，对于大型文件，它可能会导致内存占用过高。file. readline()方法则每次调用时只读取文件的下一行，返回一个包含该行内容的字符串（包括行尾的换行符，如果有的话）。这种方法适用于逐行处理文件内容，特别是在处理大型文件时，该方法可以有效控制内存使用。file. readlines()方法会读取文件中的所有行，并将它们作为字符串列表返回，每个字符串代表文件中的一行。这种方法方便后续对每一行进行单独处理，但同样需要注意内存使用，特别是在处理大型文件时。

总的来说，选择哪种方法，取决于文件的大小、内存限制以及具体的应用场景。对于小型文件或需要一次性获取文件全部内容的情况，file. read()是合适的；对于大型文件或需要逐行处理的情况，file. readline()或 file. readlines()则更为合适。

（二）文件内容写入方法

文件内容的写入与追加是将数据写入文件的过程。写入操作会覆盖文件的现有内容，而追加操作会将数据添加到文件末尾。可合理选择操作模式，以适应不同的需求。文件写入函数如表 7-6 所示。

表 7-6　文件写入函数

函数	参数	描述	示例场景
file. write	string	将字符串写入文件	写入数据到文件
file. writelines	lines	将字符串列表写入文件，每个字符串占一行	写入多行数据到文件

函数解释及参数介绍：

（1）file. write(string)：将字符串 string 写入文件。如果文件以写入模式打开，则现有内容会被覆盖。

（2）file. writelines(lines)：将字符串列表 lines 写入文件，每个字符串作为文件的一行。

Python 中使用写入函数将指定内容写入文件，以下例子通过 file. write 函数写入内容并生成 txt 及 csv 类型的文件。生成的 txt 文件效果如图 7-5 和图 7-6 所示，生成的 csv 文件效果如图 7-7 和图 7-8 所示。

图 7-5 生成的 txt 文件

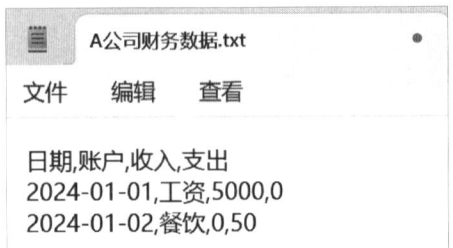

图 7-6 txt 文件写入内容

图 7-7 生成的 csv 文件

	A	B	C	D
1	日期	账户	收入	支出
2	2024/1/1	工资	5000	0
3	2024/1/2	餐饮	0	50

图 7-8 csv 文件写入内容

【例 7-14】 使用 file.write 写入内容并创建 txt 文件。

输入代码：

```
1   # 创建示例 TXT 文件
2   f = open('A公司财务数据.txt', 'w', encoding ='utf-8')
3   f.write('日期,账户,收入,支出\n')   # 写入第一行
4   f.write('2024-01-01,工资,5000,0\n')   # 写入第二行
5   f.write('2024-01-02,餐饮,0,50\n')   # 写入第三行
6   print("文件 A公司财务数据.txt 已写入内容。")
7   content = f.read()   # 读取整个文件
8   print(content)   # 输出内容
9   f.close()   # 关闭文件
```

运行结果：

```
文件 A公司财务数据.txt 已写入内容。
日期,账户,收入,支出
2024-01-01,工资,5000,0
2024-01-02,餐饮,0,50
```

【例 7-15】 使用 file. write 写入内容并创建 csv 文件。

输入代码：

```
1   # 创建示例 CSV 文件
2   f = open('财务数据.csv', 'w', encoding = 'utf-8')
3   f.write('日期,账户,收入,支出\n')
4   f.write('2024-01-01,工资,5000,0\n')
5   f.write('2024-01-02,餐饮,0,50\n')
6   print("文件 A 公司财务数据.csv' 已写入内容并打开。")
7   content = f.read()   # 读取整个文件
8   print(content)   # 输出内容
9   f.close()   # 关闭文件
```

运行结果：

```
文件 A 公司财务数据.csv' 已写入内容并打开。
日期,账户,收入,支出
2024-01-01,工资,5000,0
2024-01-02,餐饮,0,50
```

通过案例的练习,不难发现使用 file. write 函数写入文件的内容是字符串。与之不同的是,file. writelines 的参数是序列,如列表,此函数一般使用迭代的方式将内容写入文件。

【例 7-16】 使用 file. writelines 写入内容。

输入代码：

```
1    # 创建示例 TXT 文件
2    f = open(' A 公司财务数据.txt', 'w', encoding = 'utf-8')
3    lines = [
4        '日期,账户,收入,支出\n',
5        '2024-01-01,工资,5000,0\n',
6        '2024-01-02,餐饮,0,50\n'
7    ]
8    f.writelines(lines)   # 写入多行
9    content = f.read()   # 读取整个文件
10   print(content)   # 输出内容
11   f.close()   # 关闭文件
```

运行结果：

```
日期,账户,收入,支出
2024-01-01,工资,5000,0
2024-01-02,餐饮,0,50
```

练习：

请尝试使用 file. writelines 对其他类型文件（如 csv 类型文件）也作出同样的处理并观察有何异同。

任务三 高级文件操作

一、高级文件操作的内容

高级文件操作包括主要两个方面：文件管理与系统维护以及权限管理、异常处理与数据转换。前者涉及文件的复制、移动和删除，用于数据备份、文件组织和存储空间管理；后者包括文件权限的设置与修改、异常情况的处理以及文件的编码与解码，可确保文件的安全性、程序的稳定性和数据的正确性。这些高级操作扩展了基本文件处理的功能，支持更复杂的文件系统管理任务。

二、文件管理

（一）文件复制、移动与删除

文件的复制、移动和删除是文件管理的常见操作。复制创建文件的副本，移动改变文件的位置，删除则移除文件。掌握这些操作有助于高效地管理文件系统中的文件。文件复制、移动及删除函数如表 7-7 所示。

表 7-7 文件复制、移动及删除函数

函数	参数	描述	示例场景
shutil. copy	src、dst	复制文件从 src 到 dst	备份文件到指定目录
shutil. move	src、dst	移动文件从 src 到 dst	移动文件到新位置
os. remove	path	删除指定路径的文件	删除不需要的文件

函数解释及参数介绍：

（1）shutil. copy(src, dst)：将文件从 src 复制到 dst。如果 dst 是目录，则文件会被复制到该目录下，保留原文件名。

（2）shutil. move(src, dst)：将文件从 src 移动到 dst。如果 dst 是目录，则文件会被移动到该目录下。

（3）os. remove(path)：删除文件 path。如果文件不存在，则抛出 FileNotFoundError。

【例 7-17】 文件的复制。

输入代码：

```
1    import os
2    import shutil
```

```
3    f = open('A公司财务数据.txt')
4    # 文件复制
5    shutil.copy('A公司财务数据.txt','A公司财务数据_copy.txt')
6    print("文件已复制为'A公司财务数据_copy.txt'。")
```

运行结果：

文件已复制为'A公司财务数据_copy.txt'。

【例7-18】 文件的移动。

输入代码：

```
1    # 文件移动
2    shutil.move('A公司财务数据_copy.txt','moved_A公司财务数据.txt')
3    print("文件已移动为'moved_A公司财务数据.txt'。")
```

运行结果：

文件已移动为'moved_A公司财务数据.txt'。

【例7-19】 文件的删除。

输入代码：

```
1    # 文件删除
2    os.remove('moved_A公司财务数据.txt')
3    print("文件'moved_A公司财务数据.txt'已删除。")
```

运行结果：

文件'moved_A公司财务数据.txt'已删除。

上述三个示例代码简洁而高效地展示了文件处理的核心操作：复制、移动与删除。通过这些实例，用户可以快速掌握如何在编程中实现对文件的这些基本操作。

（二）处理文件异常

文件操作过程中可能会遇到各种异常，如文件不存在、权限问题等。异常即是一个事件，该事件会在程序执行过程中发生，影响程序的正常执行。一般情况下，在Python无法正常处理程序时，就会发生一个异常。异常是Python对象，表示一个错误。当Python脚本发生异常时，我们需要捕获处理它，否则程序会终止执行。常见的文件操作异常如表7-8所示。

表7-8 常见的文件操作异常

异常名称	异常基类	异常名称	异常基类
BaseException	所有异常的基类	OverflowError	数值运算超出最大限制
SystemExit	解释器请求退出	IndentationError	缩进错误

(续表)

异常名称	异常基类	异常名称	异常基类
KeyboardInterrupt	用户中断执行（通常是输入 ctrl＋c）	TabError	Tab 和空格混用
Exception	常规错误的基类	AttributeError	对象没有这个属性
StandardError	所有的内建标准异常的基类	IOError	输入/输出操作失败
SyntaxError	Python 语法错误	UnicodeError	Unicode 相关的错误
ImportError	导入模块/对象失败	MemoryError	内存溢出错误（对于 Python 解释器不是致命的）
Warning	警告的基类	NameError	未声明/初始化对象（没有属性）
IndexError	序列中没有此索引（index）	ValueError	传入无效的参数
KeyError	映射中没有这个键	ReferenceError	弱引用（Weak reference）试图访问已经垃圾回收了的对象
RuntimeError	一般的运行时错误		

其实，我们在之前的学习中就已经遇到了异常，如之前遇到过的字符串不能和数字类型进行相加运算。错误提示 TypeError，就是错误或异常的类型之一。

执行一个 try 语句时，Python 解析器会在当前程序流的上下文中作标记，当出现异常后，程序流能够根据上下文的标记回到标记位，从而避免终止程序。捕捉异常时通常使用的函数为 try/except、try/finally、try/except/finally。可通过以下 3 个案例练习，逐步了解如何捕捉异常。

【例 7-20】 try/except 捕捉异常。

输入代码：

```
1    #处理文件异常
2    try:
3        openFile = open('notExistsFile.txt','r')
4        fileContent = openFile.readlines()
5    except IOError:
6        print('File not Exists')    #执行
7    except:
8        print('process exception')    #不执行
9    else:
10       print('Reading the file')    #不执行    print(f"发生错误：{e}")
```

运行结果：

File not Exists

try/finally 语句中，无论 try 语句块中是否触发异常，都会执行 finally 子句中的语句块，因此,其一般用于关闭文件或关闭因系统错误而无法正常释放的资源,比如文件关闭、释放锁、把数据库连接返还给连接池等。

【例 7-21】 try/finally 捕捉异常。

输入代码:

```
1  try:
2      print(1 < 2)
3  finally:
4      print('finally')
```

运行结果:

```
True
finally
```

除此之外,还有 try/except/finally 可以抓捕异常。try/except/finally 语句中,在 try 代码块中执行了 return 语句,但是仍然会继续执行在 finally 中的代码块,所以我们一般将该语句用作处理资源的释放。

【例 7-22】 try/except/finally 捕捉异常。

输入代码:

```
1  try:
2      openFile = open('notExistsFile.txt','r')
3      fileContent = openFile.readlines()
4  except IOError:
5      print('File not Exists')
6  except:
7      print('process exception')
8  finally:
9      print('finally')
```

运行结果:

```
File not Exists
finally
```

程序在运行过程中,如果我们放任错误或异常不管,可能会引起程序崩溃、退出、程序卡死等问题。如果主动捕获这些可能出现的异常,就有机会在发生错误时,主动对程序作出必要的调整,使程序在可控范围内执行。

三、文件压缩

(一) zipfile 模块处理 ZIP 文件

ZIP 文件是一种压缩文件格式,用于存储和传输多个文件。处理 ZIP 文件包括创建、解压缩和读取 ZIP 文件内容。zipfile 模块压缩函数如表 7-9 所示。

表 7-9　zipfile 模块压缩函数

函数	参数	描述	示例场景
zipfile. ZipFile	file、mode	ZIP 文件对象，mode 可为' r '、' w '、' a '	读取、写入或追加 ZIP 文件
zipfile. ZipFile. extract	member、path	从 ZIP 文件中提取指定的文件	提取 ZIP 文件中的某个文件
zipfile. ZipFile. extractall	path	提取 ZIP 文件中的所有文件	提取 ZIP 文件中的所有内容

函数解释及参数介绍如下：

（1）zipfile. ZipFile(file，mode=' r ')：创建一个 ZIP 文件对象，用于操作 file。mode 指定打开模式，' r '读取，' w '写入，' a '追加。

（2）zipfile. ZipFile. extract(member，path=None)：从 ZIP 文件中提取指定的 member 文件到 path 目录。

（3）zipfile. ZipFile. extractall(path=None)：提取 ZIP 文件中的所有文件到 path 目录。

为了更深入地了解和掌握 Python 中 zipfile 模块的使用，以下将通过案例来实践该模块中压缩文件和提取压缩文件内容的功能。

【例 7-23】　使用 zipfile. ZipFile 创建 ZIP 文件。

输入代码：

```
1   import zipfile
2   # 创建第一个示例财务文件
3   f = open('10 月 1 日财务数据.txt','w', encoding='utf-8')
4   f.write('日期,账户,收入,支出\n')
5   f.write('2024-10-01,工资,5000,0\n')
6   f.close()   # 关闭文件
7   # 创建第二个示例财务文件
8   s = open('10 月 2 日财务数据.txt','w', encoding='utf-8')
9   s.write('日期,账户,收入,支出\n')
10  s.write('2024-10-02,工资,6000,0\n')
11  s.close()   # 关闭文件
12  # 创建一个 ZIP 文件并将两个财务数据文件添加进去
13  with zipfile.ZipFile('财务数据.zip','w') as zipf:
14      zipf.write('10 月 1 日财务数据.txt','10 月 1 日财务数据.txt')
15      zipf.write('10 月 2 日财务数据.txt','10 月 2 日财务数据.txt')
16  print("创建 ZIP 文件:财务数据.zip")
```

运行结果：

创建 ZIP 文件:财务数据.zip

使用 zip 模块函数压缩文件时，先使用 zipfile. ZipFile 创建指定压缩文件，之后使用

zipf. write 函数指定将要压缩的文件。zipfile 模块创建压缩文件如图 7-9 所示。

名称	类型	压缩大小	密码保护
☐ 10月1日财务数据.txt	txt file	1 KB	否
☐ 10月2日财务数据.txt	txt file	1 KB	否

图 7-9　zipfile 模块创建压缩文件

【例 7-24】 使用 zipfile. ZipFile. extract 提取单个文件。

输入代码：

```
1  # 提取单个文件
2  with zipfile.ZipFile('财务数据.zip','r') as zipf：
3      zipf.extract('10 月 1 日财务数据.txt','10 月 1 日文件夹')
4  print("提取文件:10 月 1 日财务数据.txt 到'提取的文件夹'")
```

运行结果：

提取文件:10 月 1 日财务数据.txt 到'10 月 1 日文件夹'

提取 zip 压缩文件内的指定文件时,需使用 zipf. extract 指定提取文件,提取文件的效果如图 7-10 所示。

名称	修改日期	类型	大小
☐ 10月1日财务数据.txt	2024/10/8 11:27	txt file	1 KB

图 7-10　zipfile 模块提取指定文件

【例 7-25】 使用 zipfile. ZipFile. extractall 提取所有文件。

输入代码：

```
1  # 提取 ZIP 文件中的所有文件
2  with zipfile.ZipFile('财务数据.zip','r') as zipf：
3      zipf.extractall('10 月文件夹')
4  print("提取所有文件到'10 月文件夹'")
```

运行结果：

提取所有文件到'10 月文件夹'

zipf. extract 只可提取指定的文件,当提取 zip 压缩文件内的所有文件时,须使用 zipf.extractall 指定提取文件,提取文件的效果如图 7-11 所示。

(二) tarfile 模块处理 TAR 文件

TAR 文件是一种归档文件格式,通常用于打包多个文件和目录。TAR 文件本身不压缩,但可以与压缩算法(如 GZIP)一起使用。tarfile 模块压缩函数如表 7-10 所示。

名称	修改日期	类型	大小
10月1日财务数据.txt	2024/10/8 11:28	txt file	
10月2日财务数据.txt	2024/10/8 11:28	txt file	

图 7-11　zipfile 模块提取所有文件

表 7-10　tarfile 模块压缩函数

函数	参数	描述	示例场景
tarfile. open	name、mode、fileobj、compresslevel	打开一个 TAR 归档文件	读取、创建或追加 TAR 文件
tarfile. TarFile. extract	member、path	从 TAR 文件中提取指定的文件	提取 TAR 文件中的某个文件
tarfile. TarFile. extractall	path	提取 TAR 文件中的所有文件	提取 TAR 文件中的所有内容

函数解释及参数介绍如下：

（1）tarfile. open(name，mode=' r '，fileobj=None，compresslevel=None)：打开一个 TAR 归档文件。name 是文件名，mode 是操作模式(如' r '读取，' w '写入)，fileobj 是可选的文件对象，compresslevel 是压缩级别。

（2）tarfile. TarFile. extract(member，path=None)：从 TAR 文件中提取指定的 member 文件到 path 目录。

（3）tarfile. TarFile. extractall(path=None)：提取 TAR 文件中的所有文件到 path 目录。

为了更深入地了解和掌握 Python 中 zipfile 模块的使用，以下将通过一系列案例来实践该模块中压缩文件和提取压缩文件内容的功能。

【例 7-26】　使用 tarfile 模块进行文件打包。

输入代码：

```
1   import tarfile
2   # 创建第一个示例财务文件
3   f = open('10月1日财务数据.txt', 'w', encoding='utf-8')
4   f.write('日期,账户,收入,支出\n')
5   f.write('2024-10-01,工资,5000,0\n')
6   f.close()  # 关闭文件
7   # 创建第二个示例财务文件
8   s = open('10月2日财务数据.txt', 'w', encoding='utf-8')
9   s.write('日期,账户,收入,支出\n')
10  s.write('2024-10-02,工资,6000,0\n')
11  s.close()  # 关闭文件
12  # 创建一个.tar 文件并将两个财务数据文件添加进去
```

```
13   with tarfile.open('财务数据.tar','w') as tar：
14       tar.add('10 月 1 日财务数据.txt')
15       tar.add('10 月 2 日财务数据.txt')
16   print("创建.tar 文件:财务数据.tar")
```

运行结果：

创建.tar 文件:财务数据.tar

tarfile.open 函数的使用方法与 zip.file 函数的使用方法类似,在 tar.add 后添加要压缩的文件即可。tarfile 模块创建的 tar 压缩文件效果如图 7-12 所示。

名称	类型	大小
10月1日财务数据.txt	txt file	1 KB
10月2日财务数据.txt	txt file	1 KB

图 7-12　tarfile 模块创建的 tar 压缩文件效果

【例 7-27】 使用 tarfile.TarFile 提取单个文件。

输入代码：

```
1   ♯ 提取单个文件
2   with tarfile.open('财务数据.tar','r') as tar：
3       tar.extract('10 月 1 日财务数据.txt','提取的文件夹')
4   print("提取文件:10 月 1 日财务数据.txt 到 '10 月 1 日文件夹'")
```

运行结果：

提取文件:10 月 1 日财务数据.txt 到 '10 月 1 日文件夹

若要提取压缩文件内的单个文件,使用 tar.open 函数打开压缩文件后,需要 tar.extract 函数提取指定文件。提取过后的文件效果如图 7-13 所示。

名称	修改日期	类型	大小
10月1日财务数据.txt	2024/10/8 11:27	txt file	1 KB

图 7-13　tarfile 模块创建提取指定文件

【例 7-28】 使用 tarfile.TarFile 提取所有文件。

输入代码：

```
1   ♯ 提取.tar 文件中的所有文件
2   with tarfile.open('财务数据.tar','r') as tar：
3       tar.extractall('提取的文件夹')
```

```
4    print("提取所有文件到'10月文件夹'")
```

运行结果：

提取所有文件到'10月文件夹

与 tar. extract 不同的是，若要提取压缩文件内的所有文件，需要 tar. extractall 函数指定提取文件。提取过后的文件效果如图 7-14 所示。

名称	修改日期	类型	大小
10月1日财务数据.txt	2024/10/8 11:28	txt file	
10月2日财务数据.txt	2024/10/8 11:28	txt file	

图 7-14　tarfile 模块创建提取所有文件

拓 展 阅 读

向"新"而行，用友助力中国和全球企业进入数智化时代

数智化时代已经到来，它标志着一个以数据驱动、智能运营为核心的全新发展阶段。数字化和智能化，是数智化时代最显著的特征和推动力，是一种新型生产力，它突破了传统生产力增长模式的局限，以云计算、大数据、人工智能等数字和智能技术为核心，为企业注入了新的活力和创造力因子，代表着企业高质量发展的新方向。早在 2017 年，用友就在业界率先提出"数字化＋智能化"的数智化理念，表达的就是以数字化为基础，数据服务和智能服务产生新价值的内涵。当时业界还在倡导数字化的阶段，用友网络董事长兼 CEO 王文京就在"2017 中国企业互联网大会"的演讲中提到，人工智能对企业服务也有革命性的影响，新时期的企业服务除了数字化，还一定是基于人工智能的。多年来用友一直倡导和推进"数智化"（数字化＋智能化）的概念，以及"数智化"是继"信息化"之后企业、商业和社会进步发展又一个巨大历史进程的洞察论断。数智化的显著特点是应用数字技术和智能技术，对数据这一新的生产要素进行价值化运用，对人工智能这一全新生产能力进行普及应用，实现数据驱动和智能运营，是新质生产力的典型代表。近两年，人工智能技术迅猛发展，大大加速了数智化的进程。企业数智化转型由此前侧重数据服务，进入到数据服务与智能服务并举的全新阶段。企业要跟上时代发展，就要积极推进数智化转型。

资料来源：节选自新华网于 2024 年 6 月 30 日发表的名为《向"新"而行，用友助力中国和全球企业进入数智化时代》的报道。

课后练习

项目八
pandas 库

1. 了解 pandas 两种重要的数据结构 series 及 dataframe。
2. 理解 pandas 常见函数的参数功能,明确几种连接方式的区别。
3. 掌握 pandas 在查询、计算、清洗、集成等方面的常见操作;掌握 pandas 对 csv、xlsx 表格文件读写操作。

能力目标

1. 能够熟练创建 series 及 dataframe 数据表。
2. 能够熟练使用 pandas 库对 csv、xlsx 进行数据的读写、查询、计算、写入等操作。
3. 能够使用 merge()、concat()函数,根据业务需求正确完成数据集成。

素养目标

1. 培养学生数据处理、大数据分析的思维。
2. 培养学生发散思维和创新意识。

知识导图

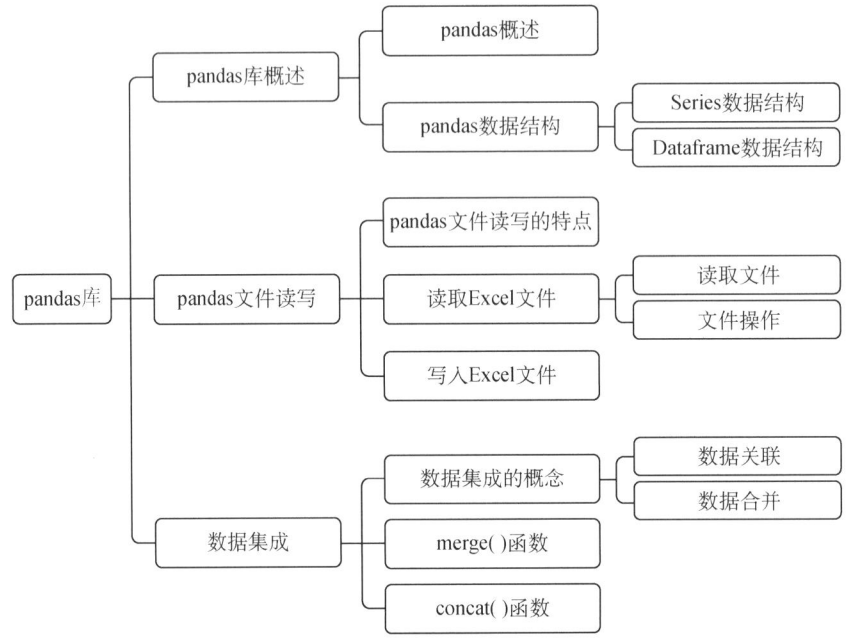

任务一 pandas 库概述

一、pandas 概述

pandas 是 Python 的核心数据分析支持库,提供了快速、灵活、明确的数据结构,旨在使数据处理和分析工作变得更加简单易行。

pandas 是一个开源的 Python 库,使用其强大的数据结构提供高性能的数据处理和分析工具。pandas 这个名字源自"panel data analysis"(面板数据分析),来自多维数据的计量经济学。在 pandas 之前,Python 主要用于数据管理和准备,它对数据分析的贡献很小,而 pandas 解决了这个问题。pandas 提供了方便的类表格和类 SQL 的操作,同时提供了强大的缺失值处理方法,可以方便地进行数据导入、选取、清洗、处理、合并、统计分析等操作。

如果你使用的是 Anaconda 环境,则 pandas 通常已经预装在 Anaconda 发行版中。如果没有安装,则可以使用 pip 包管理器。在命令行中输入以下命令自动安装:pip install pandas。

作为 Python 的第三方库,使用 pandas 时可以通过 import pandas 导入,为了方便后续调用,习惯性将其别名设置为"pd"。

【例 8-1】 导入 pandas 库。

输入代码:

1	import pandas as pd	# 导入 pandas 模块,并指定别名 pd

输入上述代码,后续在调用 pandas 相关函数时直接在其前面使用"pd."即可。

二、pandas 数据结构

Series 和 DataFrame 是 pandas 两个主要的数据结构。两者都遵循数据对齐的内在原则。Series 类似于一维数组的对象,DataFrame 是由多种类型的列构成的二维标签数据结构,也是财务数据储存中最常见的数据结构。

(一)Series 数据结构

Series 是一种一维标记数组,可以存储不同类型的数据,并且每个数据点都有与之相关联的标签(索引)。Series 可以看作是带有标签的单列数据,类似于 Excel 表格中的一列,可以存储各种类型的数据(如整数、浮点数、字符串),它是 pandas 中最基本的数据结构。Series 数据举例如表 8-1 所示。

表 8-1　Series 数据举例

单位:元

序号	报表日期	营业收入	营业成本	营业利润	利润总额	净利润
0	20231231	30 110.12	23 023.85	2 530.24	2 374.58	1 802.91
1	20221231	32 391.67	25 279.35	2 425.64	2 132.72	1 639.77
2	20211231	26 143.49	20 715.04	1 821.80	1 581.94	1 146.87
3	20201231	19 338.36	15 466.04	647.83	560.69	334.81
4	20191231	25 168.10	20 024.03	1 155.20	1 032.13	670.10

如表 8-1 所示,其中营业收入的数据即为一组 Series 数据,其标签为索引从 0 开始,数据内容为营业收入的每个数据,标签(索引)与数据是一一对应的关系,Series 数据结构由索引和数据构成,如图 8-1 所示。

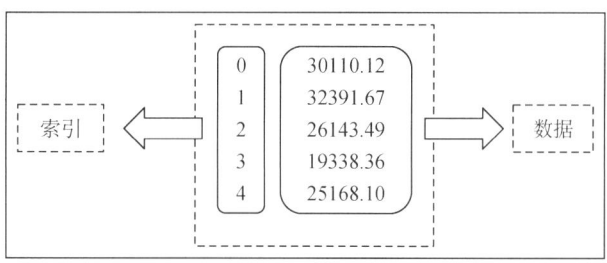

图 8-1　Series 数据结构

1. Series 的创建

Series 由以下参数构成,常用参数为 data 和 index。

```
1    pd.Series(data = None,index = None,dtype = None,name = None,copy = False)
```

data:Series 中实际的数据,可以是列表、数组、字典、Series 或标量值。如果数据是字典,那么键会被用作索引;如果字典有缺失的键,则会用默认值填充。

index:一个可选参数,用于设置 Series 的索引。索引列参数可以不填写,默认会从 0 开始自动生成整数索引。如果要填写,则必须与数据列参数的个数匹配。可以传递一个列表、数组或其他类型的标签作为索引。

name:这个参数设置了 Series 的列名,即它的标签。如果没有指定,name 将是 None。

dtype:数据类型,如 int、float、str 等。如不明确指定,pandas 会尝试推断数据类型。

copy:布尔值,如果设为 True,则返回一个独立的拷贝,原始数据不会受到影响。

例 8-2

【例 8-2】 使用列表创建 Series,使用默认索引。

输入代码:

```
1  import pandas as pd
2  print(pd.Series([80,90,100]))        # 不填写索引列参数,默认索引
```

运行结果:

```
0    80
1    90
2    100
dtype: int64
```

dtype 表示运行结果的数据类型,当 index 参数缺省时默认索引从 0 开始。

【例 8-3】 使用列表创建 Series,使用自定义索引。

输入代码:

```
1  import pandas as pd                          # 填写 index 参数,使用自定义索引
2  print(pd.Series(['库存现金','银行存款','其他货币资金'],index=['1001','1002','1012']))
```

运行结果:

```
1001    库存现金
1002    银行存款
1012    其他货币资金
dtype: object
```

当使用自定义索引时,输出结果索引列将使用给定的 index 参数进行排列。

【例 8-4】 使用字典创建 Series,使用自定义索引。

输入代码:

```
1  import pandas as pd                   # 使用字典创建 Series
2  pd.Series({'1001':'库存现金','1002':'银行存款','1012':'其他货币资金'})
```

运行结果:

```
1001    库存现金
1002    银行存款
1012    其他货币资金
dtype: object
```

当使用字典创建 Series 时,会使用字典的键作为索引。

在创建 Series 时,明确指定了一个更长的索引列表,那么未在字典中出现的键(即"缺失的键")对应的值通常情况下将会用默认值 NaN 填充。

【例 8-5】 Series 缺失值。

输入代码:

```
1    import pandas as pd
2    pd.Series({'1001':'库存现金','1002':'银行存款','1012':'其他货币资金'},
3    index = ['1001','1002','1012','2001'])
```

运行结果:

```
1001        库存现金
1002        银行存款
1012        其他货币资金
2001          NaN
dtype: object
```

【例 8-6】 利用函数创建 Series。使用 range() 函数生成 0~1 000 范围内(不包含 1 000)、步长为 200 的数据。

输入代码:

```
1    import pandas as pd
2    pd.Series(range(0,1000,200))
```

运行结果:

```
0        0
1      200
2      400
3      600
4      800
dtype: int64
```

思考:
如何使用 pandas 内置 random 模块生成由随机数构成的 Series 数据。

2. 索引与切片

在使用数据的过程中,往往需要精确选择某行某列,或符合特定条件的数据,与 Excel 中的筛选功能类似。与字符串和列表相同,在 Series 数据结构中,也可以通过索引、标签或切片来选择数据。

【例 8-7】 默认索引的数据获取。

输入代码：

```
1  import pandas as pd
2  score = pd.Series([80,90,100])
3  print(score)
4  print(score[2])          # 获取索引为 2 的数据
5  print(score[[1,2]])      # 获取索引为 1 和 2 的数据
6  print(score[1:2])        # 切片,获取索引为 1:2,不包括 2 的数据
```

运行结果：

```
0    80
1    90
2    100
dtype: int64
100              ← 获取索引为 2 的数据
1    90          ← 获取索引为 1 和 2 的数据,score[[1,2]]
2    100
dtype: int64
1    90          ← 切片,score[1:2]
dtype: int64
```

在获取某一行数据时,可直接将该行默认索引写入中括号;获取多行数据时,需要将多个默认索引用逗号隔开并放入中括号,再放入中括号;在利用切片进行索引时,与字符串和列表相同,索引之间用冒号隔开表示切片的范围,使用默认索引时遵循"左闭右开"(也就是"留头去尾")的原则,输出时不包括末尾索引的数据。在使用自定义索引的 Series 数据中,同样可以使用自定义标签获取对应数据。

【例 8-8】 标签的数据获取。

输入代码：

```
1  import pandas as pd
2  subject = pd.Series({'1001':'库存现金','1002':'银行存款','1012':'其他货币资金'})
3  print(subject)
4  print(subject['1001'])              # 获取标签为 1001 的数据
5  print(subject[['1001','1012']])     # 获取标签为 1001 和 1012 的数据
6  print(subject['1001':'1012'])       # 切片,获取标签为 1001 到 1012 的数据,包括 1012 的
                                         数据
```

运行结果：

```
1001    库存现金
1002    银行存款
1012    其他货币资金
```

dtype：object

库存现金

1001　　库存现金

1012　　其他货币资金

dtype：object

1001	库存现金
1002	银行存款
1012	其他货币资金

←—— 切片，subject['1001'：'1012']

dtype：object

　　在获取单个数据时，可直接在中括号中填入对应标签，如上例中的 subject['1001'] 是获取标签'1001'对应的数据；当获取多个标签数据时，可以填入多个标签并用逗号隔开，放入中括号，再放入中括号，如 [例 8-8] 中 subject[['1001'，'1012']] 表示获取标签为 1001 和 1012 的数据；若要获取连续的多个数据，可以使用切片，标签之间用冒号隔开表示切片的范围。与自定义索引不同的是，在使用自定义标签进行索引时，同时获取包含头和尾的数据。虽然自定义索引时可用标签进行数据的获取，但并不表示默认索引不可使用，实质上自定义标签与默认索引是可同时使用的。

　　为了避免当自定义索引同为整数时出现与默认索引的混淆，在设置自定义索引时，index 的内容最好用字符串表示。

【例 8-9】　默认索引与标签同时可用。

输入代码：

```
1    import pandas as pd
2    subject = pd.Series({'1001':'库存现金','1002':'银行存款','1012':'其他货币资金'})
3    print(subject)
4    print(subject[1])          # 获取默认索引为 1 的数据
5    print(subject[0:2])        # 获取默认索引为 0 到 2，不包含 2 的数据
```

运行结果：

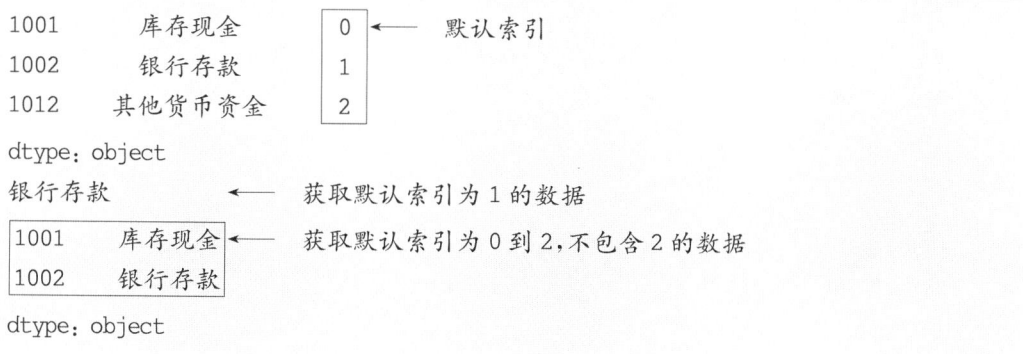

1001	库存现金	0	←—— 默认索引
1002	银行存款	1	
1012	其他货币资金	2	

dtype：object

银行存款　　←—— 获取默认索引为 1 的数据

1001	库存现金	←—— 获取默认索引为 0 到 2，不包含 2 的数据
1002	银行存款	

dtype：object

　　由上例可知，在使用默认索引获取切片数据时，依然遵循"左闭右开""留头去尾"的原则。

3. Series 的常规操作

Series 的常规操作主要包括数据的增加、删除、查询、修改等。增加,用增加索引的方式增加值;删除,用删除索引的方式删除值;查询,可使用前文中索引和切片的方式查询某个值,或者通过 head()、tail()获取值;修改,利用索引获取某个值后,采用赋值方式修改值。

可使用 append()完成两个 Series 的追加,使用 reindex()完成索引的重新排序,按顺序将索引列表写在 reindex()中。

【例 8-10】 Series 的增加、删除、修改、追加及索引重建。

例 8-10

输入代码:

```
1   import pandas as pd
2   balance = pd. series([20,500,100],index = ['库存现金','银行存款','其他货币资金'])
3   # 增加应收账款,80(单位:万元)
4   balance['应收账款'] = 80
5   print(balance)
6   print('------------------')
7   # 删除库存现金项目
8   balance.drop('库存现金',inplace = True)    # inplace = True 表示将原始数据也进行删除
9   print(balance)
10  print('------------------')
11  # 修改应收账款数据为 200
12  balance['应收账款'] = 200
13  print(balance)
14  print('------------------')
15  # 使用 append 追加数据
16  newbalance = pd. series([20,150,50],index = ['库存现金','应收票据','其他应收款'])
17  balance = balance. append(newbalance)    # 将 newbalance 追加在 balance 之后,重新赋
18                                             值给 balance
19  print(balance)
20  print('------------------')
21  # reindex 重建索引
22  print(balance.reindex(['库存现金','银行存款','其他货币资金','应收票据','应收账款',
23  '其他应收款']))
```

运行结果:

```
库存现金        20
银行存款        500
其他货币资金     100
应收账款        80
dtype: int64
------------------
```

```
银行存款          500
其他货币资金        100
应收账款          80
dtype：int64
----------------------
银行存款          500
其他货币资金        100
应收账款          200
dtype：int64
----------------------
银行存款          500
其他货币资金        100
应收账款          200
库存现金          20
应收票据          150
其他应收款         50
dtype：int64
----------------------
库存现金          20
银行存款          500
其他货币资金        100
应收票据          150
应收账款          200
其他应收款         50
dtype：int64
```

[例 8-10]中,Series 可以通过新增索引增加数据,通过修改原索引数据更改数据,在使用 drop()函数删除数据时,可直接写入自定义标签,如 balance. drop('库存现金',inplace＝True)表示删除"库存现金"及其对应的数据,其中"inplace＝True"表示将原变量中的"库存现金"删除,当 inplace 缺省时表示原变量依然不变。

 提示:

(1) 如果要同时删除多个标签,则应当先将多个标签放入中括号,并用逗号隔开,如 balance. drop(['库存现金','应收账款']),表示同时删除"库存现金"和"应收账款"两项数据。

(2) [例 8-10]中的方法对于默认索引同样适用。

当通过 head()、tail()函数进行 Series 数值查询时,head()表示默认查询前 5 行数据,tail()表示默认查询后 5 行数据。若要查询前 2 行,可使用 head(2),查询后 3 行可使用 tail(3)。

(二) DataFrame 数据结构

DataFrame 是一个二维的表格数据结构，由多个 Series 组成，每个 Series 表示一列。DataFrame 可以看作是带有标签的多列数据，大小可变，类似于 Excel 中的表格或 SQL 表。它是 pandas 中最常用的数据结构，具有灵活的索引和多种数据操作功能。DataFrame 数据由列索引(columns)、行索引(index)和数据(data)三部分构成，其数据结构如图 8-2 所示。

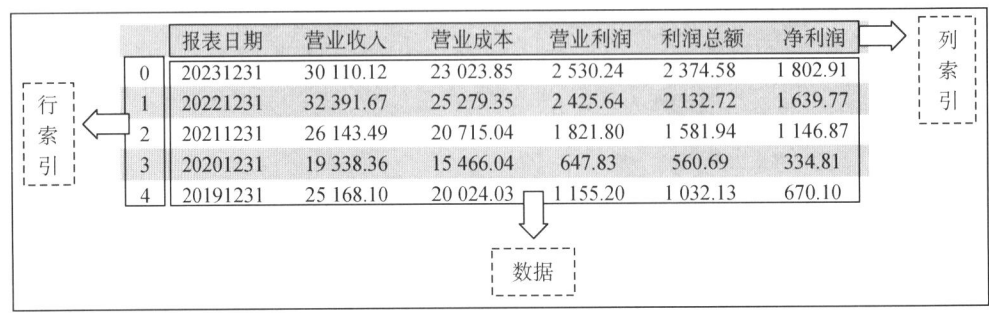

图 8-2　DataFrame 数据结构

1. DataFrame 的创建

DataFrame 由以下参数构成，常用参数为 data、index、columns。

```
1   pd.DataFrame(data = None, index = None, columns = None, dtype = None, copy = False)
```

data：是传入 DataFrame 的数据源，可以是列表、数组、字典、Series 或另一个 DataFrame。如果 data 是字典，则字典的键会被用作列名，字典的值会被用作相应列的数据。

index：这是一个可选参数，用于设置 Series 的行索引。索引列参数如不填写，则默认会从 0 开始自动生成整数索引。可以传递一个列表、数组或其他类型的标签作为索引。

columns：这是一个可选参数，用于生成结果 DataFrame 时使用的列标签。如果缺省，则默认会从 0 开始自动生成整数索引。如果进行了列标签定义，则会根据这些标签来设置 DataFrame 的列名。

dtype：数据类型，如 int、float、str 等。这个参数允许为 DataFrame 中的所有数据指定一个统一的数据类型。如果为 None(默认值)，则 pandas 会自动推断数据类型。

copy：布尔值，从输入复制数据。如果设置为 True，则返回一个独立的拷贝，原始数据不会受到影响。如果设置为 False，即不复制数据，而是直接引用原始数据。

【例 8-11】　通过列表创建 DataFrame。

输入代码：

```
1   import pandas as pd
2   pd.DataFrame([['1001','库存现金',8680],
3                 ['1002','银行存款',2205600],
4                 ['1012','其他货币资金',150000]],columns = ['科目编码','会计科目',
                  '期初余额'],index = [1,2,3])
```

运行结果：

	科目编码	会计科目	期初余额
1	1001	库存现金	8680
2	1002	银行存款	2205600
3	1012	其他货币资金	150000

以上数据同样可通过字典的方式创建。

【例 8-12】 通过字典创建 DataFrame。

输入代码：

```
1   import pandas as pd
2   data = {'科目编码':['1001','1002','1012',],
3            '会计科目':['库存现金','银行存款','其他货币资金'],
4            '期初余额':[8680,2205600,160000]}
5   pd.DataFrame(data)
```

运行结果：

	科目编码	会计科目	期初余额
0	1001	库存现金	8680
1	1002	银行存款	2205600
2	1012	其他货币资金	150000

在[例 8-11]中使用了自定义索引,在[8-12]中字典的键生成列索引,由于 index 缺省,默认会从 0 开始自动生成整数索引。

2. DataFrame 的常规操作

DataFrame 的常规操作主要增加、删除、查询、修改等,操作方法如表 8-2 所示。

表 8-2 DataFrame 常规操作

操作	功能
df[ ]	查询 DataFrame 中的值
df[ ]=	增加或修改值
del df[ ]	删除值
del df	删除整个 DataFrame

（1）DataFrame 增加、修改新列数据,可以通过在变量名方括号中填写新列名称、增加新列数据,通过对列数据的重新赋值修改数据。

【**例 8-13**】 *增加 DataFrame 新列数据。*

输入代码：

```
1    import pandas as pd
2    data = {'科目编码':['1001','1002','1012',],
3            '会计科目':['库存现金','银行存款','其他货币资金'],
4            '期初余额':[8680,2205600,160000]}
5    balance = pd.DataFrame(data,index = [1,2,3])
6    balance['本期发生额'] = [2020,309800,20000]    # 增加本期发生额数据
7    balance
```

运行结果：

	科目编码	会计科目	期初余额	本期发生额
0	1001	库存现金	8680	2020
1	1002	银行存款	2205600	309800
2	1012	其他货币资金	150000	20000

DataFrame 列数据可运用四则运算并直接生成新列数据，在上例的基础上，通过计算增加新列"期末余额"。

【**例 8-14**】 *通过计算增加新列数据。*

输入代码：

```
1    balance['期末余额'] = balance['期初余额'] + balance['本期发生额']
2    balance
```

运行结果：

	科目编码	会计科目	期初余额	本期发生额	期末余额
0	1001	库存现金	8680	2020	10700
1	1002	银行存款	2205600	309800	2515400
2	1012	其他货币资金	150000	20000	180000

（2）loc 与 iloc 索引器。pandas 以类似字典的方式获取某一列的值，如 balance ['期初余额']能够获取 balance 中期初余额列的数据。如果要针对某一行或某些行进行操作，则可以使用 loc 或 iloc 方法进行索引。loc 是指 location 的缩写，其在对行取值时以 index 为索引；iloc 中的 i 是指 integer（整数），iloc 并不以 index 为索引，而是根据默认行号来索引，行号从 0 开始并逐次加 1，对于列的索引同样适用。loc、iloc 参数结构如表 8-3 所示。

表 8-3   loc、iloc 参数结构

结构	功能
df.loc[行索引,列索引]	按索引返回元素
df.loc[[行索引,行索引],[列索引,列索引]]	按索引返回多行、多列元素
df.loc[[行索引:行索引],[列索引:列索引]]	按索引返回连续多行、多列元素
df.iloc[行序,列序]	按序值(整数)返回元素
df.iloc[[行序,行序],[列序,列序]]	按序值返回多行、多列元素
df.iloc[[行序:行序],[列序:列序]]	按序值返回连续多行、多列元素

【例 8-15】　使用 loc 查询某行数据。

输入代码：

```
1    import pandas as pd
2    data = {'科目编码':['1001','1002','1012',],
3            '会计科目':['库存现金','银行存款','其他货币资金'],
4            '期初余额':[8680,2205600,160000],'本期发生额':[2020,309800,20000]}
5    balance = pd.DataFrame(data,index = [2,4,6])
6    balance['期末余额'] = balance['期初余额'] + balance['本期发生额']
7    print(balance)
8    balance.loc[2]          # 获取行索引为 2 的数据
```

运行结果：

	科目编码	会计科目	期初余额	本期发生额	期末余额
2	1001	库存现金	8680	2020	10700
4	1002	银行存款	2205600	309800	2515400
6	1012	其他货币资金	160000	20000	180000

```
科目编码        1001
会计科目        库存现金
期初余额        8680
本期发生额       2020
期末余额        10700
Name: 2, dtype: object
```

使用 loc 进行单行、单列取值时,需要用英文状态下的逗号将行索引与列索引隔开,如 "balance.loc[2,'会计科目']" 表示取索引为 2 的行对应"会计科目"列的值,结果为"库存现金"。

145

【例 8-16】 使用 loc 查询多行、多列数据。

输入代码：

```
1   print(balance.loc[[2,6],['会计科目','期初余额']])        ♯ 2和6为自定义行索引
2   print(balance.loc[2:4,'会计科目':'本期发生额'])          ♯ 获取连续多行、多列数据
3   print(balance.loc[:,'会计科目':'本期发生额'])            ♯ 获取所有行、多列数据
```

运行结果：

	会计科目	期初余额
2	库存现金	8680
6	其他货币资金	160000

	会计科目	期初余额	本期发生额
2	库存现金	8680	2020
4	银行存款	2205600	309800

	会计科目	期初余额	本期发生额
2	库存现金	8680	2020
4	银行存款	2205600	309800
6	其他货币资金	160000	20000

💡 **提示：**

（1）获取多行、多列数据时，需要将多个行索引或列索引放入中括号，并用逗号隔开，组成多个行索引或列索引构成的列表。

（2）如需获取的行或列较多且是连续的行或列，可使用更为简洁的方式，使用冒号":"连接首尾行索引或列索引。所获取数据包含首尾行索引或首尾列索引。

（3）如要获取所有行或所有列，该参数用冒号":"即可。

---

iloc 索引方式与 loc 类似，但其只接受整数索引，即使用默认索引。

【例 8-17】 使用 iloc 查询数据。

输入代码：

```
1   print(balance.iloc[0])                    ♯ 获取默认索引为0，即第1行数据
2   print(balance.iloc[0,1])                  ♯ 获取第1行、第2列的数据
3   print(balance.iloc[[0,1],[1,2,3]])        ♯ 获取前两行、第2,3,4列的数据
4   print(balance.iloc[0:2,1:4])              ♯ 获取前两行、第2,3,4列的数据
```

运行结果：

科目编码	1001
会计科目	库存现金
期初余额	8680
本期发生额	2020
期末余额	10700

Name: 2, dtype: object

库存现金

	会计科目	期初余额	本期发生额
2	库存现金	8680	2020
4	银行存款	2205600	309800

	会计科目	期初余额	本期发生额
2	库存现金	8680	2020
4	银行存款	2205600	309800

值得注意的是，在使用 iloc 连续索引，使用冒号连接首尾行、首尾列时，使用默认索引，依然遵循"左闭右开"的切片原则。上例中行参数 0:2 是指默认索引为 0、1 的行，即第 1、2 行，列参数 1:4 是指默认索引为 1、2、3 的列，即第 2、3、4 列。

DataFrame 添加行数据：可使用 loc 添加行数据，通过 loc 索引在方括号中写入新的行索引，然后赋值。需要修改行数据时，重新赋值即可。

【例 8-18】 使用 loc 添加行数据。

输入代码：

```
1    import pandas as pd
2    data = {'科目编码':['1001','1002','1012',],
3           '会计科目':['库存现金','银行存款','其他货币资金'],
4           '期初余额':[8680,2205600,160000],'本期发生额':[2020,309800,20000]}
5    balance = pd.DataFrame(data,index = [1,2,3])
6    balance.loc[4] = ['1121','应收票据',250000,167000]
7    balance
```

运行结果：

	科目编码	会计科目	期初余额	本期发生额
1	1001	库存现金	8680	2020
2	1002	银行存款	2205600	309800
3	1012	其他货币资金	160000	20000
4	1121	应收票据	250000	167000

（3）DataFrame 删除数据。DataFrame 可使用 drop()和 del 两种方式删除数据。drop 函数的参数结构如下：

```
1  DataFrame.drop(labels = None, axis = 0, index = None, columns = None, level = None,
2  inplace = False, errors = 'raise')
```

labels：指定要删除的行或列的标签，可选。这个参数通常与 axis 一起使用来指定是删除行还是列。从 pandas 1.0.0 开始，建议使用 index 或 columns 参数代替 labels，以便更清楚地表明意图。

axis：指定要操作的轴，默认为 0。0 或 'index'表示操作行，1 或 'columns'表示操作列。

Index：指定要删除的行标签，可选。其是 labels 参数用于行时的别名。

columns：指定要删除的列标签，是 labels 参数用于列时的别名。

level：指级别，可选。如果轴是 MultiIndex（多级索引），则指定要删除的级别。

inplace：就地修改，可选，默认为 False。如为 True，则直接在原始 DataFrame 上进行修改，并返回 None；如为 False，则返回一个新的 DataFrame，原始 DataFrame 保持不变。

Errors：错误处理，可选，默认为' raise '。如果 labels 参数中的某些标签不存在于 DataFrame 中，则控制错误处理方式。' raise'表示抛出错误，' ignore'表示忽略这些错误。

【例 8-19】 承接[例 8-18]，使用 drop 删除行数据。

输入代码：

```
1  balance.drop(2)
```

运行结果：

	科目编码	会计科目	期初余额	本期发生额
1	1001	库存现金	8680	2020
3	1012	其他货币资金	160000	20000
4	1121	应收票据	250000	167000

【例 8-20】 承接[例 8-19]，使用 drop 删除列数据。

输入代码：

```
1  balance.drop(['期初余额'], axis = 1)
```

运行结果：

	科目编码	会计科目	本期发生额
1	1001	库存现金	2020
2	1002	银行存款	309800
3	1012	其他货币资金	20000
4	1121	应收票据	167000

提示:

(1) 使用 drop()函数删除数据时,默认为删除行,默认 axis=0。如要删除列数据,则需填写列索引,并设置 axis=1,否则会出现错误提示。

(2) 使用 drop()函数删除数据时,inplace 默认为 False,即不修改原数据。如要修改原数据,则需要设置 inplace=True。

【例 8-21】 使用 del 删除数据。

输入代码:

```
1  import pandas as pd
2  data = {'科目编码':['1001','1002','1012',],
3          '会计科目':['库存现金','银行存款','其他货币资金'],
4          '期初余额':[8680,2205600,160000],'本期发生额':[2020,309800,20000]}
5  balance = pd.DataFrame(data,index=[1,2,3])
6  del balance['科目编码']
7  balance
```

运行结果:

	会计科目	期初余额	本期发生额
1	库存现金	8680	2020
2	银行存款	160000	309800
3	其他货币资金	250000	20000

DataFrame 中可使用 del 加变量名,并在方括号中填入索引列名,删除该列数据;可使用 del 加变量名的方式删除整个 DataFrame。

DataFrame 可通过以下属性方式查看数据类型、行索引、列索引、数据(值)等多项操作,具体属性操作如表 8-4 所示。

表 8-4 DataFrame 属性

属性	详解
dtype	查看数据类型
index	查看行序列或者索引
columns	查看各列的索引
values	查看数据框内的数据,即不含表头索引的数据
describe	查看数据每一列的极值,均值,中位数,只可用于数值型数据
transpose	转置,也可用 T 来操作
sort_index	排序,可按行或列 index 排序输出
sort_values	按数据值来排序

任务二　pandas 文件读写

pandas 是一个强大的 Python 数据分析库,它提供了丰富的数据结构和数据分析工具。在处理数据时,经常需要读取和写入各种格式的数据文件,pandas 提供了多种快捷的方式来读取、处理、再生成这些文件。常用的 pandas 读写函数如表 8-5 所示。

表 8-5　常用的 pandas 读写函数

数据源	读取函数	写入函数
CSV	read_csv	to_csv
Excel	read_excel	to_excel
JSON	read_json	to_json
HTML	read_html	to_html

一、pandas 文件读写的特点

pandas 提供了高效、灵活且表达式丰富的数据结构,其在读取文件方面的独特特点和优势主要包括以下几个方面:

(1) pandas 提供带有标签的数据结构,pandas 库主要包括 Series 类型(一维)和 DataFrame 类型(二维)这两种数据结构。

(2) 允许简单索引和多级索引。

(3) 轻松处理浮点数据中的丢失数据(以 NaN 表示)以及非浮点数据。

(4) 数据处理功能强大,可灵活地执行对数据集的拆分、合并、转换等操作。

(5) 可以轻松地将其他 Python 和 NumPy 数据结构中的不同索引的数据转换为 DataFrame 对象。

(6) 灵活地实现基于标签的切片,便于获取大型数据集的子集。

(7) 能够直观地合并和连接数据集。

(8) 可灵活地实现数据集的重塑和旋转。

(9) pandas 所有数据结构的值都是可变的,但数据结构的大小并非都是可变的,例如,Series 的长度不可改变,但 DataFrame 数据添加和删除列,类似于 Python 中的字典。

(10) pandas 读写过程中,绝大多数方法都默认不改变原始的输入数据,而是复制数据,生成新的对象。一般来说,原始输入数据不变更为稳妥。

二、读取 Excel 文件

pandas 使用 read_excel 函数读取 Excel 文件,由于该函数参数较多,本书仅介绍常用参数,结构如下:

```
1  pd.read_excel(io,sheet_name = 0,header = 0, names = None, index_col = None,
2  usecols = None, dtype = None, converters = None)
```

io:字符串,Excel 文件的路径(本地路径或 URL)。其一般是"文件路径+文件名+后缀",有时需要在字符串前面加 r,防止将路径中的"\"识别为转义;如使用"/",则路径可以直接使用。

sheet_name:指定要读取的工作表(sheet),可以是字符串(工作表名)、整数(工作表位置索引,从 0 开始)、字符串列表或 None(返回所有工作表)。

header:指定作为列名的行。默认为 0,即第一行。如果文件不包含列标题,则可以设置为 None。

names:列表,自定义的列名。当文件不包含列标题时可自定义列名。

index_col:用作行索引的列编号或列名,可以是整数、字符串、列表或 False(如果不需要行索引)。

usecols:指定需要读取的列,可以是列名、列索引(从 0 开始的整数)或列的索引范围(如'A:E'或 5:)。

dtype:数据类型或数据类型字典,用于强制指定某些列的数据类型。如果输入的是字符,则表示整个表格的数据都转换成指定的数据类型;如果输入的是字典,那么每个字段可以指定不同的数据类型。

converters:用于指定每一列的转换函数的字典。其默认值为 None,即不进行转换。

(一)读取文件

使用 pd. read_excel()读取 E 盘数据文件夹中的上海证券交易所(以下简称上交所)所股票交易统计表,图 8-3 为该数据源部分截图。

	A	B	C	D	E
1	数据日期	发行总股本	市价总值	成交金额	成交量
2	2024-5-1				
3	2024-4-1	43010	457628	68925	5706
4	2024-3-1	42920	453444	84279	7457
5	2024-2-1	42851	461069	65364	4856
6	2024-1-1	42674	457015	96861	6654
7	2023-12-1	42601	455322	84058	6482

图 8-3 上交所股票交易统计表部分截图

【例 8-22】 读取上交所股票交易统计表。

输入代码:

```
1   import pandas as pd
2   df = pd.read_excel('E:\数据\上交所股票交易统计表.xlsx')
3   print(df.head())
```

运行结果:

	数据日期	发行总股本	市价总值	成交金额	成交量
0	2024-5-1	NaN	NaN	NaN	NaN
1	2024-4-1	43010.0	457628.0	68925.0	5706.0
2	2024-3-1	42920.0	453444.0	84279.0	7457.0
3	2024-2-1	42851.0	461069.0	65364.0	4856.0
4	2024-1-1	42674.0	457015.0	96861.0	6654.0

pd. read_excel()读取出的数据类型是 DataFrame。df. head()表示默认打印前 5 行。上交所股票交易统计表中第一行数据为空,默认以 NaN 代替。左边第一列 0~4 为 index(行标签),第一行为 columns(列标签)。仅填写 io 参数时,其他参数为默认值。

(二)文件操作

1. 查看数据

使用 pd. read_excel()读取文件数据后,可使用 DataFrame 属性执行查看行标签、列标签,查看值数据,数据统计等操作。

【例 8-23】 查看行标签与列标签。

输入代码:

```
1    print(list(df.index))      ♯ 查看行索引,转化为列表后输出
2    print(list(df.columns))    ♯ 查看列索引,转化为列表后输出
3    print(list(df))            ♯ 查看列索引,转化为列表后输出
```

运行结果:

```
[0, 1, 2, 3, 4, 5, 6, 7, 8, 9, 10, 11, 12, 13, 14, 15, 16, 17, 18, 19, 20, 21, 22, 23,
24, 25, 26, 27, 28]
['数据日期', '发行总股本', '市价总值', '成交金额', '成交量']
['数据日期', '发行总股本', '市价总值', '成交金额', '成交量']
```

在数据源中有自定义的列索引,无行索引,因此打印出了列索引,即每一列的名称。打印出的行索引为默认从 0 开始的整数索引,虽然在数据源中没有显示,但依然是默认行索引。

如 df 是 DataFrame 数据类型,可直接使用 list(df)返回由列名组成的列表。

【例 8-24】 查看 DataFrame 的值。

输入代码:

```
1    print(df.values)
```

运行结果:

```
[['2024-5-1' nan nan nan nan]
 ['2024-4-1' 43010.0 457628.0 68925.0 5706.0]
 ['2024-3-1' 42920.0 453444.0 84279.0 7457.0]
 ['2024-2-1' 42851.0 461069.0 65364.0 4856.0]
       ......
 ['2022-12-10' 38104.0 337193.0 83135.0 8705.0]
 ['2022-12-11' 38032.0 320194.0 38548.0 4475.0]
 ['2022-12-12' 37986.0 281024.0 28097.0 3393.0]]
```

使用 df. values 可以返回 DataFrame 中的数据,但这里的数据并不包含行索引与列索引的数据。

df. describe()可以实现数据的快速统计汇总。需要注意,数字列和字母列不同。数字列

（如整数、浮点数）是可以通过数学运算进行统计汇总的，因此 df. describe()会为这些列提供上述统计信息。字母列（通常指字符串、对象等类型的数据）则不包含可以直接进行数学运算的数值，因此 df. describe()默认不会为这些列提供统计信息。然而，对于某些特定类型的类别数据（虽为数值类型，但实际上表示的是类别），即使它们看起来像数字列，df. describe()也不会为它们提供有意义的统计信息，因为这些数值只是类别的表示，而不是真正的数值数据。

【例 8-25】 查看 DataFrame 的数据统计。

输入代码：

```
1    print(df.describe())
```

运行结果：

	发行总股本	市价总值	成交金额	成交量
count	28.000000	28.000000	28.000000	28.000000
mean	40564.821429	372711.500000	60683.321429	5243.785714
std	1751.750681	55173.398626	24694.144070	1879.688200
min	37986.000000	281024.000000	28097.000000	2644.000000
25%	38978.750000	330043.750000	42820.250000	3842.750000
50%	40870.500000	348412.500000	54106.500000	4716.500000
75%	42125.500000	424014.250000	75674.250000	6573.750000
max	43010.000000	461069.000000	132681.000000	10262.000000

count：数量统计，此列共有多少有效值；mean：均值；std：标准差；min：最小值；25％：1/4 分位数；50％：1/2 分位数；75％：3/4 分位数；max：最大值。

2. 选取数据

在利用 pd. read_excel()读取文件数据后，同样可使用 df []、loc、iloc 索引器选取需要的数据。

【例 8-26】 使用 df [col]选取列数据。

输入代码：

```
1    df ['发行总股本']              # 选取第 1 列
2    df [['发行总股本','市价总值']]      # 选取第 1、2 列
```

运行结果：

```
0          NaN
1          43010.0
2          42920.0
3          42851.0
4          42674.0
……
26         38104.0
```

```
27          38032.0
28          37986.0
Name：发行总股本，dtype：float64
            发行总股本          市价总值
0           NaN              NaN
1           43010.0          457628.0
2           42920.0          453444.0
3           42851.0          461069.0
……
26          38104.0          337193.0
27          38032.0          320194.0
28          37986.0          281024.0
```

选取单列时，直接将该列列索引填入变量名后的中括号，要选取多列数据时，df[]中为多个列名称构成的列表。

【例 8-27】 使用 df.loc[]选取单行数据。

输入代码：

```
1    df.loc[1]              # 选取第 2 行数据本例中 1 是 index(行索引)
```

运行结果：

```
数据日期        2024-4-1
发行总股本      43010
市价总值        457628
成交金额        68925
成交量         5706
Name：1，dtype：object
```

【例 8-28】 使用 df.loc[]选取多行数据。

输入代码：

```
1    df.loc[0:3]            # 选取第 1 行到第 4 行数据,0:3 是行索引的名称
```

运行结果：

	数据日期	发行总股本	市价总值	成交金额	成交量
0	2024-5-1	NaN	NaN	NaN	NaN
1	2024-4-1	43010.0	457628.0	68925.0	5706.0
2	2024-3-1	42920.0	453444.0	84279.0	7457.0
3	2024-2-1	42851.0	461069.0	65364.0	4856.0

【例 8-29】 使用 df.loc[]选取行和列。

输入代码：

```
1  df.loc[[0,1,2,3],['市价总值']]    # 选取第 1 行到第 4 行数据,市价总值列数据
2  # df.loc[0:3,['市价总值']]        也可使用冒号选取前四行
```

运行结果：

```
     市价总值
0    NaN
1    457628.0
2    453444.0
3    461069.0
```

【例 8-30】 使用 df.loc[]选取行和列:选择前 7 行,发行总股本和市价总值两列的内容。

输入代码：

```
1  #选择前 7 行,发行总股本和市价总值两列的内容
2  df.loc[:6,['发行总股本','市价总值']]
```

运行结果：

```
     发行总股本      市价总值
0    NaN          NaN
1    43010.0      457628.0
2    42920.0      453444.0
3    42851.0      461069.0
4    42674.0      457015.0
5    42601.0      455322.0
6    42306.0      441857.0
```

【例 8-31】 使用 df.iloc[]默认整数索引选择行。

输入代码：

```
1  print(df.iloc[1])      # 使用默认索引选择第 2 行
2  print(df.iloc[:2])     # 使用默认索引选择前两行
```

运行结果：

```
数据日期      2024-4-1
发行总股本    43010.0
市价总值      457628.0·
成交金额      68925.0
成交量        5706.0
Name: 1, dtype: object
       数据日期      发行总股本      市价总值      成交金额      成交量
0      2024-5-1   NaN          NaN        NaN        NaN
1      2024-4-1   43010.0      457628.0   68925.0    5706.0
```

3. 替换 NaN

在数据分析和数据处理中,NaN(Not a Number,非数字)是一个特殊的浮点数值,用于表示那些未定义或不可表示的值。尽管 NaN 是一个有用的占位符,但在进行数学运算、统计分析或机器学习模型训练时,NaN 值可能会导致问题出现。因此,通常需要替换 NaN 值。

fillna()函数在 pandas 库中是一个非常重要的方法,用于处理 DataFrame 或 Series 中的缺失值(NaN)。这个函数具有灵活的参数,允许用户根据具体需求,以不同的方式填充缺失值。下面是 fillna()函数的常用参数结构。

```
1    DataFrame.fillna(value = None, method = None, axis = None, inplace = False, limit =
2    None, downcast = None, ** kwargs)
```

value:用于填充缺失值。

method:可选参数,指定填充缺失值的方法。其可以是{'backfill','bfill','pad','ffill',None}中的一个。'pad'或'ffill'表示前向填充(用前一个非空值填充),'backfill'或'bfill'表示后向填充(用后一个非空值填充)。如果指定了 method,则忽略 value 参数。

axis:轴。0 或'index',表示按行填充;1 或'columns',表示按列填充。

inplace:布尔值,如果为 True,则直接在原地(即原始对象)修改 DataFrame 或 Series,而不是返回一个新的对象。其默认为 False。

limit:如果指定了 method 或 value 参数,则 limit 可以用于限制填充的最大连续缺失值数量。例如,如果 limit=1,则最多只会填充一个连续的缺失值。

downcast:可选参数,用于在可能的情况下将填充后的数据类型向下转换以节省内存。例如,如果填充后的一列仅包含整数,则可能会将其数据类型从 float 转换为 int。

kwargs:允许将参数传递给 value 的构造函数,但这在大多数情况下不会用到。

【例 8-32】 替换空数据 NaN。

输入代码:

```
1    df.fillna(0, inplace = True)      # 将所有NaN值替换为零,在原数据源上修改
2    df
```

运行结果:

	数据日期	发行总股本	市价总值	成交金额	成交量
0	2024-5-1	0.0	0.0	0.0	0.0
1	2024-4-1	43010.0	457628.0	68925.0	5706.0
2	2024-3-1	42920.0	453444.0	84279.0	7457.0

......

fillna()方法默认不会修改原始 DataFrame 或 Series,而是返回一个新的对象。如果想要在原地(in-place)修改原始对象,则可以设置参数 inplace=True。

结合 fillna()的各项参数可以实现多种替换 NaN 的方式,可根据实际用途灵活进行替换。fillna()常见用法如表 8-6 所示。

表 8-6　fillna( )常见用法

常见用法	功能描述
df.fillna(method='ffill')	用前一个非缺失值填充
df.fillna(method='bfill')	用下一个非缺失值填充
df.fillna(method='bfill',limit=1)	用下一个非缺失值填充,只能填充一个
df.fillna(method='bfill',axis=0)	按列填充,使用下一行非缺失值填充
df.fillna(method='bfill',axis=0,limit=1)	按列填充,每列填充一个,用后一行非缺失值填充
df.fillna(method='ffill',axis=0,limit=1)	按列填充,每列填充一个,用前一列非缺失值填充
df.fillna(method='bfill',axis=1)	按行填充,用下一列非缺失值填充
df.fillna(method='ffill',axis=1,limit=1)	按行填充,每行填充一个,用前一列非缺失值填充

4. 行或列的操作

根据数据源上交所股票交易统计表,已知成交金额与市价总额,可根据两者比值计算出均价,使用 DataFrame 列计算增加均价列。

【例 8-33】　利用列计算增加均价列。

输入代码:

```
1    df['均价'] = df['成交金额']/df['市价总值']
2    df
```

运行结果:

	数据日期	发行总股本	市价总值	成交金额	成交量	均价
0	2024-5-1	0.0	0.0	0.0	0.0	NaN
1	2024-4-1	43010.0	457628.0	68925.0	5706.0	0.150614
2	2024-3-1	42920.0	453444.0	84279.0	7457.0	0.185864
……						
26	2022-12-10	38104.0	337193.0	83135.0	8705.0	0.246550
27	2022-12-11	38032.0	320194.0	38548.0	4475.0	0.120390
28	2022-12-12	37986.0	281024.0	28097.0	3393.0	0.099981

观察数据源,由于第一行数据被除数和除数均为零,计算结果仍为 NaN,没有实际意义,因此可使用 drop( )函数删除第一行数据。

【例 8-34】　使用 drop( )函数删除第一行数据。

输入代码:

```
1    df1 = df.drop(index=[0])        # drop()可以按 index 或 columns 删除标签列表
2    df1                             # df1 为数据的副本
```

运行结果：

	数据日期	发行总股本	市价总值	成交金额	成交量	均价
1	2024-4-1	43010.0	457628.0	68925.0	5706.0	0.150614
2	2024-3-1	42920.0	453444.0	84279.0	7457.0	0.185864
......						
27	2022-12-11	38032.0	320194.0	38548.0	4475.0	0.120390
28	2022-12-12	37986.0	281024.0	28097.0	3393.0	0.099981

5. 字符清洗——字符替换

数据清洗(data cleaning)是对数据进行重新审查和校验的过程,其目的是删除重复信息,纠正存在的错误,并提高数据一致性。这一过程涉及缺失值清洗、格式内容清洗、逻辑错误清洗、非需求性数据清洗以及关联性验证等。由于数据源的来源渠道较多,采集人员的录入习惯不同以及各主体间的口径不同等,获取的数据会往往会出现不规范的符号或字符,表现为格式内容的不一致或不规范。可以使用 replace()函数进行字符的替换,达到数据的一致性和规范性。replace()函数常用参数如下:

```
1   DataFrame.replace(to_replace = None, value = None, inplace = False, limit = None)
```

to_replace:需要被替换的值或值的列表、字典、正则表达式等。

value:替换成的值。如果 to_replace 是列表或元组,value 也应该是列表或元组,且长度相同。如果 to_replace 是字典,则 value 应被忽略,因为字典的键会被替换成对应的值。

inplace:布尔值,如果为 True,则直接在原 DataFrame 或 Series 上进行修改,不返回新对象。

limit:整型,替换的最大次数(对于每个匹配项)。

使用 replace()函数将上述数据源数据日期列中的'-'替换为'/'。

【例 8-35】 使用 replace()函数进行字符替换。

输入代码：

```
1   df1['数据日期'] = df1['数据日期'].str.replace('-','/')    # 将字符串中的-替换为/
2   df1
```

运行结果：

	数据日期	发行总股本	市价总值	成交金额	成交量	均价
1	2024/4/1	43010.0	457628.0	68925.0	5706.0	0.150614
2	2024/3/1	42920.0	453444.0	84279.0	7457.0	0.185864
......						
27	2022/12/11	38032.0	320194.0	38548.0	4475.0	0.120390
28	2022/12/12	37986.0	281024.0	28097.0	3393.0	0.099981

在 Python 中,replace 函数通常与字符串操作相关,用于替换字符串中的子符。如果要对

其他类型的数据生效,则先要查看该数据的类型是否符合,必要时将其转化为字符型。上例中
df1['数据日期'].str 返回了一个特殊的对象,这个对象允许调用 Python 字符串对象的方法,
比如,.replace()、.lower()、.upper()、.split()等,来对"数据日期"列中的每个字符串元素进
行操作。这些操作是并行处理的,因此其通常比使用 Python 的循环结构要快得多,这使得字
符串的批量处理变得简单而高效。

6. 查看与转换数据类型

处理数据时,了解每列的数据类型是非常重要的,因为这可以有效帮助用户决定如何正确
地处理和分析数据。

在 pandas 中,df.dtypes 属性用于显示 DataFram 中每一列的数据类型。df.info()用于快
速查看 DataFrame 的概要信息。这个方法提供了 DataFrame 的结构概述,包括每列的列名、
非空值数量、数据类型等信息。这对于了解数据的基本情况,如是否存在缺失值、数据类型是
否符合预期等非常有帮助。

【例 8-36】 查看数据类型。

输入代码:

```
1    df.dtypes        # 查看列的数据类型
2    df.info()        # 查看整个 DataFrame 的信息
```

运行结果:

```
数据日期          object
发行总股本        float64
市价总值         float64
成交金额         float64
成交量          float64
均价           float64
dtype: object
<class 'pandas.core.frame.DataFrame'>
RangeIndex: 29 entries, 0 to 28
Data columns (total 6 columns):
```

#	Column	Non-Null Count	Dtype
0	数据日期	29 non-null	object
1	发行总股本	29 non-null	float64
2	市价总值	29 non-null	float64
3	成交金额	29 non-null	float64
4	成交量	29 non-null	float64
5	均价	28 non-null	float64

```
dtypes: float64(5), object(1)
memory usage: 1.5+ KB
```

在数据预处理阶段,数据类型显得尤为重要,因为不同的数据类型可能会影响数据的处理

方式、性能以及后续的数据分析。例如,表示某数据并且要参与计算的列,我们往往将其设置为浮点数,而那些只是作为标识的数字,如"股票代码"则应当设置字符串类型。在 pandas 中,astype()函数可以将 DataFrame 或 Series 中的数据类型转换为另一种数据类型。

【例 8-37】 将"数据日期"列转换 datetime64 数据类型。

输入代码:

```
1   df['数据日期'].astype('datetime64')
```

运行结果:

```
0    2024-05-01
1    2024-04-01
2    2024-03-01
3    2024-02-01
……
26   2022-12-10
27   2022-12-11
28   2022-12-12
Name: 数据日期,dtype: datetime64[ns]
```

datetime64 是 pandas 中用于表示日期和时间的类型。在 pandas 中,datetime64 类型允许执行各种日期时间操作,如日期范围生成、时间差计算、日期时间格式化等。

三、写入 Excel 文件

Excel 文件的写入函数 to_excel()与读取函数的参数设置类似,它能够将二维数据(DataFrame)或序列(Series)导出到 Excel 文件中。这个功能特别适用于数据分析和报告制作时需要将处理好的数据导出为 Excel 格式,进行保存、共享或进一步处理。to_excel()的常用参数如下:

```
1   DataFrame. to_excel(excel_writer, sheet_name = 'Sheet1', index = False)
```

excel_writer:字符串或 ExcelWriter 对象,指定要写入的 Excel 文件的路径或 ExcelWriter 对象。如果是文件路径,则文件将被打开并以写入模式使用;如果文件已存在,则会被覆盖。

sheet_name:字符串,指定要写入数据的 Excel 工作表的名称,默认为' Sheet1 '。

index:bool 值,默认值为 True,其确定是否将 DataFrame 的索引写入 Excel 文件。如果为 False,则不写入索引。

【例 8-38】 创建 DataFrame 并写入 Excel 文件。

输入代码:

```
1   import pandas as pd
2   df = pd. DataFrame([[' 1001 ','库存现金',8680],
```

```
3                              ['1002','银行存款',2205600],
4                              ['1012','其他货币资金',150000]],columns=['科目编码','会计科目',
5    '期初余额'],index=[1,2,3])
6    df.to_excel('E:\数据\期初余额表.xlsx')
```

创建 DataFrame 后可直接生成 Excel 文件,运行上述代码,在对应路径可生成新 Excel 文件,如图 8-4 所示。打开 Excel 文件具体写入数据如图 8-5 所示。

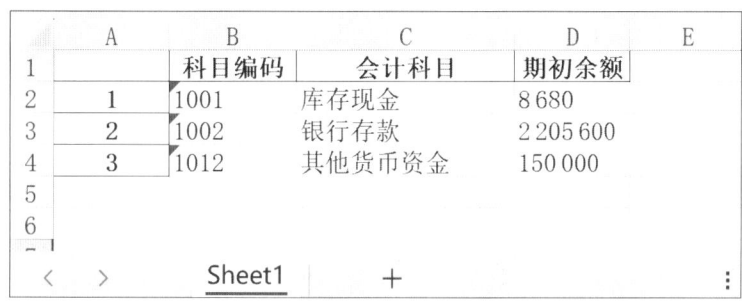

图 8-4　生成的 Excel 文件

	A	B	C	D	E
1		科目编码	会计科目	期初余额	
2	1	1001	库存现金	8 680	
3	2	1002	银行存款	2 205 600	
4	3	1012	其他货币资金	150 000	
5					
6					

< 　 >　　　Sheet1　　　+

图 8-5　Excel 文件写入数据

 提示:

(1) 在使用 to_excel()写入文件时,系统会默认在该路径下创建一个 Excel 文件,不需要自行创建。如该文件已存在,则会覆盖原有内容写入。

(2) 如在运行写入程序时原有文件已打开,系统会出现报错:"PermissionError:[Errno 13] Permission denied:'E:\\数据\\期初余额表.xlsx'",将原有文件关闭后,可正常写入数据。

在实际工作中大量数据不是通过手工录入,而是通过数据文件获取,在读取 Excel 文件进行数据处理后,同样可以将数据写入 Excel 文件。

【例 8-39】　读取 Excel 文件,数据处理后写入 Excel 文件。

输入代码:

```
1    import pandas as pd
2    df = pd.read_excel('E:\数据\上交所股票交易统计表.xlsx')
3    df['均价']=df['成交金额']/df['市价总值']
4    df.to_excel('E:\数据\上交所股票交易均价表.xlsx')
```

在读取 Excel 文件并进行列的计算后,使用 to_excel( )生成新的 Excel 文件,如图 8-6 所示。打开 Excel 文件具体写入数据如图 8-7 所示。

图 8-6　生成的 Excel 文件

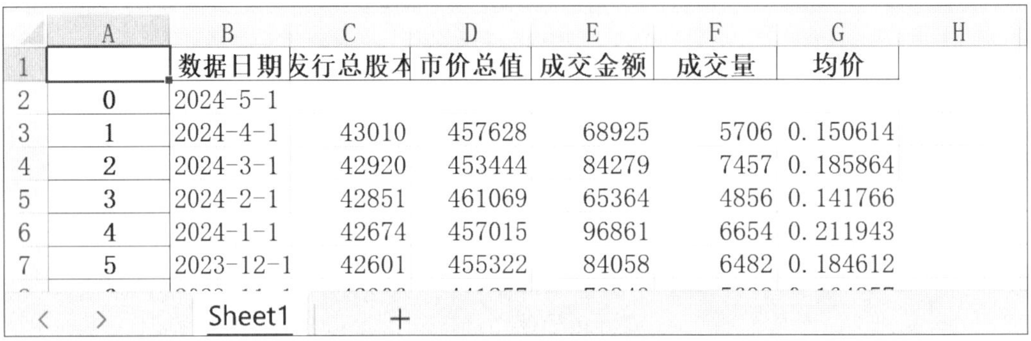

	A	B	C	D	E	F	G	H
1		数据日期	发行总股本	市价总值	成交金额	成交量	均价	
2	0	2024-5-1						
3	1	2024-4-1	43010	457628	68925	5706	0.150614	
4	2	2024-3-1	42920	453444	84279	7457	0.185864	
5	3	2024-2-1	42851	461069	65364	4856	0.141766	
6	4	2024-1-1	42674	457015	96861	6654	0.211943	
7	5	2023-12-1	42601	455322	84058	6482	0.184612	

Sheet1 ＋

图 8-7　Excel 文件写入数据

工作场景 8-1:读取并计算销售数据——pandas 基础操作

河南分公司超市销售数据如表 8-7 所示。财务部门需要了解数据表的记录内容,明确客户名称及地域信息,并根据销售额及利润计算成本数据加入数据表,以便财务人员作进一步分析。

表 8-7　河南分公司销售数据

金额单位:元

订单日期	客户 ID	客户名称	城市	产品 ID	品名	销售额	数量	利润
2015/4/28 5:10	14485	曾惠	杭州		剪刀(把)	129.696	2	−60.704
2015/6/16 0:00	10165	许安	内江	10004832	搭扣信封(张)	125.44	2	42.56
2015/6/16 0:00	10165	许安	内江	10001505	孔加固材料(个)	31.92	2	4.2
2015/12/10 0:00	17170	宋良	镇江	10003746	开信刀(把)	321.216	4	−27.104
2014/5/31 0:00	15730	万兰	汕头	10003452	搅拌机(台)	1 375.92	3	550.2
2013/10/27 0:00	18325	俞明	景德镇	10001640	打印机(台)	11 129.6	9	3 783.78
2013/10/27 0:00	18325	俞明	景德镇	10001029	订书机(台)	479.92	2	172.76
2013/10/27 0:00	18325	俞明	景德镇	10000578	扶手椅(把)	8 659.84	4	2 684.08

思路分析:

(1) 读取销售数据的前 6 行,了解数据内容。

(2) 读取销售数据的行索引、列索引,了解数据内容及数据量。

(3) 读取与地域信息相关的数据,读取客户信息与地域信息。

（4）计算成本数据添加到销售数据中，生成超市销售数据计算表。

代码实现：

（1）引入 pandas 库，读取销售数据表，显示前 6 行的数据。

输入代码：

```
1    import pandas as pd
2    file_name = 'E:/数据/销售数据简版.xlsx'
3    df = pd.read_excel(file_name)
4    df.head(6)
```

运行结果：

	订单日期	客户 ID	客户名称	城市	产品 ID	品名	销售额	数量	利润
0	2015/4/28 5:10	14485	曾惠	杭州	NaN	剪刀	129.696	2	− 60.704
1	2015/6/16 0:00	10165	许安	内江	10004832	搭扣信封	125.44	2	42.56
2	2015/6/16 0:00	10165	许安	内江	10001505	孔加固材料	31.92	2	4.2
3	2015/12/10 0:00	17170	宋良	镇江	10003746	开信刀	321.216	4	− 27.104
4	2014/5/31 0:00	15730	万兰	汕头	10003452	搅拌机	1375.92	3	550.2
5	2013/10/27 0:00	18325	俞明	景德镇	10001640	打印机	11129.6	9	3783.78

（2）读取销售数据的行索引、列索引。

输入代码：

```
1    print(list(df.index))       # 行标签作为列表输出
2    print(list(df.columns))     # 列标签作为列表输出
```

运行结果：

```
[0, 1, 2, 3, 4, 5, 6, 7]
['订单日期', '客户 ID', '客户名称', '城市', '产品 ID', '品名', '销售额', '数量', '利润']
```

（3）读取与地域信息相关的数据，读取客户信息与地域信息。

输入代码：

```
1    print(df['城市'])  # 选取城市列
2    print(df[['客户名称','城市']]) # 选取两列
```

运行结果：

```
0    杭州
1    内江
2    内江
3    镇江
4    汕头
```

```
5       景德镇
6       景德镇
7       景德镇
Name：城市，dtype：object
     客户名称      城市
0     曾惠        杭州
1     许安        内江
2     许安        内江
3     宋良        镇江
4     万兰        汕头
5     俞明        景德镇
6     俞明        景德镇
7     俞明        景德镇
```

（4）计算成本数据添加到销售数据中，生成超市销售数据计算表。

输入代码：

```
1    df['成本'] = df['销售额'] - df['利润']
2    df.to_excel('E:/数据/销售数据计算表.xlsx')
```

运行结果在对应路径生成销售数据计算表，数据内容如图 8-8 所示。

	A	B	C	D	E	F	G	H	I	J	K
1		订单日期	客户ID	客户名称	城市	产品ID	品名	销售额	数量	利润	成本
2	0	2015-04-28 05:10:00	14485	曾惠	杭州		剪刀	129.696	2	-60.704	190.4
3	1	2015-06-16 00:00:00	10165	许安	内江	10004832	搭扣信封	125.44	2	42.56	82.88
4	2	2015-06-16 00:00:00	10165	许安	内江	10001505	孔加固材料	31.92	2	4.2	27.72
5	3	2015-12-10 00:00:00	17170	宋良	镇江	10003746	开信刀	321.216	4	-27.104	348.32
6	4	2014-05-31 00:00:00	15730	万兰	汕头	10003452	搅拌机	1375.92	3	550.2	825.72
7	5	2013-10-27 00:00:00	18325	俞明	景德镇	10001640	打印机	11129.6	9	3783.78	7345.8
8	6	2013-10-27 00:00:00	18325	俞明	景德镇	10001029	订书机	479.92	2	172.76	307.16
9	7	2013-10-27 00:00:00	18325	俞明	景德镇	10000578	扶手椅	8659.84	4	2684.08	5975.76

图 8-8　Excel 文件写入数据

任务三　数据集成

一、数据集成的概念

在一家公司中，数据往往分散存储在不同的系统、数据库或文件格式中，公司需要在各经营期间将数据进行合并、汇总后分析经营情况，将这些分散的数据源整合到一个统一的数据文件中。这能够实现数据的全面性和一致性，使得用户能够更便捷地访问和分析数据，更加准确地了解业务状况，也可以帮助组织优化运营流程，提高组织的效率和盈利能力。

从广义上来说,随着信息化应用的不断深入,企业内部与外部信息交互的需求日益强烈。企业迫切需要对已有信息进行整合,连通"信息孤岛",共享数据信息,而这些信息数据整合的一系列方案被称为数据集成。

从狭义上来说,数据集成是一个数据整合的过程,是指将多份数据进行合并成数据集的过程和方法。通过综合各数据源,可将拥有不同结构、不同属性的数据合并,存放在一个一致的数据存储中,如存放在数据仓库中。

数据集成最常见的两种方法为数据关联与数据合并。前者用于将不同数据内容的表格根据条件进行左右连接,如图 8-9 所示;后者用于将相同或相似数据内容的表格进行上下连接,如图 8-10 所示。

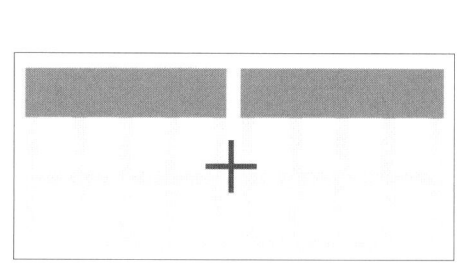

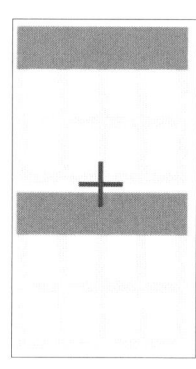

图 8-9　数据关联　　　　　　　　图 8-10　数据合并

(一) 数据关联

数据关联有四种方式,分别是左连接、内连接、右连接、全连接。四种连接方式如图 8-11 所示。数据关联必须要有关联条件,一般是指左表的主键或其他唯一约束字段(即没有重复值)与右表的主键或其他唯一约束字段相等(相同)。

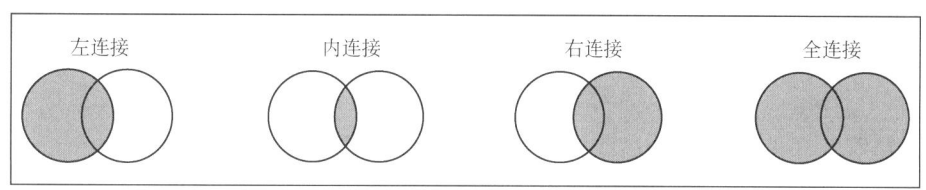

图 8-11　数据关联的四种方式

左连接是以左表为基础,根据两表的关联条件将两表连接起来。其结果会将左表所有的数据条目列出,而右表只列出与左表关联条件满足的部分。左连接全称为左外连接,属于外连接的一种方式。内连接只显示满足关联条件的左右两表的数据记录,不符合的条件的数据不显示。右连接是以右表为基础,根据两表的关联条件将两表连接起来。其结果会将右表所有的数据条目列出,而左表只列出与右表关联条件满足的部分。右连接全称为右外连接,属于外连接的一种方式。全连接即为满足关联条件的左右表数据相连,但不满足条件的各表数据仍保留,两表之间无对应数据的内容为空值。

(二) 数据合并

数据合并也称数据追加,是指对多份数据字段基本完全相同的数据进行上下连接。如有

表 1 和表 2 两个数据库表格,它们两个对应的字段是相同的,那么可以对这两个表进行上下连接。数据合并方式如图 8-12 所示。

序号	a	b	c
1	23	34	20
2	15	16	42
3	47	23	33

表1

序号	a	b	c
5	11	81	17
6	35	20	29
7	10	31	15

表2

序号	a	b	c
1	23	34	20
2	15	16	42
3	47	23	33
5	11	81	17
6	35	20	29
7	10	31	15

图 8-12　数据合并

二、merge( )函数

merge()函数允许根据一个或多个键将两个 DataFrame 进行连接,并提供了多种连接类型,如 inner(内连接)、outer(外连接)、left(左连接)和 right(右连接)。

```
1  pd. merge(left, right, how ='inner', on = None, left_on = None, right_on = None,
2   left_index = False, right_index = False, sort = True, suffixes = ('_x', '_y'))
```

left:左侧连接的 DataFrame。

right:右侧连接的 DataFrame。

how:指定合并类型,默认为 'inner'。其他选项包括 'left'、'right'、'outer'。

on:用于连接的列名。如果两个 DataFrame 中有相同的列名,则可以直接使用列名作为参数。如果列名不同,则需要使用 left_on 和 right_on 参数分别指定。

left_on:左侧 DataFrame 中用于连接的列名。

right_on:右侧 DataFrame 中用于连接的列名。

left_index:如果为 True,则使用左侧 DataFrame 的索引作为连接键。

right_index:如果为 True,则使用右侧 DataFrame 的索引作为连接键。

sort:在合并后的 DataFrame 中对结果进行排序,默认为 True。注意:在 pandas 1.0.0 版本后,该参数已被弃用,并始终返回排序后的结果。

suffixes:一个元组,用于在合并过程中可能出现的重复列名后面添加的后缀。默认为('_x', '_y')。

【例 8-40】 基于共同列的合并。依据"数据日期"为连接列,连接上交所股票交易统计表的 Sheet1 和 Sheet2。其中 Sheet1 的内容为 2022 年 7 月 6 日至 2024 年 5 月 1 日的上交所股票交易信息,Sheet2 的内容为 2023 年 1 月 1 日至 2024 年 5 月 1 日的 A 股综合指数信息,两张表的信息拥有共同字段"数据日期"，具体内容如图 8-13 所示。

	A 数据日期	B 发行总股本	C 市价总值	D 成交金额	E 成交量
1	数据日期	发行总股本	市价总值	成交金额	成交量
2	2024-5-1				
3	2024-4-1	43010	457628	68925	5706
4	2024-3-1	42920	453444	84279	7457
5	2024-2-1	42851	461069	65364	4856
6	2024-1-1	42674	457015	96861	6654
7	2023-12-1	42601	455322	84058	6482
8	2023-11-1	42306	441857	72843	5698
9	2023-10-1	42214	416867	42839	3046
10	2023-9-1	42096	413729	62290	4923
11	2023-8-1	41887	433279	96430	/3/1
12	2023-7-1	41778	420926	132681	10262
13	2023-6-1	41597	372015	57496	4717
14	2023-5-1	41210	349402	44987	3717
15	2023-4-1	41078	347423	50717	4716
16	2023-3-1	40915	330897	75158	7002
17	2023-2-1	40826	346830	75661	6547
18	2023-1-1	40761	354226	44701	3880
19	2022-12-1	40199	355520	44383	4149
20	2022-11-2	39441	329076	33732	3061
21	2022-10-3	39193	332673	29841	2644
22	2022-9-4	39069	329092	45728	3965
23	2022-8-5	38990	325977	42764	3710
24	2022-7-6	38945	330361	40036	3731
25	2022-12-7	38642	327972	38597	3988
26	2022-12-8	38329	318321	43268	4476
27	2022-12-9	38161	336590	75714	7495
28	2022-12-10	38104	337193	83135	8705
29	2022-12-11	38032	320194	38548	4475
30	2022-12-12	37986	281024	28097	3393

Sheet1　Sheet2　+

	A 数据日期	B A股最高综合股价指数	C A股最低综合股价指数
1	数据日期	A股最高综合股价指数	A股最低综合股价指数
2	2024-5-1	3603	3385
3	2024-4-1	3497	3373
4	2024-3-1	3578	3328
5	2024-2-1	3732	3466
6	2024-1-1	3637	3447
7	2023-12-1	3475	3325
8	2023-11-1	3457	3210
9	2023-10-1	3371	3219
10	2023-9-1	3426	3202
11	2023-8-1	3457	3263
12	2023-7-1	3459	2985
13	2023-6-1	2991	2872
14	2023-5-1	2914	2802
15	2023-4-1	2866	2720
16	2023-3-1	3074	2647
17	2023-2-1	3059	2685
18	2023-1-1	3127	2955

图 8-13　上交所股票交易统计表

输入代码：

```
1  import pandas as pd
2  df1 = pd. read_excel('E:\数据\上交所股票交易统计表.xlsx',sheet_name = 'Sheet1')
3  df2 = pd. read_excel('E:\数据\上交所股票交易统计表.xlsx',sheet_name = 'Sheet2')
4  # pd.merge()数据合并　on设置为相同的标签
5  df = pd.merge(df1,df2,on='数据日期')
6  df
```

运行结果：

	数据日期	发行总股本	市价总值	成交金额	成交量	A股最高 综合股价指数	A股最低 综合估计指数
0	2024-5-1	NaN	NaN	NaN	NaN	3603	3385
1	2024-4-1	43010.0	457628.0	68925.0	5706.0	3497	3373
2	2024-3-1	42920.0	453444.0	84279.0	7457.0	3578	3328
3	2024-2-1	42851.0	461069.0	65364.0	4856.0	3732	3466

......

13	2023-4-1	41078.0	347423.0	50717.0	4716.0	2866	2720
14	2023-3-1	40915.0	330897.0	75158.0	7002.0	3074	2647
15	2023-2-1	40826.0	346830.0	75661.0	6547.0	3059	2685
16	2023-1-1	40761.0	354226.0	44701.0	3880.0	3127	2955

on='数据日期'指定了用于连接的列名(即两个数据文件共有的列名),在[例 8-40]中是'数据日期'列。这意味着合并操作将基于两个数据表中'数据日期'列的值来进行匹配。

在参数省略的情况下,merge 函数执行的合并结果默认是内连接,即只保留两个数据表中在'数据日期'列上都有匹配值的行。如果'数据日期'列中的某些值在 df1 中有而在 df2 中没有(或反之),那么这些行将不会出现在合并后的结果 df 中。

由于 Sheet1 的数据日期列涵盖时间范围较广,与 Sheet2 的数据日期列只有 17 行相同,因此,合并后的结果仅生成两个数据源在连接列的共有数据。

如果想要保留所有行,即使某些'数据日期'在另一个数据表中没有匹配,也可以使用 how 参数来改变合并类型。例如,使用 how='left'进行左连接,这将保留 df1 中的所有行,并在 df2 中查找匹配的行。如果 df2 中没有匹配的行,则这些列的值将为 NaN。使用 how='right'进行右连接,与左连接相反,将保留 df2 中的所有行。又如,使用 how='outer'进行外连接,将保留两个数据表中的所有行。如果某个'数据日期'在另一个数据表中没有匹配,则对应的列值将为 NaN。

三、concat( )函数

pandas 库中的 concat( )函数非常灵活,能够合并两个或多个 pandas 对象,并且可以指定合并的轴(行或列),可设置是否忽略索引以及如何处理重叠的列名等。concat( )函数的常见参数如下:

```
1    pd.concat(objs, axis = 0, join = 'outer', ignore_index = False, keys = None,
2    levels = None, names = None, verify_integrity = False, copy = True, sort = False)
```

objs:连接对象,一个列表或元组。

axis:指定拼接的轴,默认为 0(沿着行的方向拼接),如果设置为 1,则沿着列的方向拼接。

join:默认为'outer',表示取并集。如果设置为'inner',则取交集。这个参数在沿着行拼接时通常不太重要,但在沿着列拼接时可能会影响到结果。

ignore_index:如果为 True,则不保留原索引,而是生成一个新的整数索引。

keys:如果提供,则用于创建层次化索引(multiindex)中的新级别。这通常用于区分不同的原始对象。

levels、names:用于在创建层次化索引时指定级别和名称。

verify_integrity:如果为 True,则在合并操作完成后检查新 DataFrame 的索引是否有重复项。这可能会增加计算成本,但有助于发现潜在的问题。

copy:如果为 False,则在可能的情况下尝试避免复制数据(默认为 True)。

【例 8-41】 横向合并上交所股票交易统计表的 Sheet1 和 Sheet2。

输入代码：

```
1  import pandas as pd
2  df1 = pd.read_excel('E:\数据\上交所股票交易统计表.xlsx',sheet_name='Sheet1')
3  df2 = pd.read_excel('E:\数据\上交所股票交易统计表.xlsx',sheet_name='Sheet2')
4  # 按列进行拼接    axis=1 表示列的变化(横向合并)
5  df = pd.concat([df1,df2],axis=1)
6  df
```

运行结果：

	数据日期	发行总股本	市价总值	成交金额	成交量	数据日期	A股最高 综合股价指数	A股最低 综合估计指数
0	2024-5-1	NaN	NaN	NaN	NaN	2024-5-1	3603.0	3385.0
1	2024-4-1	43010.0	457628.0	68925.0	5706.0	2024-4-1	3497.0	3373.0
2	2024-3-1	42920.0	453444.0	84279.0	7457.0	2024-3-1	3578.0	3328.0
......								
15	2023-2-1	40826.0	346830.0	75661.0	6547.0	2023-2-1	3059.0	2685.0
16	2023-1-1	40761.0	354226.0	44701.0	3880.0	2023-1-1	3127.0	2955.0
17	2022-12-1	40199.0	355520.0	44383.0	4149.0	NaN	NaN	NaN
18	2022-11-2	39441.0	329076.0	33732.0	3061.0	NaN	NaN	NaN
......								
26	2022-12-10	38104.0	337193.0	83135.0	8705.0	NaN	NaN	NaN
27	2022-12-11	38032.0	320194.0	38548.0	4475.0	NaN	NaN	NaN
28	2022-12-12	37986.0	281024.0	28097.0	3393.0	NaN	NaN	NaN

　　由结果可知，当 axis 参数为 1 时，数据合并将两个数据表的列数据横向进行拼接合并，即将 Sheet2 中的列数据拼接在 Sheet1 数据的右侧。Sheet2 中拥有和 Sheet1"数据日期"相同字段的 Sheet2 数据直接拼接在共同日期右侧，Sheet2 中与 Sheet1"数据日期"无相同字段的行则为缺失值，显示为 NaN。

【例 8-42】 纵向合并上交所股票交易统计表的 Sheet1 和 Sheet2。

输入代码：

```
1  import pandas as pd
2  df1 = pd.read_excel('E:\数据\上交所股票交易统计表.xlsx',sheet_name='Sheet1')
3  df2 = pd.read_excel('E:\数据\上交所股票交易统计表.xlsx',sheet_name='Sheet2')
4  # 按列进行拼接    axis=0(省略时默认为0)表示按行的方向拼接(纵向)
5  df = pd.concat([df1,df2])
6  df
```

运行结果：

```
      数据日期   发行总股本    市价总值    成交金额    成交量     A股最高        A股最低
                                                          综合股价指数   综合估计指数
0   2024-5-1       NaN         NaN        NaN        NaN        NaN          NaN
1   2024-4-1    43010.0    457628.0    68925.0     5706.0      NaN          NaN
2   2024-3-1    42920.0    453444.0    84279.0     7457.0      NaN          NaN
......
26  2022-12-10  38104.0    337193.0    83135.0     8705.0      NaN          NaN
27  2022-12-11  38032.0    320194.0    38548.0     4475.0      NaN          NaN
28  2022-12-12  37986.0    281024.0    28097.0     3393.0      NaN          NaN
0   2024-5-1       NaN         NaN        NaN        NaN      3603.0       3385.0
1   2024-4-1       NaN         NaN        NaN        NaN      3497.0       3373.0
2   2024-3-1       NaN         NaN        NaN        NaN      3578.0       3328.0
......
26  2022-12-10  38104.0    337193.0    83135.0     8705.0   NaN      NaN      NaN
27  2022-12-11  38032.0    320194.0    38548.0     4475.0   NaN      NaN      NaN
28  2022-12-12  37986.0    281024.0    28097.0     3393.0   NaN      NaN      NaN
```

由结果可知，当 axis 参数缺省时，默认为 0，即按行的方向将两个数据表的行数据进行纵向拼接。合并数据表中的缺失值，显示为 NaN。

工作场景 8-2：合并分公司销售数据——数据合并

某集团下设北京、河南、河北三个分公司，财务部门需要每天汇总各产品的销量。图 8-14 为各分公司的销售数据统计表，图 8-15 为销售汇总表。请使用 Python 将三个分公司的销售表汇总为销售总表，以便财务人员对销量数据作整体分析。（该数据源为 csv 格式，pandas 库读取、生成 csv 数据的方法与 Excel 文件基本相同。）

	A	B
1	产品	销量(台)
2	加湿器	62
3	空调	57
4	扫地机器人	71
5	合计	190

河北

	A	B
1	产品	销量(台)
2	加湿器	24
3	空调	43
4	扫地机器人	42
5	合计	109

河南

	A	B
1	产品	销量(台)
2	加湿器	169
3	空调	173
4	扫地机器人	158
5	合计	500

北京

图 8-14　各分公司的销售数据统计表

	A	B	C	D	E
1	产品	北京分公司	河南分公司	河北分公司	总销量(台)
2	加湿器				
3	空调				
4	扫地机器人				
5	合计				

图 8-15　销售汇总表

思路分析：

（1）读取分公司数据第一列作为合并数据表的第一列。

（2）利用循环读取各分公司的销售数据，并将数据进行合并。

（3）重新定义汇总表第一列列名"产品/公司"。

（4）添加并计算"总销量（台）"，写入所有数据，生成销量汇总表。

代码实现：

输入代码：

```
1   import pandas as pd
2       # 定义需要打开的文件名列表
3   name_list = ['北京分公司', '河南分公司', '河北分公司']
4       # 提取一个分公司的第一列 DataFrame 结构，作为合并的列
5   df_p = pd.read_csv('E:/数据/CSV/北京分公司.csv', encoding = 'gbk')[['产品']]
6   for i in name_list:
7       df = pd.read_csv(f'E:/数据/CSV/{i}.csv', encoding = 'gbk')
8       # merge 方法，表按'产品'列做连接，左边是 df_p, 右边是 df
9       df_p = pd.merge(df_p, df, on = ['产品'])
10
11      # 重新定义列名
12  df_p.columns = ['产品\公司'] + name_list
13      # 数据列相加，并为最后一列
14  df_p['总销量（台）'] = df_p.iloc[:, 1:].apply(lambda x: x.sum(), axis = 1)
15      # 实现计算与写入，绝对路径，不加行索引
16  df_p.to_excel('E:/数据/CSV/销量汇总表.xlsx', index = False, encoding = 'gbk')
17  df_p
```

运行结果：

	产品\公司	北京分公司	河南分公司	河北分公司	总销量（台）
0	加湿器	169	24	62	255
1	空调	173	43	57	273
2	扫地机器人	158	42	71	271
3	合计	500	109	190	799

"df_p.iloc[:, 1:].apply(lambda x: x.sum(), axis＝1)"该语句中 apply 方法接收一个函数[在这里是 lambda 函数 lambda x: x.sum()]作为参数，并沿着指定的轴（axis＝1，即沿着行）应用这个函数。对于每一行，lambda 函数计算该行中所有元素的和[x.sum()]，并将结果返回。

因此，整个表达式的作用是计算变量 df_p 中从第二列到最后一列的每一行的和，并将这些和作为一个新的 Series 返回。这个新的 Series 随后被赋值给 df_p['总销量（台）']，成为 DataFrame 中的一个新列。apply 方法在这里用于对 DataFrame 的行进行逐行操作，计算每行中指定列的和，并生成一个新的列来存储这些和。

拓 展 阅 读

习近平总书记指出,我国数据资源丰富,产业体系完备,应用场景广阔,市场空间巨大,要深化数据资源开发利用和开放共享。随着数字中国建设深入推进,数据领域新技术、新模式、新业态不断涌现,数据生产、存储、计算、流通和应用等各环节发生新变化,数据要素对经济社会发展的乘数效应进一步释放,我国海量数据资源和丰富应用场景优势逐渐转化为经济增长新动能、国家竞争新优势。

贯彻落实《数字中国建设整体布局规划》工作部署,2024 年国家数据局联合相关部门首次开展全国数据资源调查,对数据资源进行摸底。2025 年 2 月,国家数据局联合相关部门组织开展 2024 年度全国数据资源统计调查工作,本年度调查在上年度数据规模、开发利用和应用情况等指标基础上,新增人工智能(AI)、大模型、低空经济等热点领域调查指标,并对数据资源地区、行业分布情况做了分析测算,形成了《全国数据资源调查报告(2024 年)》。

报告显示,我国数据资源规模优势持续扩大,数据资源开发利用活跃度稳步提升,各类主体加快人工智能布局投入,数据要素市场化、价值化进程进一步提速。

预计 2025 年,全国数据生产总量有望突破 50 泽字节。数据资源流通利用进入加速期,可信数据空间将成为数据资源规模化流通利用的新模式新路径。企业数据价值挖掘重心从服务自身数字化转型向数据要素化、市场化拓展,数据跨主体流通、跨行业应用、跨场景赋能的乘数效应加速释放。

资料来源:节选自全国数据资源调查工作组发布的《全国数据资源调查报告(2024 年)》。

课后练习

项目九
Python 中的网络爬虫

1. 理解网络爬虫的概念、应用和工作流程。

2. 掌握使用 requests 库爬取网页的方法。

3. 能够使用 requests 库构造 HTTP 请求爬取网页,能使用 XPath 解析网页提取数据。

1. 能够使用 Python 语言编写网络爬虫程序,实现从网页中抓取数据的功能。

2. 能够解析复杂的网页结构,提取所需的数据信息,并处理网页中的噪声和冗余数据。

1. 提升自动化采集互联网数据的能力。

2. 加强法律意识,塑造正确的价值观。

3. 能够运用创新思维和方法,探索新的爬虫应用场景和技术方案,将理论知识与实践相结合,解决实际问题。

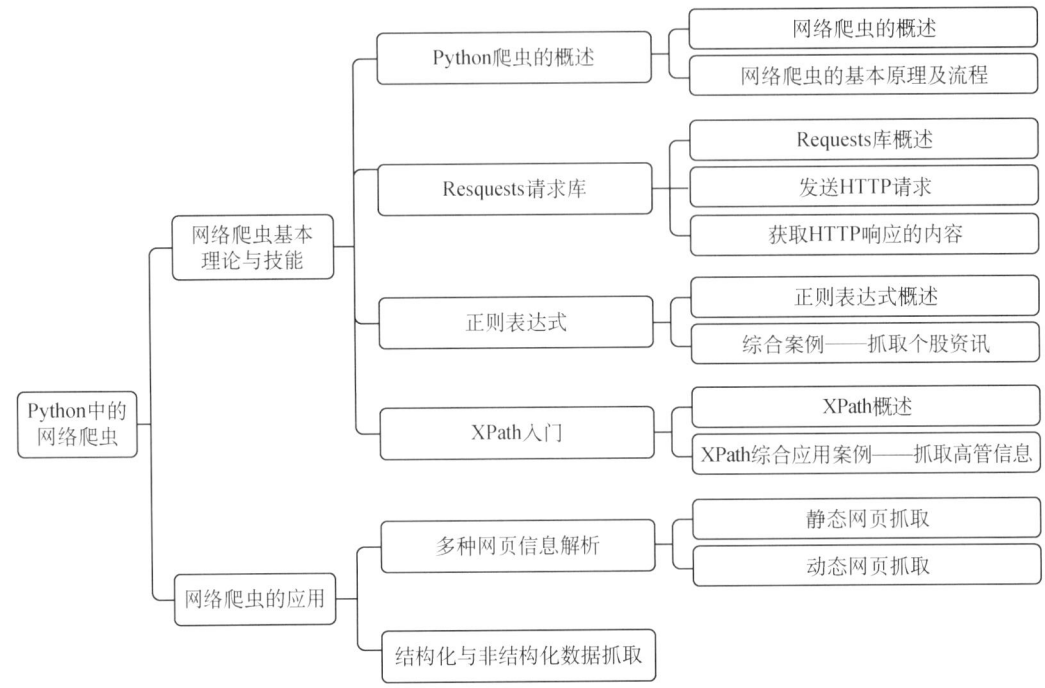

任务一　网络爬虫基础理论与技能

一、Python 爬虫的概述

(一) 网络爬虫的概述

1. 网络爬虫的概念

网络爬虫又称网络蜘蛛、网络蚂蚁、网络机器人等,可以自动化浏览网络中的信息,当然浏览信息的时候需要按照用户制定的规则进行,这些规则称为网络爬虫算法。使用 Python 可以很方便地编写出爬虫程序,进行互联网信息的自动化检索。

2. 网络爬虫与搜索引擎

搜索引擎(search engine)是指根据一定的策略、运用特定的计算机程序从互联网上搜集信息,对信息进行组织和处理后,为用户提供检索服务,将检索到的相关信息展示给用户的系统。简而言之,搜索引擎是一个为用户提供信息检索服务的工具或平台。目前,全球知名的搜索引擎包括 Google、Bing、Baidu(百度)等。

搜索引擎的工作原理离不开网络爬虫技术,如 Baidu(百度)搜索引擎的爬虫叫作百度蜘蛛(Baiduspider)。

3. 学习网络爬虫的目的

大数据时代的到来与互联网和信息行业的快速发展密不可分。随着科技的进步,信息流通日益便捷，数据量呈爆炸式增长。网络爬虫技术作为获取互联网信息的重要手段，发挥着至关重要的作用。表9-1列出了学习网络爬虫技术的目的。

表 9-1　学习网络爬虫技术的目的

目的	内容
定制搜索引擎	学会了爬虫编写之后，就可以利用爬虫自动地采集互联网中的信息，采集回来后进行相应的存储或处理，在需要检索某些信息的时候，只需在采集回来的信息中进行检索，即实现了私人的搜索引擎
优化搜索引擎	对于很多 SEO(搜索引擎优化，search engine optimization)从业者来说，学习爬虫，可以更深层次地理解搜索引擎爬虫的工作原理，从而可以更好地进行搜索引擎优化
大数据分析	可以利用爬虫技术，自动地从互联网中获取我们感兴趣的数据内容，并将这些数据内容爬取回来作为我们的数据源，从而进行更深层次的数据分析，并获得更多有价值的信息
有利于就业	爬虫工程师目前来说属于紧缺人才，并且薪资待遇普遍较高，所以，深层次地掌握这门技术，对于就业来说是非常有利的。此外，随着大数据时代的来临，爬虫技术的应用将越来越广泛，爬虫工程师在未来会拥有很好的发展空间

（二）网络爬虫的基本原理及流程

1. 网络爬虫的基本原理

网络爬虫的基本原理就是通过发送请求、接收响应、解析网页和存储数据等步骤，实现对目标网站数据的抓取和提取。

2. 网络爬虫的一般工作流程

网络爬虫是一个自动化的程序，它的基本工作流程如图9-1所示。

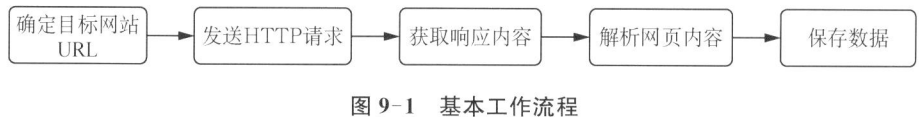

图 9-1　基本工作流程

网络爬虫的基本工作流程可分为确定目标网站和 URL、发送 HTTP 请求、获取响应内容、解析网页内容和保存数据 5 个步骤。

1）确定目标网站和 URL

确定想要爬取数据的网站以及起始 URL。

2）发送 HTTP 请求

通过 HTTP 库向目标 URL 发送 GET 请求，即发送一个 requests。请求可以包含额外的 headers 等信息，等待服务器响应。一个 requests 通常必须包含请求方式、请求地址、请求头和请求体四个部分。

3）获取响应内容

如果服务器能正常响应，我们就会得到一个 response。response 的内容就是我们要获取的页面内容类型，包括 HTML、JSON 字符串、二进制数据（如图片、视频）等。一个 response 通常包含以下几个部分：

响应状态：即 HTTP 的 Status_Code，通过判断 Status_Code 可以判断请求是否成功，常见的 status_code 有 200、301、404、500。

响应头：标识响应内容类型、内容长度、字符编码格式、服务器相关信息、设置的 cookie 信息等。

响应体：包含请求资源的内容，如网页 HTML、图片二进制等。

4）解析网页内容

得到网页响应的内容后，我们要判断响应内容的类型。如果得到的内容是 HTML，则可以用正则表达式 Xpath、BeautifulSoup 等解析库进行解析。如果是 Json 等字符串形式，则需要用 JSON 对象进行进一步的解析，抽取出可用的数据。如果是二进制的数据，则需要作保存或进一步的处理。

5）保存数据

解析出的目标数据就是我们爬取的成果，我们可以根据需要进行保存。常见的数据保存方式包括文本、CSV、数据库文件或二进制文件等。

二、Requests 请求库

（一）Requests 库概述

网络请求包含多个过程：发送网络请求，域名解析，建立 TCP 链接，客户端发起 HTTP 请求，服务器响应 HTTP 请求，客户端的应用（如浏览器）解析响应结果（呈现页面）。

使用程序编写网络请求，并不关心上述步骤如何运行，目标是获取响应的结果。网络请求库封装了网络请求的过程，并返回相应的请求进结果。使用网络请求库，传入必要的参数，请求成功，便能够获得响应，否则请求失败。所以网络请求库是至少包含网络请求、数据处理功能的库。

不同编程语言都会封装各自的网络请求库。Python 语言常见的网络请求库如表 9-2 所示。

表 9-2　常见的网络请求库

库名	简介
urlib	Python3 版本 urllib 与 urllib2 合并
urllib3	扩充 urllib 的功能
aiohttp	发送异步请求
httpx	可发送同步和异步请求
requests	封装 urlib 库，发送同步请求

相较于 urllib 库，requests 库的使用更为简单，其提供了很多功能特性，几乎涵盖了所有 Wed 服务的需求，包括 Keep-Alive & 连接池、国际化域名和 URL、带持久 Cookie 的会话、浏览器式的 SSL 认证、自动内容解码、基本/摘要式的身份认证、优雅的 key/value Cookie 自动解压、Unicode 响应体 HTTP(S)代理支持、文件分块上传、流下载、连接超时、分块请求等。有关 requests 库的更多详细信息和高级用法，可访问官方文档 teep：//docs. python-requests. org/。接下来详细介绍使用 Requests 库实现发送 HTTP 请求和获取 HTTP 响应的方法。

（二）发送 HTTP 请求

Requests 库提供了几乎所有的 HTTP 请求方法，包括 GET、POST、HEAD、PUT、

DELETE 等。其中，最常用的是 GET 和 POST 方法。

【例 9-1】　使用 requests 发送请求。

例 9-1

输入代码：

```
1    # 尝试发送第一个请求
2    import requests
3    r = requests.get('https://finance.sina.com.cn/')
4    # 查看请求结果
5    print(type(r))
6    print(r.status_code)
7    print(type(r.text))
8    print(r.text)
9    print(r.cookies)
10   # 以其他请求方式发送请求
11   r = requests.post('http://httpbin.org/post', data = {'key':'value'})
12   r = requests.put('http://httpbin.org/put', data = {'key':'value'})
13   r = requests.delete('http://httpbin.org/delete')
14   r = requests.head('http://httpbin.org/get')
15   r = requests.options('http://httpbin.org/get')
```

（三）获取 HTTP 响应的内容

使用请求方法发送 HTTP 请求后，返回一个 Response 类型的对象，其提供的属性和方法如表 9-3 所示。

表 9-3　Response 类型对象提供的属性和方法

属性/方法	说明
status_code	获取响应状态码，为整数，如 200（连接成功）、404（连接失败）
request_headers	获取请求头
url	获取请求的 URL
encoding	获取根据 HTTP 请求猜测的响应内容编码方式，可对其赋值更改编码方式
apparent_encoding	获取从响应内容分析出的编码方式
content	获取二进制类型的响应内容，会自动解码 gzip 和其他编码的响应内容
text	获取文本类型的响应内容
raise_for_status()	若是 status_code 不是 200，则会抛出异常

【例 9-2】　获取响应的信息。

输入代码：

```
1    import requests
2    r = requests.get('http://www.szse.cn/')
```

```
3    print(type(r.status_code), r.status_code)
4    print(type(r.headers), r.headers)
5    print(type(r.cookies), r.cookies)
6    print(type(r.url), r.url)
7    print(type(r.history), r.history)
8    print(requests.codes.ok)
9    exit() if not r.status_code == requests.codes.ok else print('Request Successfully')
```

运行结果：程序运行结果如图9-2所示。

```
<class 'int'> 200
<class 'requests.structures.CaseInsensitiveDict'> {'Server': 'nginx', 'Date': 'Wed, 02 Oct 2
024 08:04:28 GMT', 'Content-Type': 'text/html', 'Content-Length': '11929', 'Connection': 'ke
ep-alive', 'Last-Modified': 'Tue, 01 Oct 2024 16:05:00 GMT', 'ETag': 'W/"66fc1dac-16c75"', '
Expires': 'Wed, 02 Oct 2024 08:00:28 GMT', 'Cache-Control': 'no-cache', 'X-UA-Compatible':
IE=EDGE', 'Content-Encoding': 'gzip', 'Vary': 'Accept-Encoding', 'X-Varnish': '96765053 9372
7515', 'Age': '239', 'Via': '1.1 varnish-v4', 'X-Cache': 'cached', 'Accept-Ranges': 'bytes',
 'X-Frame-Options': 'SAMEORIGIN'}
<class 'requests.cookies.RequestsCookieJar'> <RequestsCookieJar[]>
<class 'str'> http://www.szse.cn/
<class 'list'> []
200
Request Successfully

运行结束！
```

图 9-2　［例 9-2］程序运行结果

三、正则表达式

（一）正则表达式概述

1. 基本概念

在网络爬虫的开发中，需要把有用的信息从一大段文本中提取出来。正则表达式是提取信息的方法之一。

正则表达式是一个特殊的字符序列，它帮助检查一个字符串是否与某种模式匹配。就其本质而言，正则表达式(或 re)是一种小型的、高度专业化的编程语言，它内嵌在 Python 中，并通过 re 模块实现。正则表达式模式被编译成一系列的字节码，然后由用 C 编写的匹配引擎执行。

Re 模块使 Python 语言拥有全部的正则表达式功能。Compile 函数根据一个模式字符串和可选的标志参数生成一个正则表达式对象。该对象拥有一系列方法用于正则表达式匹配和替换。Re 模块也提供了与这些方法功能完全一致的函数，这些函数使用一个模式字符串作为它们的第一个参数。

实际上，正则表达式并不是 Python 的一部分。正则表达式是用于处理字符串的强大工具，拥有自己独特的语法以及一个独立的处理引擎，功能十分强大。得益于这一点，在提供了正则表达式的语言(不限于 Python)里，正则表达式的语法都是一样的，区别只在于不同的编程语言实现支持的语法数量不同；但不用担心，不被支持的语法通常并不常用。如果已经在其他语言里使用过正则表达式，只需要简单看一看就可以上手了。

2. 正则表达式匹配流程

正则表达式的大致匹配过程是：依次拿出表达式和文本中的字符比较，如果每一个字符都能匹配，则匹配成功，一旦有匹配不成功的字符，则匹配失败。图 9-3 展示了使用正则表达式进行匹配的流程。

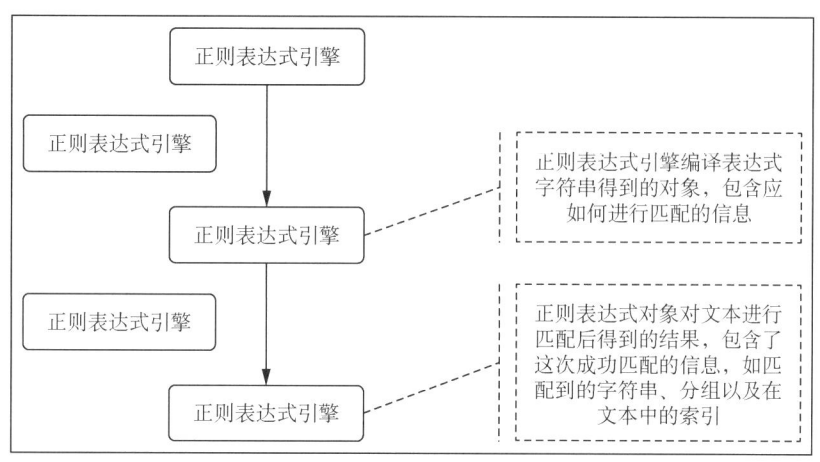

图 9-3　正则表达式进行匹配的流程

正则表达式的常用匹配函数已经在项目三中的任务二中作过详细介绍。

【例 9-3】　查找 HTML 中的股票代码和股票简称。

思路分析：

（1）导入 re 库，定义 HTML 结构字符串；

（2）提取 class 为 active 的 li 节点内部的超链接包含的股票代码和股票简称；

（3）去掉正则表达式中的 active；

（4）去掉正则表达式中的修饰符。

输入代码：

```
1   ♯ 导入 re 库并定义 HTML 结构字符串
2   import re
3   html = '''
4   < div id = "songs - list">
5       < h2 class = "title">上市公司股票代码</h2 >
6       < p class = "introduction">
7         上市公司列表
8       </ p>
9       < ul id = "list" class = "list - group">
10          < li data - view = "2">江淮汽车</li>
11          < li data - view = "7">
12              < a href = "/2. ico" code = "sz001267">汇绿生态</a>
13          </li>
```

```
14        < li data - view = "4" class = "active">
15            < a href = "/3. ico" code = "sz300340">科恒股份</a>
16        </li>
17        < li data - view = "6"><a href = "/4. ico" code = "sz301072">中捷精工</a></li>
18        < li data - view = "5"><a href = "/5. ico" code = "sh688668">鼎通科技</a></li>
19        < li data - view = "5">
20            < a href = "/6. ico" code = "sh600105"><i class = "fa fa - user">
21        </i>永鼎股份</a>
22        </li>
23    </ul>
24    </div>
25    ''')
26#1  提取 class 为 active 的 li 节点内部的超链接包含的股票代码和股票简称
27    result = re. search('< li. * ? active. * ? code = "(. * ?)">(. * ?)</a>', html, re. S)
28    if result:
29    print(result. group(1), result. group(2))
30    #2 去掉 active
31    result = re. search('< li. * ? code = "(. * ?)">(. * ?)</a>', html, re. S)
32    if result:
33    print(result. group(1), result. group(2))
34    #3 去掉修饰符
35    result = re. search('< li. * ? code = "(. * ?)">(. * ?)</a>', html)
36    if result:
37    print(result. group(1), result. group(2))
```

运行结果：

```
sz300340 科恒股份
sz001267 汇绿生态
sz301072 中捷精工
```

（二）综合案例——抓取个股资讯

【例 9-4】 使用 requests 库和正则表达式来抓取新浪财经某上市公司个股资讯的标题信息。目标网页如下：

http://vip. stock. finance. sina. com. cn/corp/go. php/vCB _ AllNewsStock/symbol/sz300055. phtm.

输入代码：

```
1  #-*-coding:utf-8-*-
2  # 导入 csv、re、requests 库
3  import csv
```

```
4    import re
5    import requests
6    # 定义网页
7    url =
8    'http://vip.stock.finance.sina.com.cn/corp/go.php/vCB_AllNewsStock/symbol/sz300055.
9    phtml'
10   headers = {
11       "accept": "text/html,application/xhtml+xml,application/xml;q=0.9,image/avif,\
12           image/webp,image/apng,*/*;q=0.8,application/signed-exchange;v=b3;q=
13   0.9",
14       "accept-encoding": "gzip, deflate, br",
15       "accept-language": "zh-CN,zh;q=0.9,en-US;q=0.8,en;q=0.7,zh-TW;q=0.6",
16       "sec-ch-ua": '"Not A;Brand";v="99", "Chromium";v="96", "Google Chrome";v="96"',
17       "sec-ch-ua-mobile": "?0",
18       "sec-ch-ua-platform": "Windows",
19       "sec-fetch-dest": "document",
20       "sec-fetch-mode": "navigate",
21       "sec-fetch-site": "same-origin",
22       "sec-fetch-user": "?1",
23       "upgrade-insecure-requests": "1",
24       "user-agent": "Mozilla/5.0 (Windows NT 10.0; Win64; x64) AppleWebKit/537.36\
25           (KHTML, like Gecko) Chrome/96.0.4664.45 Safari/537.36",
26   }
27   con = requests.get(url=url).text    # 获得 requests 响应
28   # search() 匹配
29   news = re.search(r'<div class="datelist">(.*)<br>.*?</ul>', con, re.S).group(1)
30   news_list = news.split('<br>')
31   # 写入'个股资讯.csv'文件
32   with open('个股资讯.csv', mode='a+', encoding='utf-8-sig', newline='') as f:
33       writer = csv.writer(f)
34       writer.writerow(['日期', '时间', '标题', '链接'])
35       for i in news_list:
36           try:
37               date, time, href, title = \
38           re.search(r"(\d{4}-\d{2}-\d{2}) (\d{2}:\d{2}).*?href='(.*?)'>
39   (.*?)<", i).groups()
40               print(date, time, title, href)
41               writer.writerow([date, time, title, href])
42           except Exception as e:
43               print(e)
```

运行结果：

2024-10-11 09:19 万邦达:融资净买入 638.9 万元,融资余额 2.49 亿元(10-10)

https://finance.sina.com.cn/stock/relnews/cn/2024-10-11/doc-incscsxx1553272.shtml

2024-10-11 09:13 万邦达 10 月 10 日获融资买入 1,520.07 万元,融资余额 2.49 亿元

https://finance.sina.com.cn/stock/aiassist/rzrq/2024-10-11/doc-incscsya7842903.shtml

••

2024-09-04 15:13 万邦达跌 1.77％,成交额 1,481.40 万元,后市是否有机会?

https://finance.sina.com.cn/stock/aiassist/ggsp/2024-09-04/doc-incmyqsq6392827.shtml

2024-09-04 14:11 万邦达跌 2.02％,成交额 1,200.37 万元,主力资金净流出 139.64 万元

https://finance.sina.com.cn/stock/aiassist/pzzd/2024-09-04/doc-incmykkp6225190.shtml

四、XPath 入门

(一) XPath 概述

1. 基本概念

XPath(XML Path Language,XML 路径语言),它是一门在 XML 文档中查找信息的语言。它最初是用来搜寻 XML 文档的,但是它同样适用于 HTML 文档的搜索。XPath 于 1999 年 11 月 16 日成为 W3C 标准,它被设计为供 XSLT、XPointer 以及其他 XML 解析软件使用。

XPath 的选择功能十分强大,它提供了非常简洁明了的路径选择表达式。另外,它还提供了超过 100 个内建函数,用于字符串、数值、时间的匹配以及节点、序列的处理等。

在 Python 中,常使用 lxml 库或 BeautifulSoup 库结合 XPath 来解析网页。在这里主要介绍使用 lxml 库结合 XPath 来解析网页。

2. 常用匹配规则

XPath 在使用过程中,常见的节点使用规则如表 9-4 所示。

表 9-4　常见的节点使用规则

表达式	描述
nodename	选取此节点的所有子节点
/	从当前节点选取直接子节点
//	从当前节点选取子孙节点
.	选取当前节点
..	选取当前节点的父节点
@	选取属性

3. 常见应用案例

【例 9-5】 使用 XPath 对网页进行解析

思路分析：

(1) 利用 lxml 库构造 XPath 解析对象。

etree. HTML()可以用来解析字符串格式的 HTML 文档对象,将传进去的字符串转变成 _Element 对象。_Element 对象可以方便地使用 getparent()、remove()、xpath()等方法。

如果想通过 Xpath 获取 html 源码中的内容,就要先将 html 源码转换成_Element 对象,然后再使用 xpath()方法进行解析。

etree. tostring()方法用来将_Element 对象转换成字符串。一般而言,通过简单的 xpath 表达式无法得到想要的内容时,即可使用该方法。

(2) 读取 HTML 文件进行解析。

(3) 利用 read 方法可以直接读取 html 文件里的内容。

输入代码:

```
1   # 1. 利用 lxml 库构造 Xpath 解析对象
2   from lxml import etree
3   text = '''
4   < div >
5       < ul >
6           < li class = "Course 1">< a href = "link1.html"> Python 基础</a ></li >
7           < li class = "Course 2">< a href = "link2.html"> Python 网络爬虫</a ></li >
8           < li class = "Course 3">< a href = "link3.html"> Python 数据挖掘与算法</a >
9   </li >
10          < li class = "Course 4">< a href = "link4.html">财务大数据分析与决策</a >
11  </li >
12          < li class = "Course 5">< a href = "link5.html">大数据审计分析</a >
13      </ul >
14  </div >
15  '''
16  html = etree. HTML(text)
17  result = etree. tostring(html, encoding = 'utf-8')
18  print(result. decode('utf-8'))
19
20  # 2. 读取 html 文件进行解析
21  # 注意,本例方法读取的文件后缀名为 txt,后缀名为 html 同样适用。
22  from lxml import etree
23  html = etree. parse('XPath 入门/HTML 文档. txt', etree. HTMLParser(encoding = 'utf-
24  8'))
25  result = etree. tostring(html , encoding = 'utf-8'). decode()
26  print(result)
27  print(type(result))
28
29  # 3. 利用 read 方法可以直接读取 html 文件里的内容
30  # 此处读取的文件后缀名为 txt,后缀名为 html 同样适用
```

```
31    f = open('XPath入门/HTML文档.txt', encoding ='utf-8')
32    content = f.read()
33    print(content)
34    print(type(content))
```

运行结果：

```
<html><body><div>
    <ul>
        <li class="Course 1"><a href="link1.html">Python基础</a></li>
        <li class="Course 2"><a href="link2.html">Python网络爬虫</a></li>
        <li class="Course 3"><a href="link3.html">Python数据挖掘与算法</a></li>
        <li class="Course 4"><a href="link4.html">财务大数据分析与决策</a></li>
        <li class="Course 5"><a href="link5.html">大数据审计分析</a>
    </li></ul>
 </div>
</body></html>
<!DOCTYPE html PUBLIC "-//W3C//DTD HTML 4.0 Transitional//EN" "http://www.w3.org/TR/REC-html40/loose.dtd">
<html><body><div>
    <ul>
        <li class="Course 1"><a href="link1.html">Python基础</a></li>
        <li class="Course 2"><a href="link2.html">Python网络爬虫</a></li>
        <li class="Course 3"><a href="link3.html">Python数据挖掘与算法</a></li>
        <li class="Course 4"><a href="link4.html">财务大数据分析与决策</a></li>
        <li class="Course 5"><a href="link5.html">大数据审计分析</a>
    </li></ul>
 </div></body></html>
<class 'str'>
<div>
    <ul>
        <li class="Course 1"><a href="link1.html">Python基础</a></li>
        <li class="Course 2"><a href="link2.html">Python网络爬虫</a></li>
        <li class="Course 3"><a href="link3.html">Python数据挖掘与算法</a></li>
        <li class="Course 4"><a href="link4.html">财务大数据分析与决策</a></li>
        <li class="Course 5"><a href="link5.html">大数据审计分析</a>
    </ul>
 </div>
<class 'str'>
```

（二）XPath 综合案例——抓取高管信息

【例 9-6】 抓取新浪财经上市公司的高管任职信息。目标网页如下：

http://vip.stock.finance.sina.com.cn/corp/go.php/vCI_CorpManager/stockid/600900.phtml。

思路分析：

1. 目标网页分析

通过上述网址进入新浪财经，显示页面如图 9-4 所示，其展示了长江电力公司的高管信息。

2. 抓取一家公司的高管任职信息

了解了数据所在网页的信息后，需要将这些数据抓取出来，通过 XPath 提取每条任职信息中高管的姓名、职务、起始日期、终止日期。

抓取步骤主要分为以下几个步骤：

（1）获取路径表达式：① 获取 url 地址；② 获取 headers 信息；③ 使用 requests.get()获取网页源代码信息；④ 利用 XPath 寻找所需查找字符的路径表达式。

（2）获取所有关键信息路径表达式。

（3）将结果输出到 csv 文件或者 xlsx 文件。

（4）增加公司股票代码信息的高管任职信息。

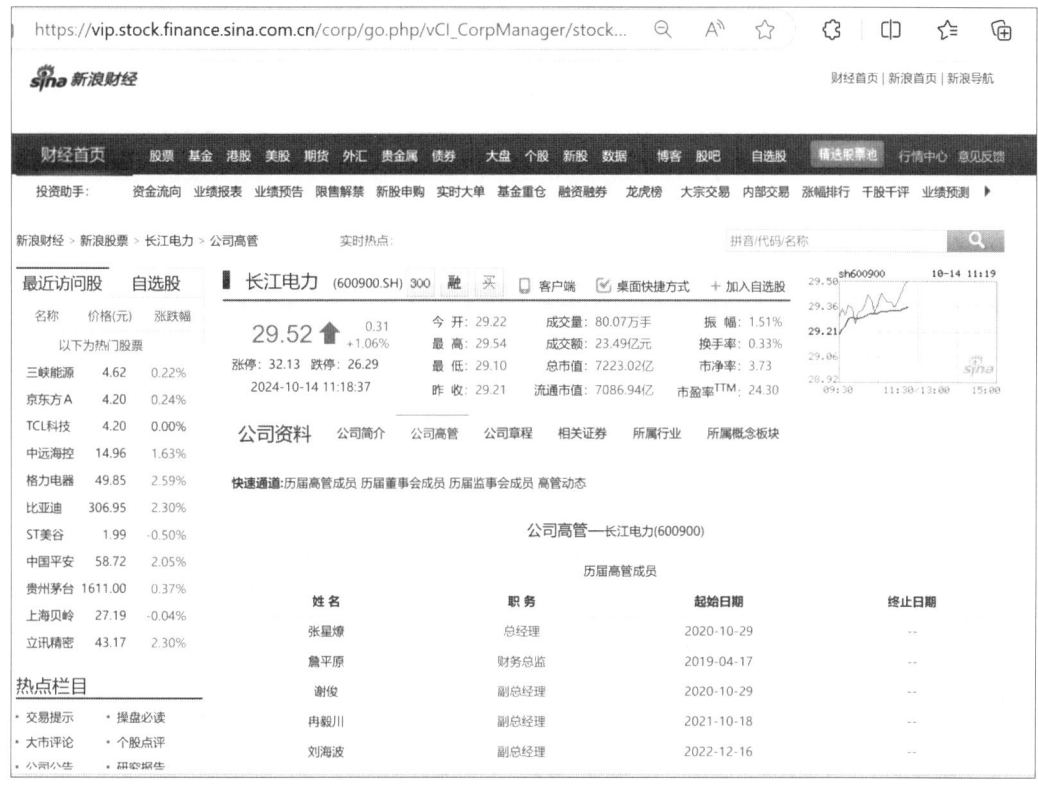

图 9-4　长江电力公司高管页面

3. 循环处理多家公司的高管任职信息

具体操作步骤如下：

输入代码：

```
1   import requests
2   from lxml import etree
3   import pandas as pd
4   ＃ 随机 10 家上市公司股票代码
5   stk_list = ['603,081','300,304','603,056','300,214','002,886','600,573','601,
6   512','300,059','300,003','300,515']
7   ＃ 当循环内代码都是一样的时候,循环内一样的东西可以放到外面
8   headers = {
9       "Accept":
10  "text/html,application/xhtml + xml,application/xml;q = 0.9,image/webp,image/apng,
11  * / * ;q = 0.8,application/signed-exchange;v = b3",
12      "Accept-Encoding": "gzip, deflate",
13      "Accept-Language": "zh-CN,zh;q = 0.9",
14      "Cache-Control": "max-age = 0",
```

```
15        "Connection": "keep-alive",
16        "Host": "vip. stock. finance. sina. com. cn",
17        "Upgrade-Insecure-Requests": "1",
18        "User-Agent": "Mozilla/5.0 (Windows NT 10.0; Win64; x64) AppleWebKit/537.36
19        (KHTML, like Gecko) Chrome/75.0.3770.80 Safari/537.36"
20   }    #   2)获取的 headers 信息
21   # ③获取所有关键信息路径表达式
22   name_xpath = "//td[@class ='ccl'][1]/div/a"
23   job_xpath = "//td[@class ='ccl'][2]/div"
24   start_xpath = "//td[@class ='ccl'][3]/div"
25   end_xpath = "//td[@class ='ccl'][4]/div"
26
27   all_name = []
28   all_job = []
29   all_start = []
30   all_end = []
31   all_stkcd = []
32   # 进行循环
33   for stk in stk_list:
34        print("正在抓取的公司为 % s" % stk)
35        url = "http://vip. stock. finance. sina. com. cn/corp/go. php/vCI_CorpManager/
36   stockid/ % s. phtml" % stk    # 1)获取的 url 地址
37        html = requests. get(url, headers = headers) # 3)使用 requests. get()获取网页源
38        代码信息
39        html. encoding = 'gb18030'    # 页面的编码为 gb18030
40        tree = etree. HTML(html. text)
41   # 4)利用 XPath 寻找所需查找字符(姓名、职务、起止日期、终止日期)的路径表达式
42        name_list = tree. xpath(name_xpath)
43        job_list = tree. xpath(job_xpath)
44        start_list = tree. xpath(start_xpath)
45        end_list = tree. xpath(end_xpath)
46        # 用循环把元素节点中的文本节点,全部提取出来后再赋值给原来的 list
47        name_list = [name. text for name in name_list]
48        job_list = [job. text for job in job_list]
49        start_list = [start. text for start in start_list]
50        end_list = [end. text for end in end_list]
51        # stk 本身就是一个字符串可以在这里使用,上面则需要用占位符
52        stkcd_list = [stk] * len(name_list)
53        all_name. extend(name_list)
54        all_job. extend(job_list)
```

```
55    all_start.extend(start_list)
56    all_end.extend(end_list)
57    all_stkcd.extend(stkcd_list)
58
59  file = "新浪财经高管任职 10 家随机.xlsx"
60  df = pd.DataFrame(data = [all_stkcd, all_name, all_job, all_start, all_end]).T
61  df.columns = ["股票代码","姓名","职务","起始日期","终止日期"]
62  df.to_excel(file)
63  # stkcd_list 列表个数要和 namelist 保持一致,且每个元素都是 600900
64  stkcd_list = ["600900"] * len(name_list)
65  # ③结果输出到 csv 文件或者 xlsx 文件
66  file = "600900-1.csv"
67  with open(file, "w", encoding = "utf-8-sig") as f:
68      f.write("""股票代码","姓名","职务","起始日期","终止日期"\n""")
69      for stkcd, name, job, start, end in zip(stkcd_list, name_list, job_list, start_
70  list, end_list):
71          f.write(""" % s"," % s"," % s"," % s"," % s"\n""" % (stkcd, name, job, start, end))
72  print("所有结果已输出到" + file)
```

运行结果:

正在抓取的公司为 603081

·······················

正在抓取的公司为 300515

所有结果已输出到 600900-1.csv

运行结果中抓取的"新浪财经高管任职 10 家随机.xlsx"和"600900-1.csv"中部分结果展示,如表 9-5 和表 9-6 所示。

表 9-5   新浪财经高管任职 10 家随机.xlsx 中前十行数据

序号	股票代码	姓名	职务	起始日期	终止日期
0	603081	丰华	总经理	2016-07-09	——
1	603081	丰嘉隆	副总经理	2023-01-09	——
2	603081	陈铁	副总经理	2019-07-30	——
3	603081	孙涛	副总经理	2023-01-09	——
4	603081	孙玲玲	副总经理	2023-01-09	——
5	603081	张进龙	财务负责人	2020-10-27	——
6	603081	谢文杰	董事会秘书	2020-09-23	——
7	603081	丰华	董事	2023-01-09	2026-01-08
8	603081	丰华	董事长	2023-01-09	2026-01-08
9	603081	丰岳	董事	2023-01-09	2026-01-08

表 9-6　"600900-1.csv"中部分结果展示

股票代码	姓名	职务	起始日期	终止日期
600900	朱青	总经理	2023/7/31	—
600900	周智勇	副总经理	2015/12/8	—
600900	杨静	副总经理	2018/4/20	—
600900	唐芳东	副总经理	2023/2/1	—
600900	唐芳东	董事会秘书	2023/2/1	—
600900	肖锋华	财务总监	2018/12/12	—
600900	朱先德	非独立董事	2021/12/13	2024/12/12
600900	朱先德	董事长	2021/12/13	2024/12/12
600900	陈开和	非独立董事	2021/12/13	2024/12/12
600900	胡鹏飞	非独立董事	2021/12/13	2024/12/12

任务二　网络爬虫的应用

一、多种网页信息解析

(一)静态网页抓取

1. 抓取静态网页的一般流程

针对 HTML 页面对应的链接,在这里使用 requests 库,获取页面的响应(respones),一般静态网页使用 get 方法,发送 get 请求。获取响应后,可以用 XPath 来解析 HTML 的内容,提取出目标信息。这就是解析静态网页的一般流程,图 9-5 展示了静态网页爬虫的流程。

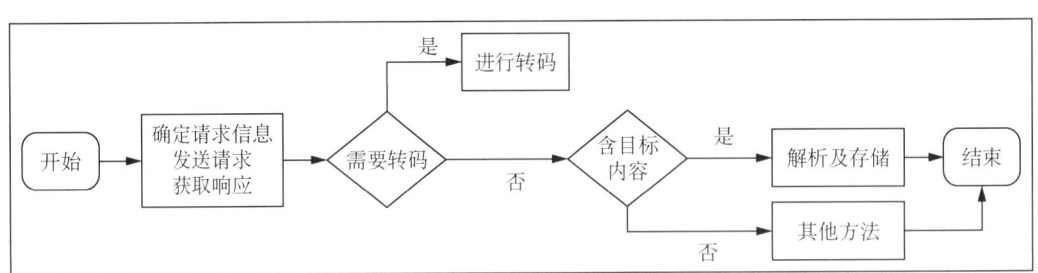

图 9-5　静态网页爬虫的流程

2. 排行榜数据的抓取

【例 9-7】　抓取新新影院全球排行榜第一页中前 50 名的电影信息,并将其保存至 csv 文件。要求:抓取每部电影的名称、上映时间、评分。

(1)查看数据所在的页面。

例 9-7(一)

首先,打开新新影院页面,在这里介绍两种打开方式:

方法一:直接打开,链接地址:https://imdb.seentao.com/。

方法二:如果上述链接无法打开,从课程中进入。

在"训练计划"页面,右上角找到并点击"工作应用",在弹出页面中,找到当前的项目,点击"电影网站",跳转后的页面即为新新影院。点击操作流程如图9-6所示:

图9-6 电影网站操作流程

其次,在页面中确定需要抓取的信息(名称、上映时间和评分),观察并明确它们的各自的位置,不可混淆,如图9-7所示。

图9-7 新新影院的页面

(2)编写代码爬取网页的内容。

了解了数据所在网页的结构后,需要将这些数据抓取出来。如何让爬虫进入电影的详情页,抓取其中的具体代码操作步骤如下:

输入代码：

```
1   # -*-coding: utf-8-*-
2   # 1. 导入库
3   import csv   # 导入 csv 库
4   from lxml import etree   # 导入 lxml 解析库
5   import requests   # 导入请求库
6   # 2. 定义请求链接
7   url = 'https://imdb.seentao.com/'
8   # 3. 定义请求头
9   headers = {
10      "Accept": "text/html,application/xhtml+xml,application/xml;q=0.9,image/avif,\
11              image/webp,image/apng,*/*;q=0.8,application/signed-exchange;v=b3;
12  q=0.9",
13      "Accept-Encoding": "gzip, deflate, br",
14      "Accept-Language": "zh-CN,zh;q=0.9",
15      "Cache-Control": "max-age=0",
16      "Connection": "keep-alive",
17      "Host": "imdb.seentao.com",
18      "sec-ch-ua": '"Google Chrome";v="95", "Chromium";v="95", ";Not A Brand";v="
19  99"',
20      "sec-ch-ua-mobile": "?0",
21      "sec-ch-ua-platform": "Windows",
22      "Sec-Fetch-Dest": "document",
23      "Sec-Fetch-Mode": "navigate",
24      "Sec-Fetch-Site": "none",
25      "Sec-Fetch-User": "?1",
26      "Upgrade-Insecure-Requests": "1",
27      "User-Agent": "Mozilla/5.0 (Windows NT 10.0; Win64; x64) AppleWebKit/537.36 \
28              (KHTML, like Gecko) Chrome/95.0.4638.69 Safari/537.36",
29  }
30  # 4. 使用 with open 方法,创建一个 csv 文件,配置必要的参数。
31  with open('IMDB.csv', mode='a+', encoding='utf-8-sig', newline='') as f:
32      writer = csv.writer(f)
33      writer.writerow(['名称','上映时间','评分'])
34      # 5. 构造请求
35      con = requests.get(url=url, headers=headers)
36      # 6. 转换响应类型,解析网页
37      html = etree.HTML(con.text).xpath("//div[@class='list-wrapper']/table/
38  tbody/tr")
```

```
39       # 7. 关闭请求
40       con.close()
41       # 8. for 循环逐一解析每部电影信息
42       for one in html:
43           name = one.xpath("./td[@class ='name']/a/text()")[0]   # 解析电影名称
44           year = one.xpath("./td[@class ='name']/span[last()]/text()")[0][1: -1]
45   # 解析上映时间
46           score = one.xpath("./td[@class ='grade-IMDB']/span/text()")[0]   # 解析评分
47           print(name, year, score)
48   # 9. 使用 csv 库的写入方法,将电影的名称、上映时间、评分,按行写入 csv 文件。
49           writer.writerow([name, year, score])   # 写入文件
```

运行结果:

```
肖申克的救赎 1994 9.6
教父 1972 9.2
..................
教父 2 1974 9.1
绿里奇迹 1999 8.7
奇爱博士 1964 8.7
```

(二)动态网页抓取

1. 抓取动态网页的一般流程

前面学习了静态网页的爬取,针对动态网页的爬取,有些动态网页虽然数据是变化的,但是也可以用解析静态网页的方法进行解析。但是,有些动态网页则需要用其他方式进行抓取,相比于静态网页的抓取流程,其仅多几个步骤。图 9-8 展示了动态网页爬虫的流程。

例 9-7(二)

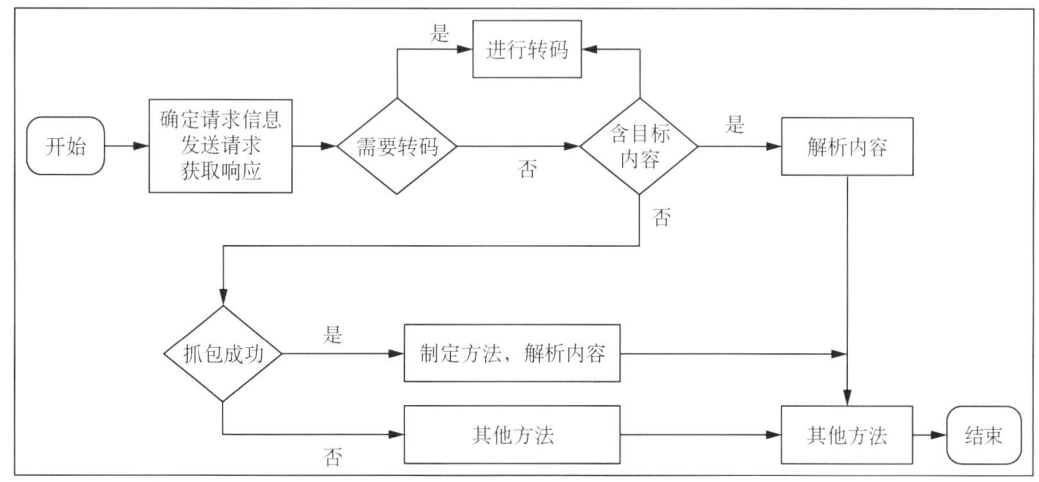

图 9-8 动态网页爬虫的流程

2. 股票行情的抓取

【例 9-8】 以新浪财经行情中心的北交所数据作为数据源,采集页面展示的最近一个交易日所有指标信息。

(1) 查看数据所在的页面。

根据网址 https://vip.stock.finance.sina.com.cn/mkt/#bjs_root,进入新浪财经行情中心的北交所数据,页面如图 9-9 所示。

图 9-9　新浪财经的数据页面

(2) 编写代码爬取网页的内容。

了解了数据所在网页的结构后,需要将这些数据抓取出来。其具体代码操作步骤如下。

例 9-7(三)

输入代码:

```
1   #-*-coding:utf-8-*-
2   # 导入库
3   import datetime
4   import requests
5   import pandas as pd
6   # 中英文对照字典数据
7   zh_name = {'ticktime':'更新时间','symbol':'代码','name':'名称','trade':'最新价',
8   'pricechange':'涨跌额',
9           'changepercent':'涨跌幅','buy':'买入','sell':'卖出','settlement':'昨收',
10  'open':'今开',
11          'high':'最高','low':'最低','volume':'成交量/手','amount':'成交额/万'}   #
12  指标中英文对照
```

```
13    headers = {
14      "Accept": "*/*",
15      "Accept-Encoding": "gzip, deflate",
16      "Accept-Language": "zh-CN,zh;q=0.9,en-US;q=0.8,en;q=0.7,zh-TW;q=0.6",
17      "Connection": "keep-alive",
18      "Content-type": "application/x-www-form-urlencoded",
19      "Host": "vip.stock.finance.sina.com.cn",
20      "Referer": "http://vip.stock.finance.sina.com.cn/mkt/",
21      "User-Agent": "Mozilla/5.0 (Windows NT 10.0; Win64; x64) AppleWebKit/537.36
22      (KHTML, like Gecko) Chrome/96.0.4664.45 Safari/537.36",
23    }  # 定义请求头
24    data = pd.DataFrame()  # 创建空的 DataFrame 结构数据
25    # 设置循环
26    for i in range(1, 4):
27      url = f'http://vip.stock.finance.sina.com.cn/quotes_service/api/json_v2.php/
28      Market_Center.getHQNodeData?page={i}&num=40&sort=symbol&asc=1&node=hs_
29      bjs&symbol=&_s_r_a=page'  # 请求网址
30      con = requests.get(url=url, headers=headers).json()  # 将响应 json 数据转换
31      为 Python 支持的对象
32      con = pd.DataFrame(con)  # json 类型的数据,转换为 DataFrame 结构
33      data = data.append(con, ignore_index=True)  # DataFrame 结构的数据追加
34    data.rename(columns=zh_name, inplace=True)  # data 更新列名,即更新指标名称
35    data['日期'] = datetime.datetime.now().date()  # 获取当前年月日(格式:2021-12-
36    02),保存为新的日期列
37    end_data = data[['日期','更新时间','代码','名称','最新价','涨跌额','涨跌幅',
38                     '买入','卖出','昨收','今开','最高','最低','成交量/手','成交额/万']]
39    # 定义选取部分列
40    end_data.to_csv('北交所.csv', mode='w', encoding='utf-8-sig', index=False)
41    # 保存数据
42    print(end_data)  # 最终 DataFrame 结构的 end_data
```

运行结果:

日期	更新时间	代码	名称	最新价	涨跌额	涨跌幅	买入	卖出	昨收	今开	最高	最低	成交量/手	成交额/万
2024/9/29	15:30:00	bj430017	星昊医药	11.71	0.69	6.261	11.71	11.73	11.02	11.23	11.98	11.13	2817589	32618707
2024/9/29	15:30:00	bj430047	诺思兰德	11.86	1.11	10.326	11.86	11.88	10.75	10.9	12.39	10.9	2996428	34912969
2024/9/29	15:30:00	bj430090	同辉信息	3.77	0.87	30	3.77	0	2.9	3	3.77	3	27192831	96901015
2024/9/29	15:30:00	bj430139	华岭股份	8.26	0.76	10.133	8.26	8.27	7.5	7.58	8.48	7.58	4606086	37278342
2024/9/29	15:30:00	bj430198	微创光电	6.88	0.76	12.418	6.88	6.89	6.12	6.22	7.12	6.04	14456779	94645099
...	...	...	...	...	...	...	...	...	...	...	...	...	...	...
2024/9/29	15:30:00	bj835179	凯德石英	15.66	1.17	8.075	15.59	15.66	14.49	14.61	15.94	14.55	903652	13878707
2024/9/29	15:30:00	bj835184	国源科技	6.38	0.59	10.19	6.38	6.39	5.79	5.84	6.56	5.83	4528670	28042762
2024/9/29	15:30:00	bj835185	贝特瑞	16.63	1.68	11.237	16.62	16.63	14.95	15.21	17.16	15.17	5921692	95901959
2024/9/29	15:30:00	bj835207	众诚科技	7.83	0.8	11.38	7.82	7.83	7.03	7.05	8.07	7.05	4940809	37425898
2024/9/29	15:30:00	bj835237	力佳科技	11.8	0.78	7.078	11.79	11.8	11.02	11.13	11.98	11.13	2063487	24048096

二、结构化与非结构化数据抓取

【例 9-9】 抓取浦发银行资产负债表，并将数据保存至 xlsx 文件中。

输入代码：

```
1    # -*- coding:utf-8 -*-
2    import requests  # 导入请求库
3    import pandas as pd  # 导入数据处理与分析库
4    code = [("600000","浦发银行")]  # 定义一个包含股票代码和名称的元组列表
5    year = ["2021"]  # 指定要爬取的年份为 2021 年
6    report_period_id = ["5000"]  # 指定报表类型为年报("5000" 代表年报)
7    # 定义 API 接口 URL,用于获取资产负债表数据
8    url = ["https://ssecurity.seentao.com/debug/security/security.balancesheet.get"]
9    # 获取数据字段的中英文映射关系
10   name_file = pd.read_excel('中英指标对照.xlsx', sheet_name='sz_balancesheet')
11   # 创建一个字典,将英文指标名映射为中文指标名,用于后续数据处理
12   name_dir = dict(zip(name_file['en'], name_file['ch']))
13   data = pd.DataFrame()  # 初始化一个空的 DataFrame,用于存储爬取到的数据
14   try:
15       for S_id in code：  # 遍历股票代码列表(当前仅有浦发银行)
16           stock_id = S_id[0]  # 提取当前股票代码(如:"600000")
17           for b in report_period_id：  # 遍历报表类型列表(当前仅包含年报)
18               try:
19                   # 构建 POST 请求的参数,包括股票代码、报表类型和调用类型。
20                   postdata = {"stockId": stock_id, "reporttype": b, "callType":
21                   "collection"}
22                   # 发送 POST 请求到指定 URL,获取响应并解析为 JSON 格式,提取其中的
23                   result 字段数据
24                   json_data = requests.post(url[0], postdata).json()['result']
25                   # 将 JSON 数据转换为 Pandas DataFrame
26                   df = pd.DataFrame(json_data)
27                   # 筛选出年份符合要求(2021 年)的数据。
28                   df = df[df['reportyear'].isin(year)]
29                   # 将当前股票和报表类型的数据添加到总数据集中
30                   data = pd.concat([data,df])
31               except Exception as e：
32                   print(e)
33                   Continue
34       # 使用之前创建的映射字典,将 DataFrame 中的英文列名重命名为中文列名
```

```
35    data.rename(columns = name_dir，inplace = True)
36        print(data)
37        end_data = data[name_file['ch']] # 选择指定的中文列，生成最终的数据集
38        # 将最终数据集保存为 Excel 文件，设置编码为 UTF-8 并忽略索引列
39        end_data.to_excel('浦发银行 2021 年资产负债表采集结果.xlsx', encoding = 'utf-
40        ', index = False)
41    except Exception as e:
42        print('采集失败', e)
```

运行结果：

报表 ID	60000050002021
交易代码	600000
货币资金	0
结算备付金	0
拆出资金	307945000000
……	……
股东权益合计	678218000000
负债和股东权益合计	8136757000000
报表类型	5000
报表年份	2021

【例 9-10】　抓取美克家居、柳钢股份、三一重工和贵州茅台的利润表表，并将数据保存至
xlsx 文件中。

输入代码：

```
1    # - * - coding:utf-8 - * -
2    import requests
3    import pandas as pd
4    # 定义一个包含多只股票代码和名称的元组列表，包括美克家居、柳钢股份、三一重工和贵
5    州茅台
6    code = [("600337", "美克家居"),("601003", "柳钢股份"),("600031", "三一重工"),("
7    600519", "贵州茅台")]
8    year = ["2019","2020"] # 指定要爬取的年份为 2019 年和 2020 年
9    report_period_id = ["5000"]# 指定报表类型为年报("5000" 代表年报)
10   # 定义 API 接口 URL，用于获取利润表数据
11   url = ["https://ssecurity.seentao.com/debug/security/security.incomestatement.
12   get"]
13   #读取 Excel 文件中的中英指标对照表(利润表部分)，获取数据字段的中英文映射关系
14   name_file = pd.read_excel('中英指标对照.xlsx', sheet_name = 'sz_incomestatement')
```

```
15    name_dir = dict(zip(name_file['en'], name_file['ch']))  # 指标中英对照表
16    data = pd.DataFrame()  # 初始化一个空的 DataFrame,用于存储爬取到的所有数据
17    try:
18        for S_id in code:
19            stock_id = S_id[0]
20            for b in report_period_id:
21                try:
22                    postdata = {"stockId": stock_id, "reporttype": b, "callType": "
23                    collection"}
24                    json_data = requests.post(url[0], postdata).json()['result']
25                    df = pd.DataFrame(json_data)
26                    df = df[df['reportyear'].isin(year)]
27                    data = pd.concat([data,df])
28                except Exception as e:
29                    print(e)
30                    continue
31        data.rename(columns = name_dir, inplace = True)
32        print(data)
33        end_data = data[name_file['ch']]
34        end_data.to_excel('利润表采集结果.xlsx', encoding = 'utf-8', index = False)
35    except Exception as e:
36        print('采集失败', e)
```

运行结果:

报表 ID	交易代码	营业总收入	营业收入
60033750002020	600337	4571328460.37	4571328460.37
60033750002019	600337	5587983514.11	5587983514.11
60100350002020	601003	54693987614.03	54693987614.03
60100350002019	601003	0.00	48620101780.87
60003150002020	600031	100054283000.00	99341988000.00
60003150002019	600031	75665760000.00	75665760000.00
60051950002020	600519	97993240501.21	94915380916.72
60051950002019	600519	88854337488.76	85429573467.25

除上述抓取公司资产负债表和利润表案例之外,还可以批量抓取公司研报等案例,具体代码在教材电子资料中展示。

拓 展 阅 读

打造数智化轻工业链条

新一轮科技革命和产业变革正加速重塑经济结构、产业结构。如何以数智化为支撑推动轻工业产业结构优化、技术创新和高质量发展,成为轻工业转型升级的关键。下一阶段,要坚持以数智化技术创新为核心,以高素质数智化人才为支撑,加快突破"卡脖子"核心技术,补强数智化基础设施短板,打造轻工业全链条智能化生态,推动轻工业转型升级,以高质量供给带动、刺激需求提质升级。

加快数智化基础设施建设,提升轻工业智能制造水平。大力投资并建设完善工业互联网平台、智能工厂系统等数智化基础设施,助力轻工业企业全面数字化升级。设立专项扶持基金,鼓励企业投资智能制造设备和数智化管理系统,促进传统生产线改造升级。加强与行业协会合作,搭建行业共性技术服务平台,帮助中小微企业加快实现智能化制造。制定并推广工业数据标准,规范数据采集、存储和使用,推动轻工业实现全流程数据驱动的生产管理。

加强数智化人才培养,构建高素质专业人才队伍。构建全面的人才支持体系,鼓励高校与职业院校开设智能制造、大数据分析、工业物联网等相关课程,培养专业化、复合型人才。通过校企合作模式,建立产教融合实训基地,培养具备实际操作能力的技术人才,推动理论与实践深度结合。为中小企业提供免费或低成本的数智化培训课程,帮助员工掌握数智化技能。实施人才引进激励政策,吸引国内外优秀数智化人才投身轻工业领域,给予住房补贴、科研经费支持等优待。设立人才交流与合作平台,促进企业与科研机构、高校间的知识共享与技术交流。

资料来源:节选自王琛伟、庄甲坤发表于《经济日报》的文章《打造数智化轻工业链条》。

课后练习

项目十
Python 数据可视化

知识目标

1. 了解 matplotlib 库和 pyecharts 库的主要功能。

2. 理解 matplotlib 绘图步骤、pyecharts 绘图流程、各类图形展示数据的优缺点和适配工作情境。

3. 掌握 matplotlib 库 pyplot 子模块常用函数的功能及应用方法；掌握 pyecharts 库常用图形函数的用法，掌握 Faker 模块与各类图形的结合应用。

能力目标

1. 能够使用 matplotlib 库根据财务工作需求设计并绘制图形，进行可视化展示。

2. 能够使用 pyecharts 库根据财务数据的特征设计并绘制具有交互性功能的图表。

3. 能够灵活运用 matplotlib 库、pyecharts 库中的各类函数设计多种图形，对财务数据进行展示和分析。

素养目标

1. 培养学生的财务数据处理能力及大数据分析思维。

2. 培养学生的逻辑思维以及知识整合素养。

知识导图

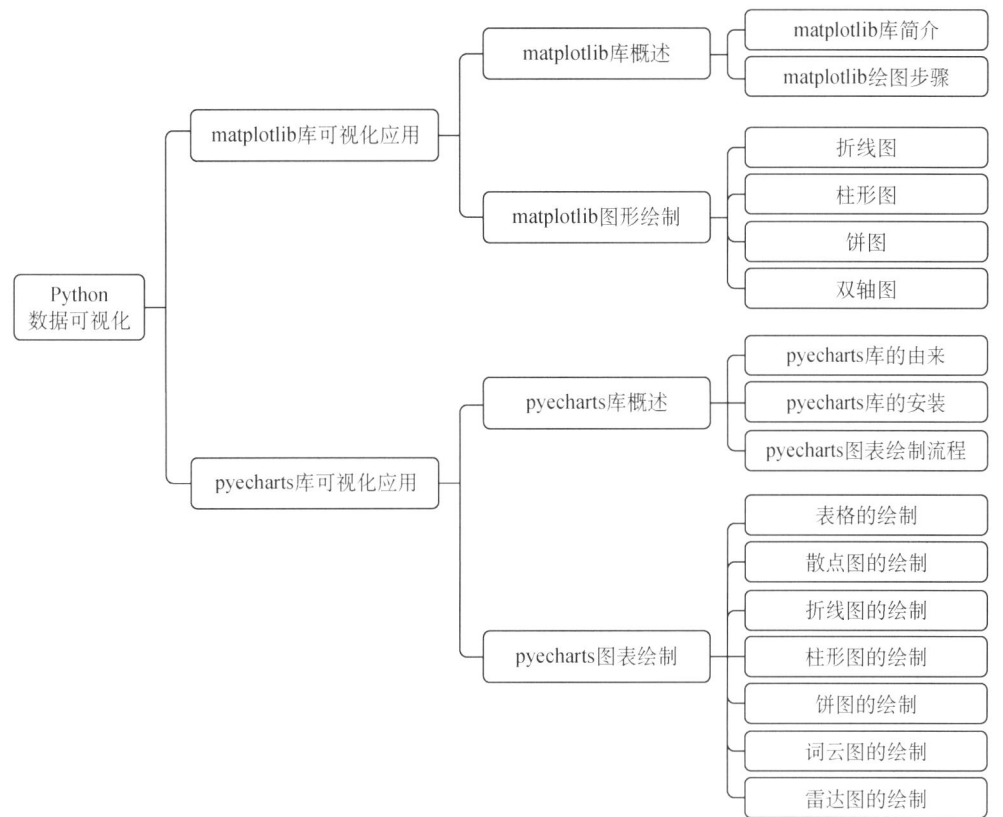

任务一　matplotlib 库可视化应用

一、matplotlib 库概述

(一) matplotlib 库简介

matplotlib 是一个用于绘制图表和可视化数据的 Python 库，由亨特(John D. Hunter)，于 2003 年创建。它提供一个灵活、可定制的工具集，用于创建高质量的图形，帮助用户直观地展示数据。matplotlib 库的安装可以通过 pip 命令未完成，如 pip install matplotlib。

matplotlib 有许多子模块，其中 pyplot 模块是它的核心模块之一。它提供了丰富且易用的函数来创建各种类型的图表和可视化图像。pyplot 模块常用函数如表 10-1 所示。

表 10-1　pyplot 子模块常用函数

图形	函数
折线图	plt. plot()
散点图	plt. scatter()

图形	函数
柱状图	plt. bar()
饼图	plt. pie()
直方图	plt. hist()
箱线图	plt. boxplot()
水平柱形图	plt. barh()

(二) matplotlib 绘图步骤

matplotlib 绘图步骤如图 10-1 所示。首先,导入作图所需三方库,根据绘图的需要,准备相应的数据。其次,使用 plt. figure() 函数创建一个新的画布(figure),用于容纳绘制的图形,创建一个或多个坐标系,用于绘制一个或多个不同区域的图形。再次,根据绘图类型使用相应的函数在画布上绘制图形,根据需要设置图表元素。最后,使用 plt. show() 函数显示绘制的图表。如果需要将图表保存到文件中,可以使用 plt. savefig() 函数指定文件路径和格式。

如作图时未创建画布,系统会自动创建一个画布,并默认在画布上创建一个坐标系。如需绘制多个图形,须自行创建多个坐标系。

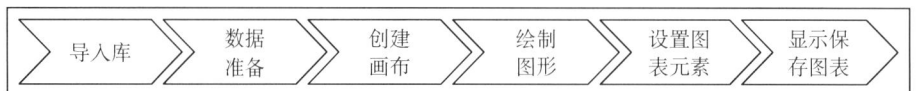

图 10-1 matplotlib 绘图步骤

表 10-2 为某矿业公司不同产品的收入信息(产品 C、产品 D 在不同的 Sheet 中,此处未展示)。下面将以表 10-2 为数据源,结合 pandas 库来学习 matplotlib 库。

表 10-2 产品收入信息(部分)

日期	产品	单价(元)	数量(吨)	金额(元)	金额占比
2019 年	产品 A	498.58	176 235.94	87 867 761.69	17.11%
2020 年	产品 A	492.4	69 931.71	34 434 123.21	6.70%
2021 年	产品 A	491.53	279 122.49	137 198 024.98	26.71%
2022 年	产品 A	445.6	169 649.85	75 596 786.74	14.72%
2023 年	产品 A	449.92	396 852.13	178 552 989.76	34.76%
2019 年	产品 B	100.23	246 988.67	24 755 674.89	21.65%
2020 年	产品 B	110.25	107 641.54	11 867 479.94	10.38%
2021 年	产品 B	111.3	156 532.97	17 422 119.77	15.24%
2022 年	产品 B	120.5	276 963.38	33 374 087.40	29.19%
2023 年	产品 B	130.4	206 406.87	26 915 456.03	23.54%

二、matplotlib 图形绘制

(一) 折线图

折线图是一种非常常见的图形。折线图适用于展示数据随着时间推移而变化的趋势,如某网站每天访问人数的变化、某段时间内商品销量或价格的波动、某段时间内气温的变化情况等。

matplotlib 库 pyplot 模块中的 plot() 函数用于绘制折线图,其语法格式如下。

```
1    pyplot.plot ( x , y )    # x 表示 x 轴,y 表示 y 轴
```

工作场景 10-1:折线图绘制

1. 绘制单条折线图

某矿业公司 2019—2023 年产品 A 的单价为 498.58、492.4、491.53、445.6、449.92 元,业务部门需根据此数据绘制折线图,展示 5 年间 A 产品的价格变化趋势。

工作场景 10-1

输入代码:

```
1    Import matplotlib.pyplot as plt
2    year = ['2019','2020','2021','2022','2023']
3    price = [498.58,492.40,491.53,445.60,449.92]
4    plt.plot(year,price)
5    plt.show()
```

运行结果: 如图 10-2 所示。

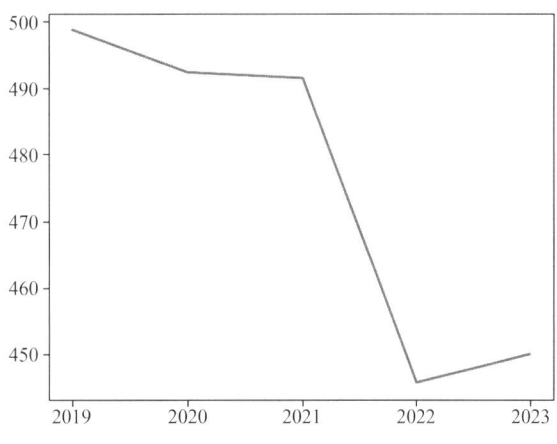

图 10-2　matplotlib 绘制折线图

2. 读表绘制一条折线图

读取产品销售收入表中 A 产品 2019—2023 年的单价数据,并绘制折线图。

输入代码：

```
1   import pandas as pd
2   import matplotlib.pyplot as plt
3   # 文件路径需根据文件实际存放路径填写
4   df = pd.read_excel('E:/数据/可视化/产品销售收入表.xlsx',)    # 不指定 sheet,默认读取
5                                                               第一个 sheet
6   dfA = df[df['产品'] == '产品 A']   # 取出产品列内容为产品 A 的所有行
7   year = dfA['日期'].apply(lambda x: x[:-1])   # 将日期列数据中的年去掉
8   price = dfA['单价'].round(2)   # 保留两位小数
9   plt.plot(year, price)
10  plt.show()
```

运行结果：略,与图 10-2 相同。

"dfA=df[df['产品'] == '产品 A']"这行代码是使用 pandas 库对 DataFrame 对象利用布尔值进行筛选的一种情况。这条代码表示从变量 df 的 DataFrame 中筛选出所有"产品"列的值等于"产品 A"的行,并将这部分数据存储在一个新的 DataFrame dfA 中。

"df['产品'] == '产品 A'"是一个布尔表达式,运行时逐行检查"产品"列的值是否等于"产品 A"。如果某行的"产品"列值等于"产品 A",则表达式结果为 True;否则为 False。

"df[df['产品'] == '产品 A']"会返回一个新的 DataFrame,只包含那些使得布尔表达式为 True 的行。最后将筛选结果赋值给一个新的变量 dfA。

3. 双折线图

某矿业公司 2019—2023 年产品 A 的销售数量为 176 235.94、69 931.71、279 122.49、169 649.85、396 852.13 吨,产品 B 的销售数量为 246 988.67、107 641.54、156 532.97、276 963.38、206 406.87 吨,业务部门需根据此数据绘制双折线图,对比 5 年间 A、B 产品的销售数量变化趋势。

输入代码：

```
1   import pandas as pd
2   import matplotlib.pyplot as plt
3   # 文件路径需根据文件实际存放路径填写
4   df = pd.read_excel('E:/数据/可视化/产品销售收入表.xlsx',)
5   # 不指定 sheet,默认读取第一个 sheet
6   dfA = df[df['产品'] == '产品 A']   # 取出产品列内容为 产品 A 的所有行
7   dfB = df[df['产品'] == '产品 B']
8   year = dfA['日期'].apply(lambda x: x[:-1])   # 将日期列数据中的年去掉
9   numberA = dfA[['数量']].round(2)   # 保留两位小数
10  numberB = dfB[['数量']].round(2)
11  plt.plot(year, numberA)
12  plt.plot(year, numberB)
13  plt.show()
```

运行结果：如图 10-3 所示。

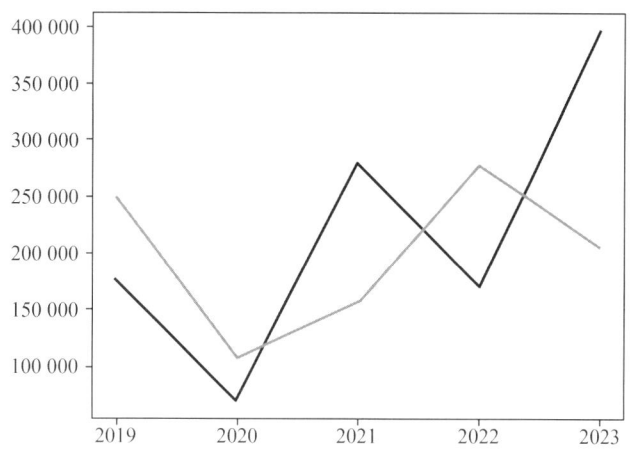

图 10-3　matplotlib 绘制双折线图

4. 读表绘制两条折线图

读取产品销售收入表中 A 产品、B 产品 2019—2023 年的销售数量数据，并生成双折线图进行趋势对比。

输入代码：

```
1    import pandas as pd
2    import matplotlib.pyplot as plt
3    #文件路径需根据文件实际存放路径填写
4    df = pd.read_excel('E:/数据/可视化/产品销售收入表.xlsx',)
5    # 不指定 sheet,默认读取第一个 sheet
6    dfA = df[df['产品'] = = '产品 A']    # 取出产品列内容为 产品 A 的所有行
7    dfB = df[df['产品'] = = '产品 B']
8    year = dfA['日期'].apply(lambda x: x[:-1])    # 将日期列数据中的年去掉
9    numberA = dfA[['数量']].round(2)    # 保留两位小数
10   numberB = dfB[['数量']].round(2)
11   plt.plot(year, numberA)
12   plt.plot(year, numberB)
13   plt.show()
```

运行结果: 略

由于读取文件数据与手动录入数据相同,运行结果双线图与图 10-4 相同。

(二) 柱形图

柱形图也称条形图,是一种非常常见的图形。柱形图适用于比较不同类别数据值的大小,如不同性别的人数、不同品牌的市场占用率、不同时期的资产负债率等。柱形图/条形图使用不同高度(垂直方向、柱形图)或不同长度(水平方向条形图)的矩形条来表示不同大小的数值。

matplotlib 库 pyplot 模块中的 bar()函数用于绘制柱形图,其语法格式如下。

```
1   pyplot.bar(x,y)     #x 表示 x 轴   y 表示 y 轴
```

工作场景 10-2:柱形图绘制

1. 绘制基本柱形图

某矿业公司 2019—2023 年产品 A 的销售数量为 176 235.94、69 931.71、279 122.49、169 649.85、396 852.13 吨,业务部门需根据此数据绘制基本柱形图,以对比 5 年间产品 A 销售数量的变化。

输入代码:

```
1   import matplotlib.pyplot as plt
2   year = ['2019','2020','2021','2022','2023']
3   countA = [176235.94,69931.71,279122.49,169649.85,396852.13]
4   plt.bar(year,countA)
5   plt.show()
```

运行结果:如图 10-4 所示。

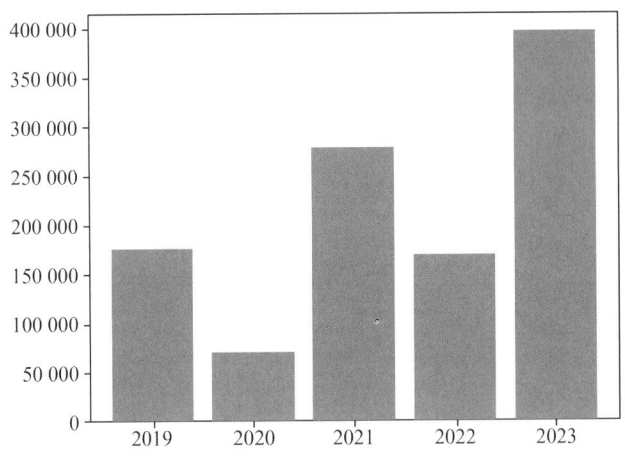

图 10-4　matplotlib 绘制柱形图

2. 读表绘制基本柱形统计图

读取产品销售收入表中产品 A 2019—2023 年的销售数量数据,并绘制基本柱形图。

输入代码:

```
1   import pandas as pd
2   import matplotlib.pyplot as plt
```

```
3    df = pd.read_excel('E:/数据/可视化/产品销售收入表.xlsx')
4    year = df[df['产品'] == '产品A']['日期'].apply(lambda x: x[:-1])
5    countA = df[df['产品'] == '产品A']['数量'].round(2)
6    plt.bar(year, countA)
7    plt.show()
```

运行结果: 略

由于读取文件数据与手动录入数据相同,运行结果双线图与图10-5相同。

3. 堆叠柱形图

堆叠柱形图是一种用于展示多个类别数据在总量中所占比例的可视化图表。与双柱形统计图不同,堆叠柱形图将不同类别的数据堆叠在一起,以显示每个类别对总量的贡献。

根据某矿业公司2019—2023年产品A和产品B的销售数量数据,业务部门需根据此数据绘制堆叠柱形图,以对比5年间产品A、B的销售数量。

输入代码:

```
1    import matplotlib.pyplot as plt
2    year = ['2019','2020','2021','2022','2023']
3    countA = [176235.94,69931.71,279122.49,169649.85,396852.13]
4    countB = [246988.67,107641.54,156532.97,276963.38,206406.87]
5    plt.bar(year,countA,label='productA')
6    plt.bar(year,countB,bottom=countA,label='productB')
7    plt.legend()    # 增加图例
8    plt.show()
```

运行结果: 如图10-5所示。

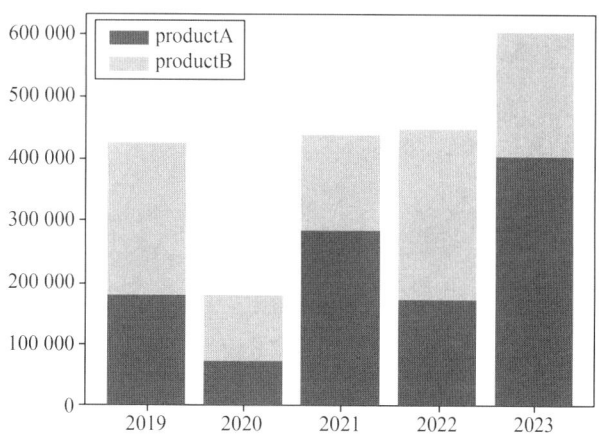

图10-5 matplotlib绘制堆叠柱形图

4. 读表绘制堆叠柱形图

读取产品销售收入表中 2019—2023 年产品 A 和产品 B 的销售数量数据,并绘制堆叠柱形图。

输入代码:

```
1    import pandas as pd
2    import matplotlib.pyplot as plt
3    df = pd.read_excel('E:/数据/可视化/产品销售收入表.xlsx')
4    year = df[df['产品'] == '产品 A']['日期'].apply(lambda x: x[:-1])
5    countA = df[df['产品'] == '产品 A']['数量'].round(2)
6    countB = df[df['产品'] == '产品 B']['数量'].round(2)
7    plt.bar(year, countA, label='productA')
8    plt.bar(year, countB, bottom=countA, label='productB')
9    plt.legend()    # 增加图例
10   plt.show()
```

运行结果: 略,与图 10-5 相同。

5. 读表绘制双柱形图

双柱形图也被称为分组柱状图或并列柱状图,是一种常用的数据可视化工具,它通过并排显示两组或多组柱状条来对比不同类别之间的数据差异。

读取产品销售收入表中 2019—2023 年产品 A 和产品 B 的销售数量数据,并绘制双柱形图。

输入代码:

```
1    import pandas as pd
2    import numpy as np
3    import matplotlib.pyplot as plt
4
5    df = pd.read_excel('E:/数据/可视化/产品销售收入表.xlsx')
6    year = df[df['产品'] == '产品 A']['日期'].apply(lambda x: x[:-1])
7    countA = df[df['产品'] == '产品 A']['数量'].round(2)
8    countB = df[df['产品'] == '产品 B']['数量'].round(2)
9
10   x = np.arange(len(year))    # 一维数组
11   width = 0.35    # 一个柱图的宽度
12   gap = x - width/2    # 一维数组的运算
13   plt.bar(gap, countA, width=width, label='productA')
14   plt.bar(gap + width, countB, width=width, label='productB')
```

```
15    plt.xticks(x,year)
16    plt.legend()    ♯ 增加图例
17    plt.show()
```

运行结果:如图 10-6 所示。

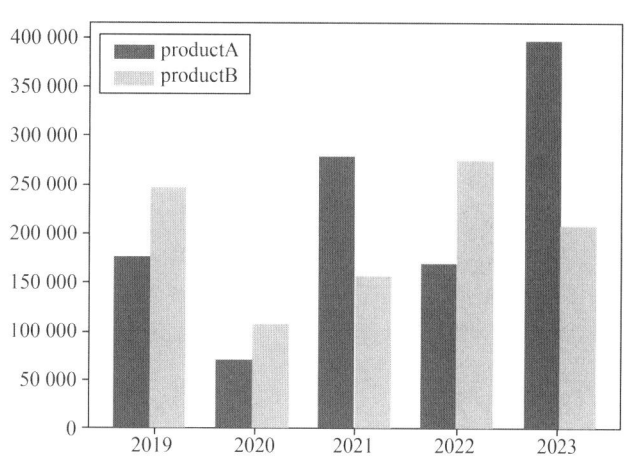

图 10-6　matplotlib 读表绘制双柱形图

柱形设置:本代码中使用 numpy 构造一维数组,方便运算。两条柱形的中心坐标与实际坐标刻度有偏差(本例为 gap),需要设计和计算出来。plt.bar()中第一个参数为柱形图中心坐标,width 为柱形宽度。

图例设置:在各种设置图形的函数中设置 label 标签,再使用 plt.legend(),即可显示不同图形的图例。

x 轴刻度设置:使用 plt.xticks()可以修改 x 坐标轴的刻度。plt.xticks()的第一个参数,可以通过传递一个列表或数组来指定 x 轴上的刻度位置。通过设置 plt.xticks()的第二个参数,可以为这些刻度位置指定标签。标签应该是一个与刻度位置列表长度相同的字符串列表。plt.xticks()还接受其他可选参数,如 rotation(旋转角度)、fontsize(字体大小)、color(颜色)等,用于进一步自定义刻度的外观。例如,下方语句中,表示刻度 0、1、2、3、4 的标签分别为 A、B、C、D、E,刻度标签旋转 45°显示并设置字体大小为 12。

```
1    plt.xticks([0, 1, 2, 3, 4], ['A', 'B', 'C', 'D', 'E'], rotation = 45, fontsize = 12)
```

6. 读表绘制横向柱形图

横向柱形图也被称为水平条形图,是一种有效的可视化工具,用于展示不同类别的数据之间的对比。其在 Matplotlib 库中,可以使用 plt.barh()函数来创建。

读取产品销售收入表中 2019—2023 年产品 A 的销售数量数据,并绘制横向柱形图。

代码实现:

输入代码:

```
1   import pandas as pd
2   import matplotlib.pyplot as plt
3   import matplotlib as mpl
4   mpl.rcParams['font.sans-serif'] = 'SimHei'   # 显示正常中文标签
5   df = pd.read_excel('E:/数据/可视化/产品销售收入表.xlsx')
6   year = df[df['产品'] == '产品A']['日期'].apply(lambda x: x[:-1])
7   countA = df[df['产品'] == '产品A']['数量']
8
9   font = {'family':'SimHei','color':'teal','weight':'2','size':16}   # 设置字体字典
10  plt.xlabel('销售数量(单位:吨)', fontdict = font)   # 添加x轴的标签描述
11  plt.ylabel('年份', fontdict = font)   # 添加y轴的描述
12  plt.title('某矿业公司产品A销售数量横向柱形图', fontdict = font)   # 添加标题的描述
13  plt.barh(year, countA, facecolor = 'tomato', height = 0.6)
14  plt.show()
```

运行结果:如图 10-7 所示。

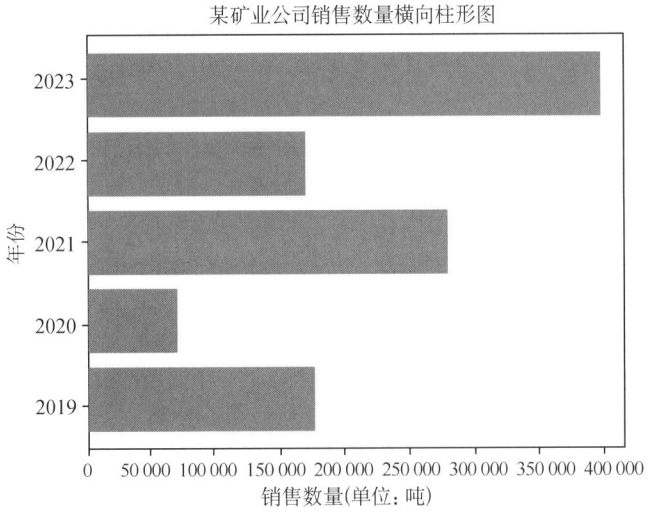

图 10-7　matplotlib 读表绘制横向柱形图

其中,'family':'SimHei',表示设置字体为黑体,其他常用字体如:宋体(SimSun)、仿宋 (FangSong)、楷体(KaiTi)、华文行楷(STXingkai)、隶书(LiSu)等;'color':'teal'表示设置字 体颜色为蓝绿色,其他常用颜色如表 10-3 所示。'weight':'2' 中 weight 参数用于指定字体 的粗细程度,可以接受数值或特定的关键字来描述字体的粗细程度。'size':16 表示设置字体 大小为 16。

表 10-3 常用字体颜色设置

参数	颜色
red	红色
blue	蓝色
green	绿色
yellow	黄色
black	黑色
white	白色
cyan	青色
teal	蓝绿色
magenta	洋红色

提示：

　　颜色设置也可使用对应英文参数首字母表示，如 b 为蓝色、g 为绿色。也可以使用十进制颜色代码表示，如红色（♯FF0000）、蓝色（♯0000FF）、黄色（♯FFFF00）、绿色（♯00FF00）等。同时还支持 RGB 或 RGBA 颜色值进行设置。

7. 读表绘制双向横向柱形图

　　双向横向柱形图，也被称为双向条形图或正负条形图。该图形通过水平方向的柱子展示数据，使得数据之间的对比更加直观；能够同时展示正负两个方向的数据，使得对比效果更加鲜明。

　　读取产品销售收入表中 2019—2023 年产品 A 和产品 B 的销售数量数据，并绘制双向横向柱形图。

输入代码：

```
1   import pandas as pd
2   import matplotlib.pyplot as plt
3
4   # 读取数据
5   df = pd.read_excel('E:/数据/可视化/产品销售收入表.xlsx')
6
7   # 获取产品和对应的年份(去掉日期的最后一位,假设是月份或日)
8   year = df[df['产品'] == '产品A']['日期'].apply(lambda x: x[:-1])
9
10  # 获取产品A和产品B的数量,并四舍五入到小数点后两位
11  countA = df[df['产品'] == '产品A']['数量'].round(2)
12  countB = df[df['产品'] == '产品B']['数量'].round(2)
```

```
13
14  # 绘制水平条形图,为产品A和产品B分别指定颜色和标签
15  plt.barh(year, countA, facecolor='skyblue', label='产品A')
16  plt.barh(year, -countB, facecolor='salmon', label='产品B')
17
18  # 添加图例
19  plt.legend()
20  # 显示图表
21  plt.show()
```

运行结果:如图 10-8 所示。

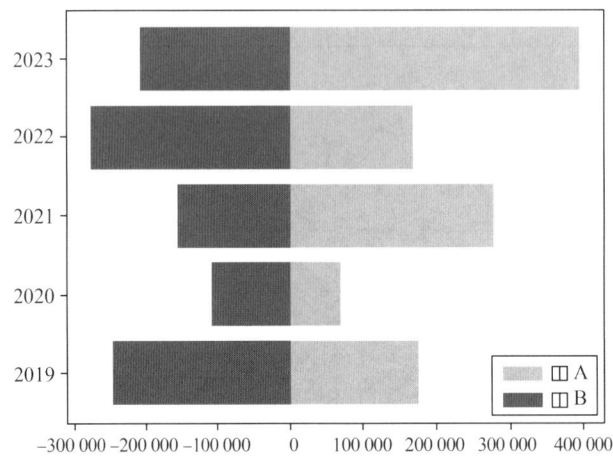

图 10-8   matplotlib 读表绘制双向横向柱形图

(三) 饼图

饼图主要适用于展现不同类别的数值相对于总数的占比情况,如各大浏览器市场份额占比、产品销售收入占比、各大股东持股比例等。饼图中的每个扇区的弧长表示该类别的占比大小,所有扇区占比总和为 100%。

matplotlib 中使用 pyplot.pie( )函数来绘制饼图,其常用参数如下:

```
1   pyplot.pie ( x , labels , explode , startangle , autopct , colors , …)
```

x:必填项,是饼图的基础数据。可以是一个序列(如列表、元组或 NumPy 数组),其中,每个元素代表饼图的一部分。

labels:一个序列,是饼图每部分的标签。标签的数目应与 x 的长度相同,可选填。

explode:一个序列,与 x 的长度相同,用于指定饼图每个扇区与圆心的距离。其通常是一个包含 0 和正数的列表,可选填。

startangle:控制饼图的起始角度,以度为单位,从 x 轴正方向开始计算(即 3 点钟方向),可选填,默认为 0。

autopct：一个字符串或函数，用于格式化饼图每部分的百分比标签。如果是字符串，则应包含格式化指令，如 ％1.1f％％ 表示保留一位小数的百分比。如果是函数，则应接受一个参数（饼图每部分的百分比）并返回一个字符串，可选填。

colors：用于指定各扇区的颜色，可选填。

工作场景 10-3：饼图绘制

期末，某矿业公司财务部门人员为了对比近五年产品 A 销售金额，需要计算并展示 2019—2023 年产品 A 的销售金额占比，并绘制饼状图进行可视化展示，以便对销售数据进行分析和预测。

工作场景 10-3

输入代码：

```
1   # 导入需要的库
2   import pandas as pd
3   import matplotlib.pyplot as plt
4   import matplotlib as mpl
5
6   mpl.rcParams['font.sans-serif'] = 'SimHei'   # 显示正常中文标签
7   df = pd.read_excel('E:/数据/可视化/产品销售收入表.xlsx')
8   year = df[df['产品'] == '产品 A']['日期']
9   rateA = df[df['产品'] == '产品 A']['金额占比']
10
11  fig1, ax1 = plt.subplots()   # 创建子图
12  ax1.pie(rateA, labels = year, autopct = '％1.2f％', shadow = True, startangle = 90)
13  ax1.axis('equal')   # 相等的纵横比确保饼图绘制为圆形
14  plt.title('2019 - 2023 年销售金额占比饼图')   # 设置标题
15  plt.show()
```

运行结果：如图 10-9 所示。

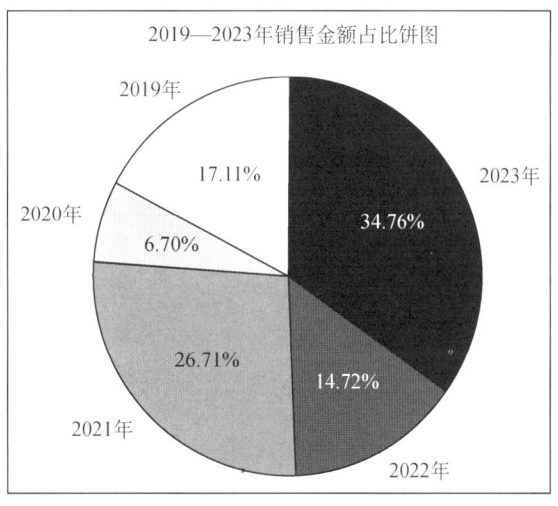

图 10-9 matplotlib 读表绘制饼图

pyplot. subplots()用于创建子图,可以一次绘制多个子图,其基本语法格式如下。

```
1    pyplot.subplots(nrows, ncols, figsize, sharex, sharey, ...)
```

nrows:子图网格行数;ncols:子图网格列数;figsize:图形的大小,默认 figsize＝(6.4,4.8),以英寸为单位;sharex:是否共享 x 轴,默认 sharex＝False;sharey:是否共享 y 轴,默认 sharey＝False。

pyplot. subplots(2,1)表示创建一个 2×1 的网格。可通过索引设置子图位置,也可以在定义时直接用元组接收子图对象,其语法如下。

```
1    # 方法一:使用索引获取子图位置
2    fig, ax = pyplot.subplots(2,1)
3    ax[0]、ax[1]
4    # 方法二:以元组(ax1, ax2)接收子图对象
5    fig, (ax1, ax2) = pyplot.subplots(2,1)
```

(四)双轴图

双轴图又称为双 Y 轴图或双坐标轴图,是一种在单个图表中使用两个不同尺度的 Y 轴来展示两组数据的可视化方法。通过双轴图,可以直观地比较两组数据在相同 X 轴值下的关系和变化趋势,这种方法适用于两组数据的量级或单位差异较大,但又需要在同一图表中进行比较或关联分析的情况。

工作场景 10-4:双轴图绘制

2023 年,某矿业公司财务部门人员希望在同一张图形中对比四种产品(产品 A、产品 B、产品 C、产品 D)销售数量与单价之间的变动关系,进而进行销售分析及预测。请读取产品销售收入表,并绘制双轴图进行可视化展示。

思路分析:
(1) 将四种产品的数据合并在一个工作表中。
(2) 读取 2023 年的产品名、数量及单价数据,作为双轴图中的数据。
(3) 创建画布及子图,设置双轴图数据、轴标题、图名称、图例等参数。

输入代码:

```
1    import pandas as pd
2    import matplotlib.pyplot as plt
3    import matplotlib as mpl
4    mpl. rcParams['font.sans-serif']='SimHei' # 显示正常中文标
5    df = pd. read_excel('E:/数据/可视化/产品销售收入表.xlsx',sheet_name ='产品销售统计
6    表 1')
7    df2 = pd. read_excel('E:/数据/可视化/产品销售收入表.xlsx',sheet_name ='产品销售统
8    计表 2')
```

```
9   df3 = pd. read_excel('E:/数据/可视化/产品销售收入表.xlsx',sheet_name ='产品销售统
10  计表3')
11  df4 = df. append(df2,ignore_index = True). append(df3,ignore_index = True)
12  ♯ 也可使用  df4 = pd. concat([df1,df2,df3],ignore_index = True)
13  price = df4[df4['日期'] = ='2023年']['单价'] ♯ 单价
14  count = df4[df4['日期'] = ='2023年']['数量'] ♯ 数量
15  product = df4['产品']. drop_duplicates() ♯ 产品名称
16  fig, ax = plt. subplots()  ♯ 添加画布 fig,子图 ax
17  ax2 = ax. twinx()  ♯ 添加双轴
18  x1 = ax. bar(product,count,color ='♯5470c6',label ='数量')
19  ♯ 可通过 width 参数调整柱形的宽度如:width = 0.6
20  x2 = ax2. plot(product,price,'o -',color ='♯ee6767',label ='单价')
21  ax. set_ylabel('数量(单位:吨)')
22  ax2. set_ylabel('单价(单位:元)')
23  ax. legend(loc ='upper left',bbox_to_anchor =(0.5, - 0.06))
24  ax2. legend(loc ='upper right',bbox_to_anchor =(0.5, - 0.06))  ♯ 分别展示图例
25  plt. title('某矿业公司2023年主要产品销售情况')
26  plt. show()
```

运行结果:如图 10-10 所示。

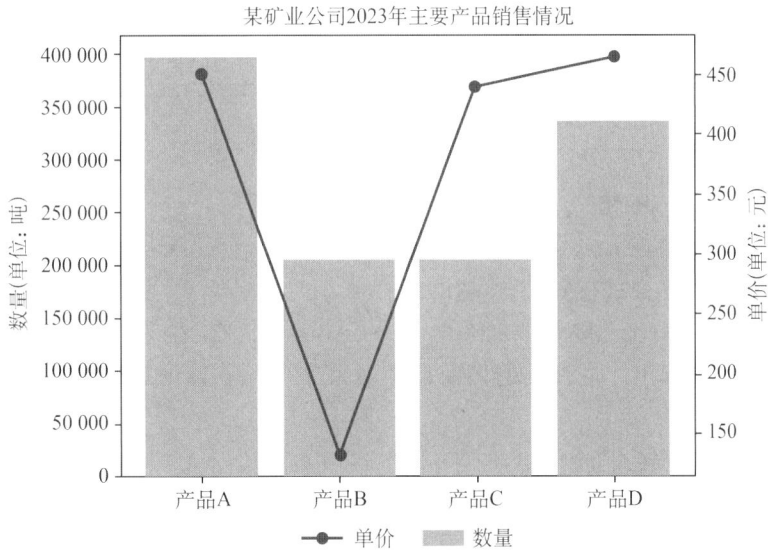

图 10-10 matplotlib 读表绘制双轴图

任务二　pyecharts 库可视化应用

一、pyecharts 库概述

（一）pyecharts 库的由来

ECarts 是一个使用 JavaScript 实现的开源可视化库，其可以在 PC 和移动设备上流畅地运行，兼容当前绝大部分浏览器。其底层依赖轻量级的矢量图形库 ZRender，提供直观、交互丰富、可高度个性化定制的数据可视化图表。ECarts 凭借着良好的交互性，精巧的图表设计，得到了众多开发者的认可。而 Python 是一门富有表达力的语言，很适合用于数据处理。当数据分析遇上数据可视化时，pyecharts 诞生了。

pyecharts 库是国内实现 Python 调用 echarts 的库，是一个用于生成 Echarts 图表的 Python 库。它使得 Python 用户能够方便地创建和展示具有丰富交互式功能的图表。与 matplotlib 库有所不同，pyecharts 在使用 pandas 和 numpy 处理数据时，会遇到数据类型不兼容的问题，其仅支持列表、元祖等 Python 原生数据类型（int、float、string、bool 等）。

pyecharts 库的特点如图 10-11 所示。

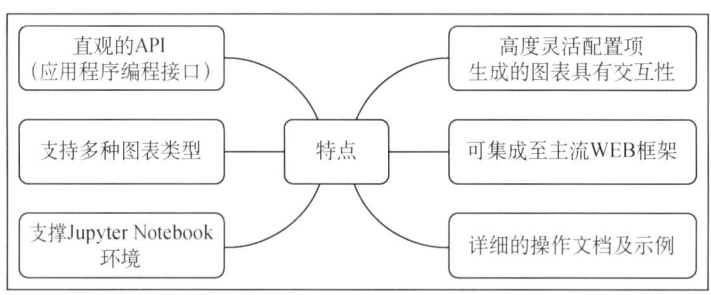

图 10-11　pyecharts 库的特点

（二）pyecharts 库的安装

使用 Python 环境或 Anaconda 环境，都需要单独安装 pyecharts 库。这里以 Anaconda 环境进行举例，使用 pip 命令进行安装。

安装步骤：点击"开始"按钮，找到并点击"Anaconda3"，在子菜单中点击"Anaconda Prompt"，等待黑窗口弹出。在弹出的黑窗口中输入命令"pip install pyecharts"，等待自动下载安装完成。

（三）pyecharts 图表绘制流程

使用 pyecharts 绘图的基本流程如图 10-12 所示。首先，在绘制图表前导入对应模块。pyecharts 的 chars 子模块主要用于各式图形的绘制，如 bar（柱状图）、line（折线图）、wordcloud（词云图）等，可根据需要导入对应的作图类型。其次，读取作图数据，对图表参数进行设置。options 模块是 pyecharts 中最为重要的模块之一，通常与图表对象一起使用。最后，通过调用图表对象的 set_global_opts() 和 set_series_opts() 方法来设置全局配置项和系列配置项，设置完成后即可渲染图表以呈现数据可视化的最终效果。

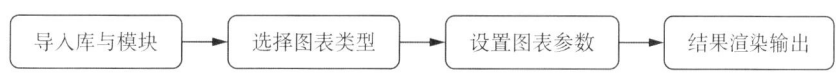

图 10-12　pyecharts 绘图的基本流程

二、pyecharts 图表绘制

pyecharts 模块中包含 30 多种图表，常用的图表类型如表 10-4 所示。

表 10-4　pyecharts 常用的图表类型

图表类型	说明	图表类型	说明
table	表格组件	pie	饼状图
scatter	散点图	line	折线图
bar	柱状图	map	地图
graph	关系图	liquid	水球图
radar	雷达图	wordcloud	词云图
gauge	仪表盘	candlestick	K 线图
bar3D	3D 柱状图	tree	树图

以散点图为例，pyecharts 绘图具体流程及语法格式如表 10-5 所示。

表 10-5　pyecharts 绘图流程及语法格式

流程	程序代码
导入库与模块	♯导入配置项 from pyecharts importoptions as opts ♯导入组件中的散点图类型 from pyecharts. charts import Scatter
选择图表类型	Scatter()　♯绘制散点图类型
设置图表参数	Scatter. add_xaxis()　♯添加 x 轴数据
	Scatter. add_yaxis()　♯添加 y 轴数据.
	Scatter. set_global_opts()　♯全局配置项
	Scatter. set_series_opts()　♯系列配置项
结果渲染输出	Scatter. render()　♯渲染结果，保存为网页
	Scatter. render_notebook()　♯渲染结果，在 Jupyter 中展示

（一）表格的绘制

Table 组件是 pyecharts 中一个用于显示表格数据的组件。用户可以使用 Table 组件来展示数据表格，并且可以将其与其他图表组件结合使用，创建更加丰富的数据展示页面。

定义 pyecharts 的表格数据时，需要将数据分为两个部分。第一部分是表头信息，即每列的列名 headers，表头信息和内容信息都需要以序列的形式定义，如列表、字典、元组、集合等类型;第二部分是表格的内容信息,即每行的内容 rows。使用 table.add(headers,rows)传入表格数据。

【**例 10-1**】 依据城市人口信息使用 Table 组件绘制表格,并生成 html 文件。图 10-13 为 2023 年中国常住人口数据(部分),展示了在定义数据时需要区别的两部分信息。

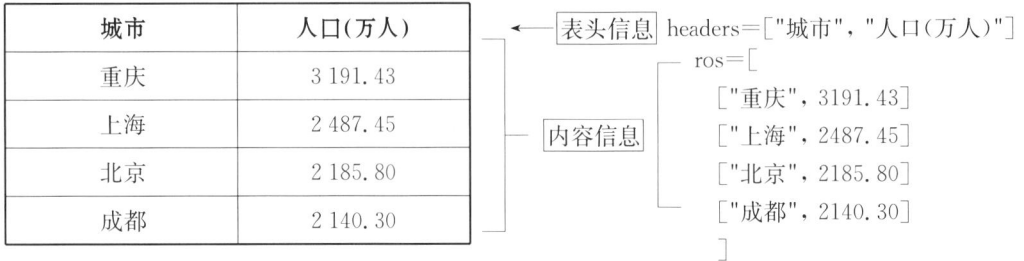

图 10-13 2023 年中国城市常住人口数据

输入代码:

```
1   from pyecharts.components import Table   # 导入组件中的表格类型
2   from pyecharts.options import ComponentTitleOpts   # 导入配置项
3
4   # 表格对象实例化
5   table = Table()
6   # 图表标题行,列名的列表。类型为序列
7   headers = ["城市", "人口(万人)"]
8   # 图表的行,内容信息。类型为序列(python列表类型)
9   rows = [
10      ["重庆", 3191.43],
11      ["上海", 2487.45],
12      ["北京", 2185.80],
13      ["成都", 2140.30]
14  ]
15
16  # 将数据加入表格。调用 table.add()函数,先后传入表头信息和行信息两个参数
17  table.add(headers, rows)
18
19  # 设置标题和副标题
20  table.set_global_opts(
21      # 标题设置,title 为主标题,subtitle 为副标题
22      title_opts = ComponentTitleOpts(title = "2023 年中国人口最多城市统计表(部分)",
23                                      subtitle = "截至 2023 年 12 月 31 日")
24  )
```

```
25    # 渲染 HTML 文档,生成 html 文件,名称为:"01table_base.html"
26    table.render("E:/数据/01_table_base.html")
```

运行结果:

`'E:\\数据\\01_table_base.html'`

在 pyecharts 中,render()方法用于将图表渲染为 HTML 文件、SVG 文件、PNG 图片或 JPEG 图片等格式。

 提示:

table. render("E:/数据/01_table_base. html")用于渲染生成.html 文件,如希望将生成图表文件在 notebook 运行结果中显示,可使用 table. render_notebook()实现。

(二) 散点图的绘制

散点图是一种通过点的分布来表示两个变量之间关系的图形,横轴和纵轴分别代表两个不同的变量,而数据点则代表这两个变量的观测值。散点图的主要目的是帮助观察者识别变量之间的模式、趋势或关联性,以及发现数据中的异常值或离群点。散点图具有直观性、灵活性和探索性的特点。在 pyecharts 模块中使用 Scatter 创建散点图。

【例 10-2】 根据国内生产总值绘制散点图。2018—2023 年的国内生产总值分别为 90.03、99.09、101.6、114.4、121.02、126.06(单位:万亿元)。

输入代码:

```
1    from pyecharts import options as opts    # 导入配置项
2    from pyecharts. charts import Scatter    # 导入组件中的散点图类型
3
4    x_data = ['2018','2019','2020','2021','2022','2023',]
5    y_data = [90.03,99.09,101.6,114.4,121.02,126.06]
6
7    c = (
8        Scatter()    # 散点图类型
9            .add_xaxis(x_data)    # 添加 x 轴数据
10           .add_yaxis('中国', y_data)    # 添加 y 轴数据
11           .set_global_opts(    # 全局配置
12               title_opts = opts.TitleOpts(title = "国内生产总值(GDP)年度统计"),    # 标
13   题配置
14               # 视觉映射配置项,配置颜色比例尺
15               visualmap_opts = opts.VisualMapOpts(
16                   type_ = "color",    # 映射过渡类型,可选,"color", "size"
17                   max_ = 120,    # 指定 visualMapPiecewise 组件最大值
18                   min_ = 70,    # 指定 visualMapPiecewise 组件最小值
```

```
19                    dimension = 1    # 组件映射维度
20              )
21        )
22  )
23  c.render("E:/数据/02_scatter_visualmap_color.html")    # 渲染生成 HTML 文档
```

运行结果:如图 10-14 所示。

图 10-14 pyecharts 国内生产总值散点图

(三) 折线图的绘制

工作场景 10-5:折线图的绘制

工作场景
10-5

某水果供应商的两个主要客户为商家 A 和商家 B。2023 年年末,财务人员需统计各类的水果的销售量,具体如表 10-6 所示,并生成折线图对比两个商家的采购数据,从而进一步分析客户需求,对产量进行合理规划。

表 10-6 2023 年水果销售量

单位:吨

商品名称	草莓	芒果	葡萄	雪梨	西瓜	柠檬	车厘子
商家 A	57	75	131	143	138	113	42
商家 B	134	80	71	108	24	60	145

输入代码:

```
1  from pyecharts.charts import Line    # 导入组件中的折线图类型
2  import pyecharts.options as opts    # 导入配置项
```

```
3
4      x_data = ['草莓', '芒果', '葡萄', '雪梨', '西瓜', '柠檬', '车厘子']   # x轴数据
5      shop_a = [57, 75, 131, 143, 138, 113, 42]   # y轴 商家A数据
6      shop_b = [134, 80, 71, 108, 24, 60, 145]   # y轴 商家B数据
7
8      c = (
9          Line()   # 折线图类型
10             .add_xaxis(x_data)   # 添加 x 轴数据
11             .add_yaxis("商家A", shop_a)   # 添加 y 轴数据
12             .add_yaxis("商家B", shop_b)   # 添加 x 轴数据,自动分组
13             .set_global_opts(title_opts = opts.TitleOpts(title = "销售量对比折线图"))
14             .render("E:/数据/03_line_base.html")   # 可以写在内部,渲染生成 HTML 文档
15     )
```

运行结果:(略)

业务场景涉及多组数据,可以通过.add_yaxis()方法来增加,该方法第一个参数为分组的名称,即商家A、商家B,第二个参数为具体数据,即 shop_a、shop_b。

(四) 柱形图的绘制

在 pyecharts 的示例中,Faker 模块是一个非常重要的工具,它主要用于生成模拟数据,以便在图表制作和演示过程中使用。Faker 模块可以生成各种类型的随机数据,包括但不限于名称、地址、电话号码、电子邮件、日期时间、公司名、职位等。这些数据在图表制作中非常有用,尤其是当实际数据不可用或不方便用于演示时。对于开发者或数据分析师来说,准备数据可能是一个烦琐且耗时的过程。Faker 模块可以大大简化这个过程,通过生成模拟数据来快速创建图表,从而节省时间和精力。Faker 模块的常见用法如表 10-7 所示。

表 10-7 Faker 模块的常见用法

用法	描述
Faker. cars	随机各种中文汽车品牌的列表
Faker. visual_color	随机颜色列表
Faker. days. attrs	'number 天'字符串列表
Faker. clock	时间字符串列表
Faker. guangdong_city	广东省下面 7 个市的固定列表
Fakerweek_en	英文的星期一到日

工作场景 10-1 中水果以及销量数据可以使用 Faker. fruits 以及 Faker. values()方法来随机生成。

【例 10-3】 使用 Faker 模块生成随机水果数据和随机整数数据。

输入代码：

```
1   from pyecharts.faker import Faker    # 导入生成数据的 Faker 模块
2   print(Faker.fruits)
3
4   print(Faker.values())
5   # Faker.values()源码
6   import random
7   def values(start: int = 20, end: int = 150) -> list:
8           return [random.randint(start, end) for _ in range(7)]
9   print(values())
```

运行结果：

```
['草莓', '芒果', '葡萄', '雪梨', '西瓜', '柠檬', '车厘子']
[149, 136, 143, 121, 22, 57, 41]
[133, 82, 132, 148, 135, 83, 131]
```

上述程序解释了 Faker. values()的结果，它生成 7 个 20～150 的随机数，并以列表的形式返回。下面使用 Faker. values()方法，生成两个商家各种类水果的销售量随机数，并绘制柱形图。

【例 10-4】 使用 Faker 模块随机生成数据，绘制柱形图。

输入代码：

```
1    from pyecharts import options as opts    # 导入配置项
2    from pyecharts.charts import Bar    # 导入组件中的柱形图类型
3    from pyecharts.faker import Faker    # 导入生成数据的 Faker 模块
4
5    c = (Bar()
6            .add_xaxis(Faker.fruits)
7            .add_yaxis("商家 A", Faker.values(), gap = "0%")
8                         # gap 表示柱子间距，值越大间距越大，柱子宽度越小
9            .add_yaxis("商家 B", Faker.values(), gap = "0%")
10           .set_global_opts(title_opts = opts.TitleOpts(title = "水果销售量对比"))
11           .set_series_opts(label_opts = opts.LabelOpts(is_show = False),
12                                    # 不显示柱图上方数字
13                       # 设置标记线
14               markline_opts = opts.MarkLineOpts(data = [
15                   opts.MarkLineItem(type_ = "min", name = "最小值"),
16                   opts.MarkLineItem(type_ = "max", name = "最大值"),
17                   opts.MarkLineItem(type_ = "average", name = "平均
18    值"),]))
19           .render("E:/数据/04_bar_different_series_gap.html"))
```

运行结果：如图 10-15 所示。

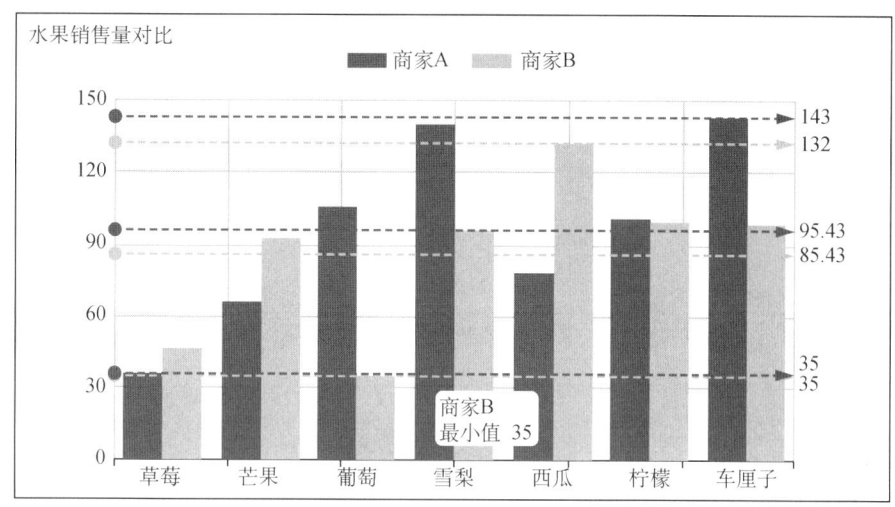

图 10-15 pyecharts 柱形图

（五）饼图的绘制

pyecharts 中使用 Pie() 进行饼图的绘制。定义饼图的数据,可以将它分为三个维度,其一是多种标签,其二是标签对应的数据,其三是各部分颜色。每一组标签和数据可以组成一个列表,如［key, value］多组标签和数据,可以共同构成一个列表,［［key1, value1］,［key2, value2］］,每片扇形的颜色可以由 16 进制的颜色列表构成。

工作场景 10-6:饼图的绘制

某超市 2024 年四个季度的销售额为:第一季度 8 147 200 元,第二季度 6 306 550 元,第三季度 4 211 580 元,第四季度 10 211 500 元。财务人员需要分析各季度销售额并计算占比,同时绘制饼图以实现数据的可视化。

工作场景
10-6

输入代码:

```
1   from pyecharts import options as opts   # 导入配置项
2   from pyecharts.charts import Pie   # 导入组件中的饼图类型
3
4   # 定义饼图数据
5   data_pair = [['第一季度', 8147200],['第二季度', 6306550],['第三季度', 4211580],['第四
6   季度', 10211500]]
7
8   c = (Pie()   # 绘制饼图
9           # 空字符串为 series_name,可用于 tooltip 显示,legend 的图例筛选,此处未填
10          .add("", data_pair)
11          # 全局颜色配置,颜色列表,设置标题
12          .set_colors(['#ff8c94', '#ffaaa6', '#ffd3b5', '#B0E0E6'])
13          .set_global_opts(title_opts = opts.TitleOpts(title = "2024 年销售额结构图"))
14          # 设置饼图标签,a 系列名称,b 数据项名称,c 数值,d 百分比(c 与 c 的总和),
```

```
15   font_size 字体大小
16        .set_series_opts(label_opts = opts.LabelOpts(formatter = "{b}：{c}({d}%)",
17   font_size = 15))
18        .render("E:/数据/06_pie_base.html"))   # 渲染 HTML 文档
```

运行结果：如图 10-16 所示。

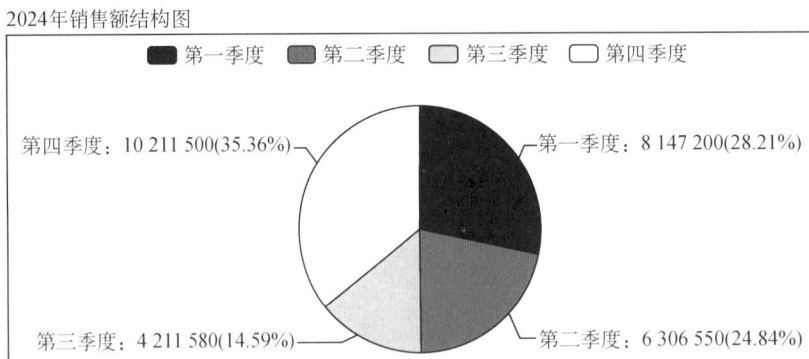

图 10-16　pyecharts 销售额饼图

(六) 词云图的绘制

词云(也称文字云)适用于突出显示一段文本中出现频率较高的关键词,使信息浏览者能清晰领略该段文本的主旨,如提取一段新闻的关键词汇、提取公司年报的关键词汇、提取年度热词等。pyecharts 中使用 WordCloud()进行雷达图的绘制。

【例 10-5】　某城市调研人员对当年的热点词汇进行调研分析,提取出现次数较多的热点词汇,并总结其词频数据,如表 10-8 所示。请绘制词云图,对调研结果进行可视化展示。

表 10-8　热点词汇信息(部分)

单位:次

词汇	词频	词汇	词频
生活资源	999	供热管理	888
供气质量	777	生活用水管理	688
一次供水问题	588	交通运输	516
城市交通	515	环境保护	483

输入代码：

```
1   import pyecharts.options as opts   # 导入配置项
2   from pyecharts.charts import WordCloud   # 导入组件中的词云图类型
3
4   data = [("生活资源","999"),("供热管理","888"),("供气质量","777"),("生活用水
5   管理","688"),("一次供水问题","588"),("交通运输","516"),("城市交通","515"),("环
```

```
6    境保护","483"),("房地产管理","462"),("城乡建设","449"),("社会保障与福利","429"
7    ),("社会保障","407"),("文体与教育管理","406"),("公共安全","406"),("公交运输管
8    理","386"),("出租车运营管理","385"),("供热管理","375"),("市容环卫","355"),("自
9    然资源管理","355"),("粉尘污染","335"),("噪声污染","324"),("土地资源管理","304"
10   ),("物业服务与管理","304"),("医疗卫生","284"),("粉煤灰污染","284"),("占道","28
11   4"),("供热发展","254"),("农村土地规划管理","254"),("供热单位影响","253"),("城市
12   供电","223"),("房屋质量与安全","223"),("大气污染","223"),("房屋安全","223"),("
13   文化活动","223"),("拆迁管理","223"),("公共设施","223"),("供气质量","223"),("供
14   电管理","223"),("燃气管理","152"),("教育管理","152"),("医疗纠纷","152"),("执法
15   监督","152"),("设备安全","152"),("政务建设","152"),("县区、开发区","152"),("宏
16   观经济","152"),("教育管理","112"),("社会保障","112"),("生活用水管理","112"),("
17   物业服务与管理","112"),("分类列表","112"),("农业生产","112"),("二次供水问题","
18   112"),("城市公共设施","92"),("拆迁政策咨询","92"),("物业服务","92"),("物业管理"
19   ,"92"),("社会保障保险管理","92"),("低保管理","92"),("生活噪音","253"),]   # 关
20   键词与词频
21
22   c = (WordCloud()   # 绘制词云图
23           # data_pair 为关键词数据,word_size_range 为字体大小范围
24           .add(series_name = "热点分析", data_pair = data, word_size_range = [6, 66])
25           .set_global_opts(
26               title_opts = opts.TitleOpts(title = "热点分析",   # 设置标题
27               title_textstyle_opts = opts.TextStyleOpts(font_size = 23)),   # 设置标题字号
28               tooltip_opts = opts.TooltipOpts(is_show = True),)   # 显示数据提示框
29   组件
30               .render("E:/数据/09_basic_wordcloud.html"))   # 渲染 HTML 文档
```

运行结果: 如图 10-17 所示。

图 10-17　pyecharts 雷达图

（七）雷达图的绘制

雷达图是用二维图表的形式显示多变量数据的图形方法，它用从同一点开始的轴表示三个或更多个定量变量的数据。pyecharts 中使用 rada() 进行雷达图的绘制。定义雷达图的数据，通常需要明确数据包含几种维度，以及每个维度的最大值（可进行归一化处理）。

工作场景 10-7：雷达图的绘制

工作场景
10-7

某集团 2024 年年末对各部门的预算实施情况进行汇总和分析，具体数据如表 10-9 所示。财务人员希望通过绘制雷达图以直观地显示实际开销与预算分配金额之间的差距。

表 10-9 部门预算统计数据

单位：元

项目	销售	管理	信息技术	客服	研发	市场
预算分配	5 000	14 000	28 000	31 000	42 000	21 000
实际开销	4 300	10 000	28 000	35 000	50 000	19 000

输入代码：

```
1   from pyecharts import options as opts    # 导入配置项
2   from pyecharts.charts import Radar    # 导入组件中的雷达图类型
3
4   v1 = [[4300, 10000, 28000, 35000, 50000, 19000]]    # 第一组 预算分配的数据
5   v2 = [[5000, 14000, 28000, 31000, 42000, 21000]]    # 第二组 实际开销的数据
6   c = (Radar()    # 绘制雷达图
7       # 配置雷达解释器每个维度的标签和最大值
8       .add_schema(schema = [opts.RadarIndicatorItem(name = "销售", max_ = 6500),
9                   opts.RadarIndicatorItem(name = "管理", max_ = 16000),
10                  opts.RadarIndicatorItem(name = "信息技术", max_ = 30000),
11                  opts.RadarIndicatorItem(name = "客服", max_ = 38000),
12                  opts.RadarIndicatorItem(name = "研发", max_ = 52000),
13                  opts.RadarIndicatorItem(name = "市场", max_ = 25000)])
14      .add("预算分配", v1, color = '#f9a1bc')    # 添加第一组数据
15      .add("实际开销", v2, color = '#590d82')    # 添加第二组数据
16      .set_series_opts(label_opts = opts.LabelOpts(is_show = False))
17      # 标签配置,不显示具体数值
18      # 两组数据仅显示一组,点击图例进行切换,
19      .set_global_opts(title_opts = opts.TitleOpts(title = "预算与开销",pos_
20  left = 'center'),
21      legend_opts = opts.LegendOpts(pos_right = '10%',pos_top = '20%',orient = '
22  vertical'))
23      .render("E:/数据/07_radar.html"))    # 渲染 HTML 文档
```

运行结果：如图 10-18 所示。

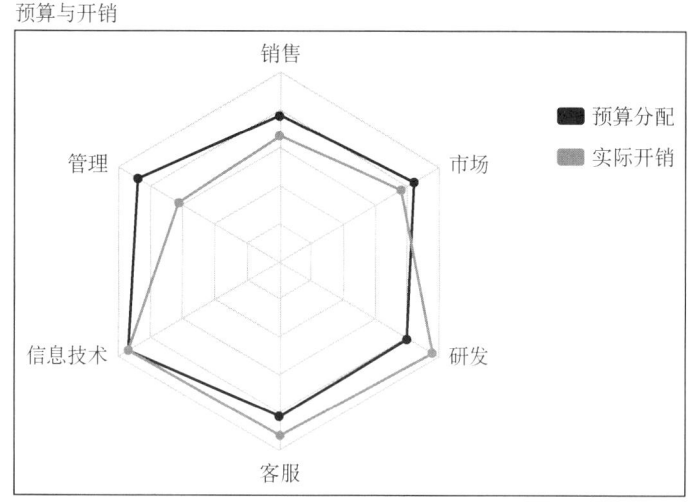

图 10-18　pyecharts 雷达图

上述场景中,预算分配划分为管理、销售、信息技术、客服、研发、市场 6 个维度,每个维度的具体数值定义为列表数据作为数据源。每个维度的最大值不尽相同,维度及其最大值在配置项中进行统一设置。

数据可视化技术可以将复杂的财务数据以易于理解的方式呈现出来,如其可利用 matplotlib 以及 pyecharts 库,通过图表、图形和动画等视觉辅助工具,帮助财务人员更好地理解和解释数据,从而作出更明智的决策。这种技术在财务预测、风险管理和投资策略制定等方面发挥着重要作用。数据可视化可以帮助财务人员更直观地看到企业各项指标的变化趋势和关联性,从而优化财务流程,提高运营效率。

通过将财务报表数据以可视化的方式展示,可以更加清晰地展示企业的财务状况,如盈利情况、负债情况和资产配置情况等,有助于增强财务的透明度,提升投资者和利益相关者的信任度。

拓 展 阅 读

2023 年全国数据生产总量达到 32.85 泽字节

央视网消息 2024 年 5 月 24 日下午,第七届数字中国建设峰会数据资源与数字安全分论坛在福州举办。会上,《全国数据资源调查报告(2023 年)》正式发布。这是我国首次对数据资源进行"全面体检"。根据国家数据局等多部门的最新调查结果,我国数据生产的规模优势基本形成。

调查发现,我国数据资源"产-存-算"规模优势基本形成,数据"供-流-用"各环节主体逐渐丰富,海量数据和丰富场景优势潜力亟需释放,数据资源管理和利用整体处于起步阶段。

一是数据生产总量大,但有效供给不足。2023 年,全国数据生产总量达 32.85 泽字节(ZB),同比增长 22.44％。5G、AI、物联网技术的创新发展及智能设备的规模应用,推动数据生产规模快速增长。2023 年,全国数据存储总量为 1.73 泽字节(ZB),生产总量中 2.9％的数据被保存。存储数据中,一年未使用的数据占比约 4 成,数据加工能力不足导致大量数据价值被低估、难以挖掘复用。

二是算力存力规模增长,还需适度超前布局。2023 年,全国 2 200 多个算力中心的算力规模约为 0.23 十万亿次浮点运算/秒(ZFLOPS),同比增长约为 30%;全国数据存储总空间为 2.93 泽字节(ZB),存储空间利用率为 59%。

三是数据流通交易需求旺盛,多元流通模式待完善。消费领域数据交互活跃度较高。中央企业和平台企业发挥枢纽作用,探索数据交互机制。数据交易机构建设加速,产品成交率为 17.9%。数据供给难以满足旺盛需求,亟需建立和完善多元流通模式。

四是数据应用场景加速落地,数据价值有待释放。公共数据成为引领数据开发利用的催化剂,公共数据开放量同比增长超 16%,授权运营初步探索。数据多场景应用、多主体复用难度大,样本企业中,96% 的行业重点企业已实现数据场景化应用,但实现数据复用增值的大企业仅占 8.3%,数据价值有待释放。

今年 2 月,国家数据局联合中央网信办、工业和信息化部、公安部组织开展全国数据资源调查,国家工业信息安全发展研究中心承担调查实施工作。基于样本分析、企业调研和专家论证,形成《全国数据资源调查报告(2023 年)》。

据悉,未来,工作组将联合产业各方,高质量、常态化开展数据资源调查,不断提升调查结果的科学性和影响力,为政府施策提供参考,为释放数据要素价值、数据要素市场化配置贡献力量。

资料来源:节选自央视网 2024 年 5 月 25 日发布的数字峰会专题报道《〈全国数据资源调查报告(2023 年)〉发布 2023 年全国数据生产总量达到 32.85 泽字节》。

课后练习

项目十一
Python 财务工作自动化

1. 掌握数据类型以及相关数据查询、切片、合并、运算等知识点。

2. 学习程序设计思路,掌握函数定义与使用、变量作用域、流程控制结构等基础编程概念和应用技巧。

1. 能够进行信息管理与核对,实现自动化逻辑判断与计算,完成数据的统计与分析。

2. 能够通过函数与循环结构实现程序设计,并优化变量管理与计算流程。

3. 能够处理时间格式转换,设计动态参数判断,并实现工作量分解与自动化执行。

1. 提升数据处理能力、数据加工与逻辑思维判断力。

2. 培养使用大数据技术发现问题、解决问题的能力。

3. 提升程序设计与实施的整体规划能力。

4. 构建终身学习与专创融合的理念。

📚 **知识导图** ....

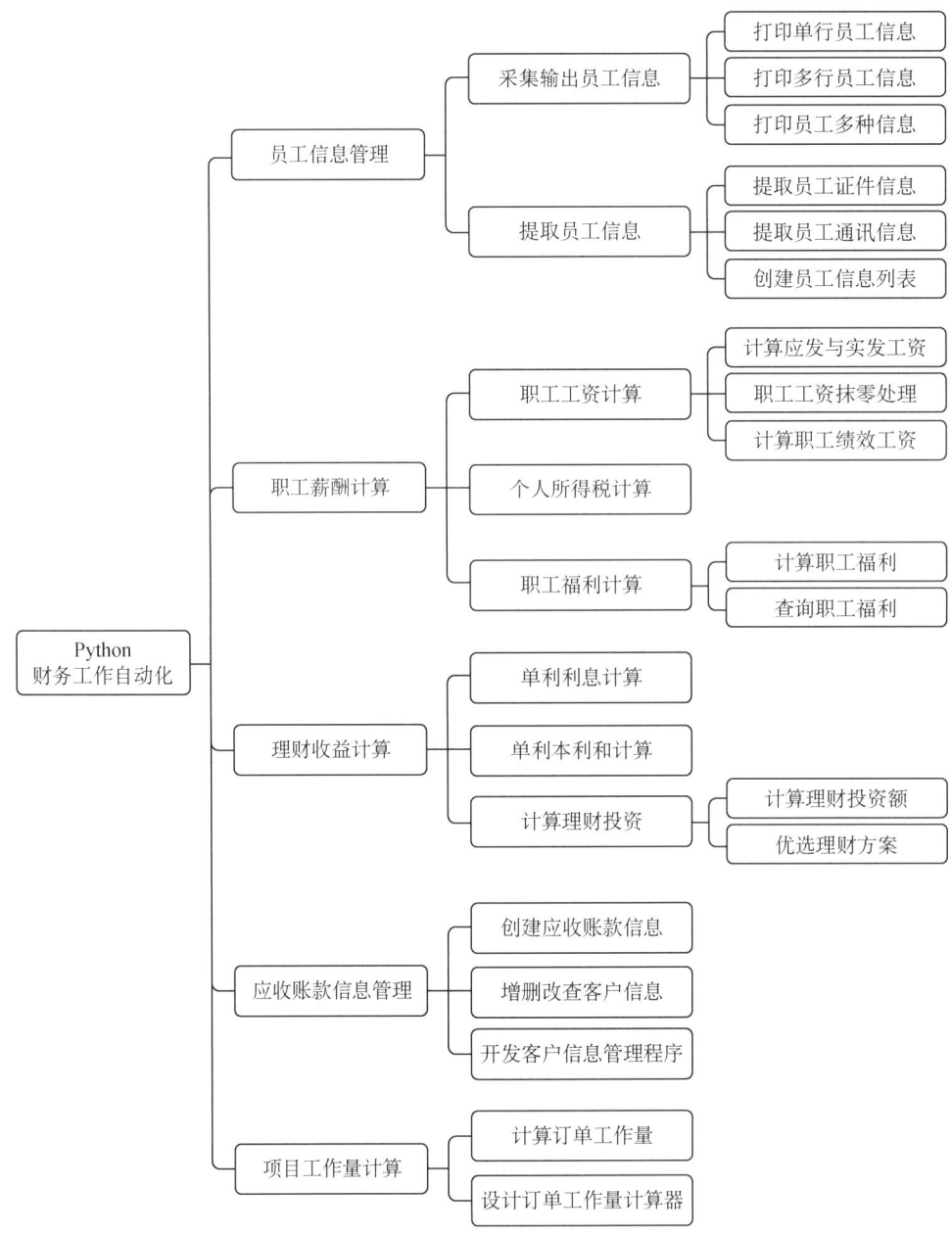

任务一　员工信息管理

一、采集输出员工信息

广东美迪电器制造有限公司(以下简称美迪公司)员工管理系统的日常工作内容主要是对

员工信息进行录入和输出,确保信息的准确性和及时性。人力资源部的工作人员,需要根据公司的要求,整理员工的个人信息,包括员工的姓名、职位、性别、年龄、工龄以及基本工资等。为了便于输出和展示,工作人员会利用不同的方式进行格式化输出,使得信息既简洁明了,又符合公司内部格式标准。

工作场景 11-1:输出员工信息

表 11-1 为美迪公司部分员工信息的节选数据,包括员工的基本信息和薪资情况。数据涵盖了员工的编码、所属部门、姓名、职位、性别、年龄、工龄及基本工资等字段。该表可作为分析公司人力资源结构和薪资分布的基础数据源,为进一步的决策支持提供依据。

表 11-1　广东美迪电器制造有限公司员工信息(节选)

员工编码	一级部门	员工姓名	职位	性别	年龄(岁)	工龄(年)	基本工资(元)
1003	人力资源部	胡然	人力资源经理	女	45	20	5 000
1006	财务部	钱丹	财务经理	女	37	15	5 000
1011	营销部	周进	营销部经理	男	41	19	5 000

(一) 打印单行员工信息
(1) 请打印出胡然的姓名。
(2) 请打印出胡然的基本工资。
(3) 请打印出胡然的工号。
(4) 请打印出以下一句话:"胡然是人力资源部经理"。

代码实现:

工作场景
11-1(一)

输入代码:

```
1   print('胡然')
2   print(5000)                    # 胡然的基本工资为5000
3   print('1003')                  # 胡然的工号为1003
4   print("胡然是人力资源部经理。")    # 完整打印出胡然姓名两边的双引号
```

运行结果:

```
胡然
5000
1003
胡然是人力资源部经理。
```

(二) 打印多行员工信息
请按格式打印出以下三句话:
人力部经理是:胡然
财务部经理是:钱丹

营销部经理是:周进

使用三引号或换行符实现多行员工信息的输出。

方法一:利用换行符"\n"实现换行打印。

输入代码:

```
1  print('人力部经理是:胡然\n财务部经理是:钱丹\n营销部经理是:周进")
```

方法二:利用三引号实现换行打印。

输入代码:

```
1  print("
2  人力部经理是:胡然
3  财务部经理是:钱丹
4  营销部经理是:周进")
```

运行结果:

人力部经理是:胡然

财务部经理是:钱丹

营销部经理是:周进

(三) 打印员工多种信息

请打印出以下内容:钱丹是财务部经理,员工编码 1006,性别"女"。

第一种方法:直接输出,同字符串的输出方法。

输入代码:

```
1   print("钱丹是财务部经理,员工编码 1006,性别"女"第二种方法(知识技能点:利用变量赋
2   值来打印员工信息表的内容(变量、变量的赋值、变量命名规则))
3   staff Name ='钱丹'             # 定义员工姓名
4   post ='财务部经理'            # 定义员工岗位
5   staff number = 1006          # 定义员工编号
6   sex = ' "女" '                # 定义员工性别
7   doc = ","                     # 定义逗号字符
8   print(staffName,'是',post,doc,'员工编码',staff_number,doc,'性别',sex,'。', sep ='')
9   # sep 参数设置为空字符串,可以让 print 中逗号分隔的内容被打印时,直接拼接起来,中
10  间没有其他空白字符。
```

运行结果:

钱丹是财务部经理,员工编码 1006,性别"女"。

第二种方法:print 函数"+"用法。

输入代码：

```
1   print(staff Name +'是' + post + doc +'员工编码' + str(staff number) + doc +'性别'+
2   sex +'。')      ＃ 结果略
```

第三种方法：print 函数 f-string 用法。

输入代码：

```
1   print(f'{staff Name}是{post}，员工编码{staff number}，性别{sex}。')＃ 结果略
```

在真实工作场景中，信息输出是数据处理的重要环节。本案例展示了多种 Python 输出方式，包括直接输出、多行字符串、变量赋值及 f-string 格式化技术。通过灵活选择不同方法，能高效组织和呈现员工信息，提升代码的可读性和易维护性，为复杂数据展示和业务需求提供便捷支持。

二、提取员工信息

工作场景 11-2：提取员工证件及通讯信息

（一）提取员工证件信息

表 11-2 为美迪公司财务部部分员工信息的节选数据。该表可用于分析财务部人力资源的基本结构和联系信息，为后续的人力资源管理及业务协调提供数据支持。

工作场景
11-2(一)

表 11-2　美迪电器制造有限公司财务部员工信息表（节选）

员工编码	员工姓名	职位	性别	身份证号	手机号	邮箱
1006	钱丹	财务经理	女	210110197605066606	13910898988	1250036@qq.com
1007	赵晓阳	出纳	女	220123199209086607	17610898989	5002368@qq.com
1010	高敏	财务会计	女	320116198503056610	18010898992	65987@qq.com

（1）利用人机交互方式输入"钱丹"的姓名与身份证号，并用分隔符参数打印出以下内容：

员工姓名：钱丹

身份证号：210110197605066606

（2）判断钱丹的身份证长度是否正确，如果长度不正确，打印"您输入的身份证号码长度不正确！"，否则打印"您输入的身份证号码长度正确！

（3）从钱丹身份证号码中提取出生日期，并打印出：钱丹的出生日期是 1976 年 05 月 06 日。

代码实现：

（1）利用人机交互方式输入"钱丹"的姓名与身份证号。［知识技能点：input（）函数、sep 参数］

输入代码:

1	name = input("请输入员工姓名:") # 使用 input 函数获取用户输入的员工姓名
2	ID_NUMBER = input("请输入身份证号码:") # 使用 input 函数获取用户输入的身份证号码
3	# 设置 sep 参数,设置内容分隔符号
4	print("员工姓名:" + name,"身份证号码:" + ID_NUMBER, sep = "\n")

运行结果:

员工姓名:钱丹,身份证号码:210110197605066606

(2) 判断钱丹的身份证长度是否正确。(知识技能点:len()函数,bool 值)

输入代码:

1	len id = len(ID NUMBER) # 获取之前输入的身份证字符串的长度
2	if len id! = 18: # 判断身份证是否为 18 位
3	print("您输入的身份证号码长度不正确!")
4	else: # 非法省份证号执行 else 语句
5	print("您输入的身份证号码长度正确!")

运行结果:

您输入的身份证号码长度正确!

(3) 从钱丹身份证号码中提取出生日期,并打印出:钱丹的出生日期是 1976 年 05 月 06 日。(知识技能点:字符串切片)

输入代码:

1	# 使用切片法,获取身份证的第 7~14 位,该内容为出生年月日信息
2	birthday = ID_NUMBER[6:14]
3	print(birthday)
4	year = birthday[:4] # 获取出生年月日的前四位信息,即出生的年份
5	month = birthday[4:6] # 获取出生年月日的第 5~6 位信息,即出生的月份
6	day = birthday[6:8] # 获取出生年月日的第 7~8 位信息,即出生的日期 print("钱丹
7	的出生日期是:",year,"年",month,"月",day,"日")

运行结果:

钱丹的出生日期是:1976 年 05 月 06 日

工作场景
11-2(二)

(二) 提取员工通讯信息

(1) 从输入的赵晓阳邮箱中把 QQ 号码分离出来。

(2) 用@号把赵晓阳的 QQ 账号拼接成邮箱。

(3) 统计高敏的手机号码中有几个"8"。

代码实现：

（1）从输入的赵晓阳邮箱中把 QQ 号码分离出来。［知识技能点：split（）函数］

输入代码：

```
1  MAIL = "5002368@qq.com
2  # 使用 split 函数以"@"作为分隔符号，分隔 MAIL 字符串内容，返回列表。LIST1 = MAIL.
3  split("@")
4  # LIST1 不能用小写，大小写是不同的两个变量 print("赵晓阳的QQ是：",LIST1[0])
```

运行结果：

赵晓阳的 QQ 账号是：5002368

（2）用 @ 号把赵晓阳的 qq 账号拼接成邮箱。（知识技能点：join（）函数）

输入代码：

```
1  # 使用 join 方法，将列表多个元素用"@"符号逐一连接起来，变成一个字符串
2  mail = "@".join(LIST1)
3  print(f"该员工的邮箱地址是：{mail}")
```

运行结果：

员工的邮箱地址是：5002368@qq.com

（3）统计高敏的手机号码中有几个 8。［知识技能点：count（）函数］

输入代码：

```
1  PHONE_NUMBER = input("请输入高敏的电话号码：")
2  num = PHONE_NUMBER.count("8")
3  print(f"高敏的手机号码中有{num}个 8。")
```

运行结果：

请输入高敏的电话号码：18010898992，高敏的手机号码中有 3 个 8。

（三）创建员工信息列表

输入代码：

```
1  list_MD = ["钱丹","赵晓阳","高敏"]
2  Name = input("请输入查询姓名：")
3  if Name in list_MD:  # 使用成员运算符 in 判断 Name 在不在 list_MD
4      print(f"{Name}是财务部员工。")
5  else:
6      print(f"{Name}不是财务部员工。")
```

请输入查询姓名:钱丹
钱丹是财务部员工。

任务二　职工薪酬计算

一、职工工资计算

通过前面内容的学习,高敏掌握了字符串类型数据的一些基本操作。但是对于另一种基本数据类型:"数字类型",她尚未详细了解其具体内容、可执行的操作以及应用场景。

工作场景 11-3:计算职工工资

表 11-3 为职工薪酬数据表的节选,其详细记录了公司职工的薪酬构成情况,包括基本工资、绩效工资、应发工资及各类代扣项目(社保、公积金、个税)等信息,同时计算了代扣总金额与实发金额。该表可用于分析公司各部门职工的薪酬结构,评估薪酬分配的合理性与公平性,为进一步优化薪酬管理提供数据支持。

表 11-3　职工薪酬数据表(节选)

单位:元

员工编码	部门	员工姓名	职位	基本工资	绩效工资	应发工资	代扣社保	代扣公积金	代扣个税	代扣总金额	实发金额
1001	企业管理部	余峰	总经理	10 000	6 200	16 200	1 296	3 600	420.4	5 316.4	10 883.6
1020	仓储部	王宝珠	仓管员	8 000	2 700	10 700	856	1 210	153.4	2 219.4	8 480.6
1027	生产部	喻明远	班组长	9 000	2 083.4	11 083.4	990.1	1 210	178.3	2 378.7	8 704.7

工作场景
11-3(一)

在这部分内容中,高敏将运用 Python 方法完成以下任务:

(1) 计算总经理余峰的应发工资和实发工资。

(2) 对王宝珠的实发工资进行抹零(即只保留整数)处理。

(3) 计算喻明远的绩效工资。计算规则:绩效工资按每生产 3 件产品计 25 元。余下不足 3 件的,按每件 0.9 元计算。本月喻明远一共生产轻巧型产品 2500 件。

(一)计算应发与实发工资

各个工资项目的计算公式如表 11-4 所示。

表 11-4　工资项目的计算公式

应发工资	基本工资＋绩效工资
实发工资	应发工资－代扣总金额＝代扣社会保险＋代扣公积金＋代扣个税
绩效工资计算规则	绩效工资按每生产 3 件产品计 2.5 元。余下不足 3 件的,按每件 0.9 元计,本月喻明远一共生产轻巧型产品 2 500 件
绩效工资	生产产品的组数 * 每组绩效工资＋不足一组的件数 * 单件绩效工资

代码实现：

1）计算总经理余峰的应发工资和实发工资

（1）创建变量接收工资项目的金额。

输入代码：

```
1    staff = input("请输入员工姓名:")
2    bs = eval(input("请输入基本工资:")) # bs 表示 basic salary
3    ws = eval(input("请输入绩效工资:")) # ws 表示 wage subsidy
4    sip = eval(input("请输入代扣社会保险金额:")) # sip 表示 socia/insurance premium
5    hf = eval(input("请输入代扣住房公积金的金额:")) # hf 表示 housing fund
6    it = eval(input("请输入代扣个人所得税的金额:")) # it 表示 income tax
```

（2）计算工资。（知识技能点：数值型的加、减运算，控制输出浮点数的小位位数）

输入代码：

```
1    wages = bs + ws # 计算应发工资
2    withhold = sip + hf + it # 计算代扣总金额
3    net = wages - withhold # 计算实发工资
4    # 打印结果 控制输出浮点数的小位位数
5    print(f"{staff}这个月应发的工资是:{wages}元,实发的工资是{net:.2f}元。")
```

运行结果

请输入员工姓名:余峰

请输入基本工资:10000

请输入绩效工资:6200

请输入代扣社会保险金额:1296

请输入代扣住房公积金的金额:3600 请输入代扣个人所得税的金额:420.4

余峰这个月应发的工资是 16200 元,实发工资是 10883.60 元。

（二）职工工资抹零处理

王宝珠的实发工资进行抹零处理。知识技能点：整型和浮点型以及双方的转换，占位符格式式，如图 11-1 所示。

工作场景
11-3（二）

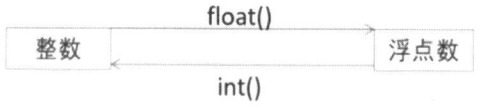

图 11-1　占位符格式

输入代码:

1	staff2 = "王宝珠" ♯定义员工姓名
2	net = 4431.60 ♯定义实发工资
3	neti = int(net) ♯ int()取整
4	♯ %占位符格式化,
5	print("%s这个月实发的工资是:%f元,抹零后是:%d元。"%(staff2,net,neti))

运行结果:

王宝珠这个月实发的工资是 4431.600000 元,抹零后是 4431 元。

工作场景
11-3(三)

(三)计算职工绩效工资

喻明远一共生产了 2 500 件,每 3 件产品为一组,每组绩效工资 2.5 元,不足一组单件 0.9 元。其绩效工资计算方式如下:

绩效工资＝生产产品的组数 * 每组绩效工资(取整除//)＋不足一组的件数 * 单件绩效工资(取余%)

输入代码:

1	pq = 2500 ♯pq 表示 product quantity
2	♯ 按每 3 件一组,先计算有多少组,以及总组数应计算的绩效工资
3	x = (pq // 3) * 2.5
4	y = (pq % 3) * 0.9 ♯ 再计算余下不足 3 件的绩效工资
5	salary = x + y ♯合计算出总绩效工资
6	♯ 打印结果 format 格式化输出的占位符为{}
7	print("喻明远这个月的绩效工资是{}元。".format(salary))

运行结果:

喻明远这个月的绩效工资是 2083.4 元。

二、个人所得税计算

工作场景 11-4:计算员工个人所得税

工作场景
11-4

美迪公司财务部高敏需要计算公司里每一位员工的个人所得税,这件事令她头痛,因为我国个人所得税计算比较复杂,稍不留意就可能出错。为了解决这个难题,高敏决定用 Python 设计个人所得税的计算程序。

了解个人所得税的计算规则,其主要计算公式如下:

应纳税额＝应纳税所得额×适用税率－速算扣除数

应纳税所得额＝综合收入额－60 000 元－各项依法确定的扣除额

表 11-5 展示了个人所得税的综合所得税率,其中列出了不同应纳税所得额区间对应的适用税率及速算扣除数。该税率表适用于计算个人年度应纳税额,对于个人所得税的计算具有重要参考价值。接下来我们将结合这一表格,探讨如何通过税率计算实际的税负情况。

表 11-5　个人所得税税率表(综合所得适用)

全年应纳税所得额(t_income)	适用税率(t_rate)	速算扣除数(quick_d)
0 < 年应纳税所得额 ≤ 36 000	3%	0
36 000 < 年应纳税所得额 ≤ 144 000	10%	2 520
144 000 < 年应纳税所得额 ≤ 300 000	20%	16 920
300 000 < 年应纳税所得额 ≤ 420 000	25%	31 920
420 000 < 年应纳税所得额 ≤ 660 000	30%	52 920
660 000 < 年应纳税所得额 ≤ 960 000	35%	85 920
年应纳税所得额 > 960 000	45%	181 920

程序需要能够根据输入的综合收入额和各项依法确定的扣除额判断员工本年是否需要纳税。不需要纳税的,在屏幕上打印"争取下年获得纳税资格"。需要纳税的,计算出应纳税额,在屏幕上打印"纳税光荣,您当年的应纳税所得额为××元,应预缴个税款为××元"。(保留 2 位小数)。

制作个人所得税计算器,根据输入员工的综合收入,自动计算出应缴个税数额。代码构建步骤如下:

(1)获取应纳税所得额的基本数据。

(2)定义全年免征额(全国统一为 60 000 元)。

(3)定义年应税收入的计算方法。

(4)判断是否需要缴税。

(5)判断适用税率和速算扣除数。

(6)定义个人所得税的计算方法并打印结果。

代码实现:

(1)获取计算应税收入的基本数据。

输入代码:

```
1    # eval 函数自动识别整型和浮点型
2    wages = eval(input("请输入您本年的综合收入额(单位:元):"))
3    sip = eval(input("请输入您本年工资中各项扣除总额(单位:元):"))
```

(2)定义全年免征额(全国统一为 60 000 元)。

输入代码:

```
1   exemption = 60000
```

（3）定义计算月应税收入的计算方法。

输入代码:

```
1   t_income = wages - exemption - sip
```

（4）判断是否需要缴税。
（5）判断适用税率和速算扣除数。

输入代码:

```
1    if t_income > 0:
2        print('纳税光荣,您本月获得纳税资格。')
3        # 再判断适用税率和速算扣除数                    (知识技能点:if 语句嵌套)
4        if t_income <= 36000:
5            t_rate = 0.03
6            quick_d = 0
7        elif 36000 < t_income <= 144000:
8            t_rate = 0.1
9            quick_d = 2520
10       elif 144000 < t_income <= 300000:
11           t_rate = 0.2
12           quick_d = 16920
13       elif 300000 < t_income < 420000:
14           t_rate = 0.25
15           quick_d = 31920
16       elif 420000 < t_income < 660000:
17           t_rate = 0.3
18           quick_d = 52920
19       elif 660000 < t_income < 960000:
20           t_rate = 0.35
21           quick_d = 85920
22       elif 960000 < t_income:
23           t_rate = 0.45
24           quick_d = 181920
```

（6）个人所得税的计算方法并打印结果。

输入代码：

```
1    per_tax = t_income * t_rate - quick_d
2    # 最后打印结果
3    print(f"您当年的应纳税所得额为{t_income}元,应预缴个税款为:{per_tax:.
4    2f}元。")
5  else:
6    print("争取下年获得纳税资格。")
```

三、职工福利计算

工作场景 11-5:计算职工福利费

中秋节快到了,美迪公司初步拟定节日慰问品发放方案如下:工龄满 5 年的,发放果仁月饼 1 盒(268 元/盒)、牛奶 2 箱(55 元/箱);工龄不满 5 年的,发放蛋黄月饼 1 盒(198 元/盒)、苹果 3 箱(25 元/箱)。美迪公司财务部 5 名员工的工龄信息如表 11-5 所示。通过该表,可以清晰地了解每位员工的职位及其在公司的工龄,从而为进一步的员工管理和薪酬结构分析提供数据支持。

工作场景
11-5

表 11-5 美迪公司财务部 5 名员工的工龄信息表

员工编码	部门	员工姓名	职位	工龄(年)
1006	财务部	钱丹	财务经理	10
1007	财务部	赵晓阳	出纳	2
1008	财务部	王菁	税务会计	6
1009	财务部	程实	成本会计	3
1010	财务部	高敏	财务会计	4

(1)经理钱丹让高敏统计一下本部门需要购买多少的月饼、牛奶和苹果,分别需要花费多少钱。

(2)编写一个程序,让员工在输入姓名的情况下,获得自己的福利品信息。可以无限次输入,直到输入"Q"或"q"退出。

(一)计算职工福利

表 11-6 展示了美迪公司中秋节福利品发放方案。根据工龄不同,公司向员工提供了不同种类的福利品。此方案旨在通过福利品的发放,表达公司对员工的关怀与感谢。接下来,我们将以此为基础,分析工龄与福利品分配的关系,以及如何通过这种方式提升员工的工作满意度和企业的凝聚力。

表 11-6　美迪公司中秋节福利品发放方案

工龄	福利品名称	单价	数量
>=5 年	果仁月饼	268 元/盒	1 盒
	牛奶	55 元/箱	2 箱
<5 年	蛋黄月饼	198 元/盒	1 盒
	苹果	25 元/箱	3 箱

代码实现：

（1）创建列表,用于储存工龄数据。

输入代码：

```
1    wk years = [10, 2, 6, 3, 4]
```

（2）创建商品数量变量。

输入代码：

```
1    milk_q = 0
2    apple_q = 0
3    mc_nut_q = 0
4    mc_egg_q = 0
```

（3）利用 for 循环遍历列表。

输入代码：

```
1    for i in wk years:
```

（4）对遍历变量进行判断。

（5）计算商品数量。（知识技能点:循环累计）

输入代码：

```
1        if i >= 5:
2            mc_nut_q += 1
3            milk_q += 2
4        else:
5            mc_egg_q += 1
6            apple_q += 3
7    mc_nut_a = mc_nut_q * 268
8    milk_a = milk_q * 55
9    mc_egg_a = mc_egg_q * 198
10   apple_a = apple_q * 25
```

（6）打印结果。

输入代码：

```
1   print(f"需要购买的牛奶数量是{milk_q}箱,金额是{milk_a}元。
2   需要购买的果仁月饼数量是{mc_nut_q}盒,金额是{mc_nut_a}元。
3   需要购买的蛋黄月饼数量是{mc_egg_q}盒,金额是{mc_egg_a}元。
4   需要购买的苹果数量是{apple_q}箱,金额是{apple_a}元。")
```

运行结果：

```
需要购买的牛奶数量是 4 箱,金额是 220 元。
需要购买的果仁月饼数量是 2 盒,金额是 536 元。
需要购买的蛋黄月饼数量是 3 盒,金额是 594 元。
需要购买的苹果数量是 9 箱,金额是 225 元。
```

（二）查询职工福利

高敏决定另外编写一个程序,让员工在输入姓名的情况下获得自己的福利品信息。可以无限次输入,直到输入"Q"或"q"退出。若输错姓名,系统将自动提示"查无此人",并回到查询界面。

输入代码：

```
1   # 1.创建列表,用于储存员工姓名与工龄数据
2   name_list = ['钱丹','赵晓阳','王菁','程实','高敏']
3   wk_years = [10, 2, 6, 3, 4]
4   # 2. 创建循环
5   while True:
6       name = input('请输入您的姓名(Q或q退出):')      # 3.获取用户输入姓名
7       # 4.对姓名进行判断,如果没有此姓名,输出:查无此人
8       if name in name_list:
9           ix = name_list.index(name)        # 5.如果有此员工,则进行工龄提取
10          year = wk_years[ix]
11          if year >= 5:        # 6.根据不同的工龄输出结果
12              print('您将获得果仁月饼1盒(268元/盒)、牛奶2箱(55元/箱)。')
13          else:
14              print('您将获得蛋黄月饼1盒(198元/盒)、苹果3箱(25元/箱)。')
15      # 7.设计退出
16      elif name == 'Q' or name == 'q':
17          print('您将退出程序。')
18          break   # 使用break语句,退出本例的while死循环
19      else:
20          print('查无此人!')
```

运行结果：

请输入您的姓名(Q 或 q 退出)：钱丹

您将获得果仁月饼 1 盒(268 元/盒)、牛奶 2 箱(55 元/箱)

请输入您的姓名(Q 或 q 退出)：高敏

您将获得蛋黄月饼 1 盒(198 元/盒)、苹果 3 箱(25 元/箱)

请输入您的姓名(Q 或 q 退出)：王大庆

查无此人！

请输入您的姓名(Q 或 q 退出)：q

您将退出程序。

任务三 理财收益计算

工作场景 11-6：计算单利利息及本利和

美迪公司财务部王菁负责管理公司的闲置资金，并规划未来的理财投资。近期她计划将公司的一笔 10 000 元闲置资金存入银行，并选择一种适合的理财方案，以获取收益。王菁的任务是根据不同的利率和存款方式计算理财产品的收益。

单利是指在计算利息时，每一次都以初始投资双方确认的本金为计算利息的基数，每次计算的利息并不转入下一次本金。

一、单利利息计算

定义单利利息计算函数(知识技能点：定义函数、调用函数、return 语句)。

工作场景
11-6(一)

输入代码：

```
1    ef danli_interest():
2        p = 10000
3        r = 0.05
4        n = 3
5        I = p * r * n
6        return I
7
8    DI = danli_interest()
9    print(f'在单利算法下获得利息{DI}元。')
```

运行结果：

在单利算法下获得利息1500.0元。

二、单利本利和计算

美迪公司财务部的王菁有一笔 10 000 元的闲置资金,她准备存入银行 3 年,以获取一定的收益。银行按单利每年 5% 的利率计算利息,3 年后在银行取出的本利和是多少?

其中,p 为本金;r 为收益率,n 为投资期数,注意投资期数和收益率保持同一单位,如收益率为年收益率,则投资期数为年数。单利本利和计算公式为:$F = p + p * r * n$。

工作场景
11-6(二)

输入代码:

```
1    # 定义单利本利和计算函数
2    def danli_income(p, r, n):
3        m = p + p * r * n
4        return round(m, 2)
5
6    #(知识技能点:函数的形参与实参,函数的必需参数)
7    DA = danli_income(10000, 0.05, 3)
8    print(f'在单利算法下获得本利和{DA}元。')
9    DA = danli_income(p = 10000, n = 3, r = 0.05)    # 知识技能点:函数的关键字参数
10   print(f'在单利算法下获得本利和{DA}元。')
```

运行结果:

在单利算法下获得本利和 11500.00 元。

在单利算法下获得本利和 12000.00 元。

备注:还可以使用函数的默认参数、匿名函数等方法来完成。

三、计算理财投资

工作场景 11-7:计算理财收益投资额,优选理财方案

(一)计算理财投资额

美迪公司准备在 3 年后投资一个新项目,该项目需要的投资资金是 200 万元。美迪公司想将部分闲置资金投资银行理财产品,以在获得收益的同时,确定 3 年后能有这笔资金使用。

工作场景
11-7(一)

银行有两种理财产品:第一种是存入 3 年内可随时取出,按单利计算利息,利率为 0.10;第二种是存入 3 年内不可取出,按复利计算利息,利率为 0.11。

现在美迪公司应该购买哪种理财产品? 应该购买多少?

计算公式及设置如下:

单利模式下理财投入额:$pv = fv/(1 + r * n)$

复利模式下理财投入额:$pv = fv/(1 + r) ** n$

其中,r 表示投资收益率;n 表示投资期数;fv 表示到期获得的理财收益额。

代码实现：

（1）定义第一种理财方式的理财投入额函数。

输入代码：

```
1    def danli_pv(fv, r, n):
2        pv = fv / (1 + r * n)
3        return round(pv, 2)
4    DENLI_PV = danli_pv(200, 0.10, 3)
5    print(f'选择第一种理财方式,现在需要投资{DENLI_PV}万元。')
```

运行结果：

选择第一种理财方式,现在需要投资 153.85 万元。

（2）定义第二种理财方式的理财投入额函数。

输入代码：

```
1    def fuli_pv(fv, r, n):
2        pv = fv / (1 + r) ** n
3        return round(pv, 2)
4    FULI_PV = fuli_pv(200, 0.11, 3)
5    print(f'选择第二种理财方式,现在需要投资{FULI_PV}万元。')
```

运行结果：

选择第二种理财方式,现在需要投资 146.24 万元。

在期望资金都是 200 万、投资期限都是 3 年的情况下,方案二的投入资金比方案一少,因此该方案更优。

（二）优选理财方案

工作场景
11-7(二)

企业用于将来投资的金额时常有变化,投资发生的时间也存在不确定因素,银行的利率也是浮动的。因此,我们可以编写一个程序,用于在任意收益率、任意理财投资时间和任意期望收益额下,根据现在需要投入资金的大小,从两种理财方案中选择出较优的投资方案。

输入代码：

```
1    # 定义第一种理财方式的理财投入额函数
2    def danli_pv(fv, r, n):
3        pv = fv / (1 + r * n)
4        return round(pv, 2)
5    # 定义第二种理财方式的理财投入额函数
6    def fuli_pv(fv, r, n):
7        pv = fv / (1 + r) ** n
```

```
8        return round(pv, 2)
9    # 1.创建接受参数的函数
10   def pick_over():
11       global fv, r1, r2, n   #（知识技能点：变量的作用域，global 保留字）
12       fv = eval(input('请输入到期希望获得的理财收益额为（单位：万元）:'))
13       #（知识技能点：交互传参）
14       r1 = eval(input('请输入第一种理财方案的年收益率为（小数）:'))
15       r2 = eval(input('请输入第二种理财方案的年收益率为（小数）:'))
16       n = eval(input('请输入投资年限为:'))
17   # 2.调用 pick_over 函数
18   pick_over()
19
20   # 3.调用第一、二种理财方案投入额函数
21   d_pv = danli_pv(fv, r1, n)   #（知识技能点：函数调用，体现函数的复用以及便利之处）
22   f_pv = fuli_pv(fv, r2, n)
23   # 4.设置择优条件
24   pick = '第一种理财方案优' if d_pv < f_pv else '两种方案一样' if d_pv == f_pv else '第
25   二种理财方案优'
26   # 5.打印结果
27   print(f'''
28   选择第一种理财方案，现在需要投入{d_pv}万元，
29   选择第二种理财方案，现在需要投入{f_pv}万元。
30   {pick}''')
```

运行结果：

请输入到期希望获得的理财收益额为:200
请输入第一种理财方案的年收益率为:0.1
请输入第二种理财方案的年收益率为:0.11
请输入投资年限为:3
选择第一种理财方案，现在需要投入 153.85 万元。
选择第二种理财方案，现在需要投入 146.24 万元。
第二种理财方案优。

备注：还可以使用全局变量方法来完成。

任务四　应收账款信息管理

一、创建应收账款信息

美迪公司财务部门的日常重要工作是管理维护客户信息与应收账款数据。在应收账款方面，先将订单号、客户、金额等信息按每月录入系统，形成完整记录。财务人员通过函数统计总

金额与笔数,排序找出最值账款用于催收或核销,核销时从列表删除记录以确保账务准确。客户信息管理上,利用字典等记录公司名、联系人等,通过增删改查操作更新信息。为提升效率,企业编写小程序或脚本自动化操作,实现客户信息查询、添加、删除、修改等,助力财务人员高效工作。

工作场景 11-8:应收账款信息创建

表 11-7 展示了美迪公司 2020 年 9 月初的应收账款数据。表格列出了各个客户、业务部门、业务员及相应的应收金额,旨在提供有关公司应收账款的详细信息。通过对这些数据的分析,公司可以更好地掌握资金回收情况,并采取有效措施优化应收账款管理。具体场景包括增加、删除、修改、排序、统计、分析等。

工作场景
11-8(一)

表 11-7　美迪公司 2020 年 9 月初的应收账款数据

订单号	单据编号	业务日期	客户	部门	业务员	币种	金额(元)
10234450667	40056320	2020/4/1	北京美迪电器销售有限公司	营销部	张猛	人民币	265 444.00
10234450125	40040321	2020/5/5	长沙家宁电器销售有限公司	营销部	李区	人民币	159 570.00
10234450036	40032126	2020/6/31	上海达华电器销售有限公司	营销部	王春	人民币	134 384.00
10234450693	40057193	2020/7/2	南京舒宁电器销售有限公司	营销部	饶明	人民币	110 362.00
10234450754	40058428	2020/8/20	北京美迪电器销售有限公司	营销部	张猛	人民币	193 284.00
合计							863 044.00

代码实现:

(1)创建应收账款金额的列表。

输入代码:

```
1   ls = [265444.00,159570.00,134384.00,110362.00,193284.00]
2   print(f'美迪公司 2020 年 9 月初应收账款为:{ls}。\n')
```

运行结果:

美迪公司 2020 年 9 月初应收账款为:[265444.0,159570.0,134384.0,110362.0,193284.0]

(2)将列表中第 2~3 个元素更改为 15 000.00,165 800.00。

输入代码:

```
1   print(ls)
2   ls[1:3] = [150000.00, 165800.00]
3   print(ls)
```

运行结果：

结果为:[265444.0,159570.0,134384.0,110362.0,193284.0]
[265444.0,150000.0,165800.0,110362.0,193284.0]

（3）统计 2020 年 9 月初美迪公司应收账款账面总金额。

输入代码：

```
1   sum 08 = sum(ls)
2   print(f'2020 年 9 月初美迪公司应收账款账面总金额为:{sum_08}。\n')
```

运行结果：

2020 年 9 月初美迪公司应收账款账面总金额为:884890.0。

（4）统计 2020 年 9 月初美迪公司应收账款一共有多少笔(知识技能点:求列表长度 len 函数)。

输入代码：

```
1   count_08 = len(ls)
2   print(f'2020 年 9 月初美迪公司应收账款一共有{count_08}笔。")
```

运行结果：

2020 年 9 月初美迪公司应收账款一共有 5 笔。

（5）把 2020 年 9 月初美迪公司应收账款按金额从大到小进行排序(知识技能点:列表降序排序 sorted 函数)。
方法一：

输入代码：

```
1   sort 08 = sorted(ls,reverse = True)  # 不加 reverse,即 sorted 默认从小到大排序
2   print(f2020 年 9 月初美迪公司应收账款按金额从大到小进行排序为{sort 08}。")
```

运行结果：

2020 年 9 月初美迪公司应收账款按金额从大到小进行排序为[265444.0,193284.0,165800.0,150000.0,110362.0]。

方法二:(知识技能点:反转列表 reverse 方法),使用列表函数 sorted(ls)和列表方法 ls.reverse()对列表元素进行升序排序。

输入代码：

```
1   sort 09  = sorted(ls)
2   sort 09.reverse()
3   print(f'2020 年 9 月初美迪公司应收账款按金额从大到小进行排序为{sort 09}。')
```

工作场景
11-8(二)

运行结果：

2020 年 9 月初美迪公司应收账款按金额从大到小进行排序为[265444.0,193284.0, 165800.0,150000.0,110362.0]。

（6）把 2020 年 9 月初美迪公司应收账款中最大的一笔金额和最小的一笔金额打印出来，使用 max()函数和 min()函数获取最大值与最小值。

输入代码：

```
1   max 08 = max(ls)
2   min 08 = min(ls)
3   print(f'2020 年 9 月初美迪公司应收账款中金额最\大金额为{max 08}元,最小金额为{max
4   08}元。')
```

运行结果：

2020 年 9 月初美迪公司应收账款中金额最大金额为 265444.0 元,最小金额为 110362.0 元。

（7）把 2020 年 10 月把漏记的一笔记录添加到应收金额记录中,漏记的记录的金额为 130 250.0,使用 append()函数向金额列表添加元素。

输入代码：

```
1   Is.append(130250.0)
2   print(f'补记后美迪公司 2020 年 10 月初应收账款为{s}。')
```

运行结果：

补记后美迪公司 2020 年 10 月初应收账款为[265444.0,150000.0,165800.0,110362.0, 193284.0,130250.0]。

（8）经查对,以下应收账款已经于 2020 年 8 月 5 日收到,应该核销(在账中删除其记录)。

输入代码：

```
1   Is = [265444.0,150000.0,165800.0,110362.0,193284.0,130250.08
2   Is.remove(265444.0)
3   print(f'核销后美迪公司 2020 年 9 月初应收账款为:{Is}。")
```

运行结果：

核销后美迪公司 2020 年 9 月初应收账款为:[150000.0,165800.0,110362.0,193284.0, 130250.0]。

（9）把 2020 年 9 月初美迪公司应收账款中金额最大的两笔打印出来。

方法一:使用 sorte()函数的 reverse 参数时 Is 的数据进行降序排序。

输入代码：

```
1    sort_08 = sorted(ls, reverse = True)

2    top2 = sort 08[0：2]
3    print(f'2020 年 9 月初美迪公司应收账款中最大的两笔金额为{top2}。")
```

方法二：使用列表函数 sorted(ls)和列表方法 ls.reverse()对列表元素进行降序排序。

输入代码：

```
1    sort 09 = sorted(ls)
2    sort 09.reverse()[0:2]
3    print(f'2020 年 9 月初美迪公司应收账款中最大的两笔金额为{top2}。")
```

运行结果：

2020 年 9 月初美迪公司应收账款中最大的两笔金额为[193284.0,165800.0]。

（10）计算 2020 年 9 月初美迪公司应收账款的平均金额。

方法一：使用列表函数 sum(ls)和 len(ls)求列表元素的平均数。

输入代码：

```
1    avn = sum(ls)/len(ls)
2    print(f'2020 年 9 月初美迪公司应收账款的平均数是{avn}元。")
```

运行结果：

2020 年 9 月初美迪公司应收账款平均数是 149439.2 元。

方法二：使用 for 循环计算平均数。

输入代码：

```
1    sum1 = 0            ＃变量 sum1 用于记录元素累计值
2    count1 = 0          ＃变量 count1 用于记录元素数量
3    for i in ls：  ＃遍历 IS
4    sum1 + = I          ＃把 Is 每一个元素累加到 sum1 中
5    count1 + = 1        ＃每循环一次 count1 增加 1
6    ave1 = sum1/count1
7    print(f'2020 年 9 月美迪公司应收账款平均金额为{ave1}。")
```

运行结果：

2020 年 9 月初美迪公司应收账款平均数是 149439.2 元。

二、增删改查客户信息

工作场景 11-9：增删查改客户信息（一）

公司营销部销售专员白勇平时需要管理客户联系人及联系电话的信息,他希望能提高管理客户信息的效率。白勇总结出以下日常客户信息管理情境：①按公司名查找联系人与联系电话；②添加客户信息，包括：公司名、联系人与联系电话等字段；③删除客户信息；④统计当前客户数量。白勇决定使用 Python 代码实现其工作内容，以提高工作效率。

表 11-8 展示了美迪公司的客户联系信息数据。

表 11-8　美迪公司客户联系信息数据表

客户公司名称	联系人	电话号码
北京美迪电器销售有限公司	张　明	18902365896
山东精益经贸有限公司	李　清	13809879002
天津世达贸易公司	张一霖	13602236559
郑州国润科技有限公司	赵　蓓	13430098768
杭州威尚电器有限公司	肖　怡	13709945117
上海科井电器有限公司	黄轩翰	13922346678
宿迁大野电子商务有限公司	邓子月	13945568123

代码实现：

（1）创建客户信息字典。

输入代码：

```
1  client info = {
2  '北京美迪电器销售有限公司':'张明 18902365896 ','山东精益经贸有限公司':'李清
3  13809879002 "天津世达贸易公司':'张一霖 13602236559 ',郑州国润科技有限公司':'赵蓓
4  13430098768 "杭州威尚电器有限公司':'肖怡 13709945117 ','上海科井电器有限公司':'黄轩翰
5  13922346678 ',宿迁大野电子商务有限公司':'邓子月 13945568123 '
6  }
```

（2）添加客户信息，包括公司名、联系人与联系电话等字段（知识技能点：添加字典的键值对，赋值），如添加客户公司名称（广州宁达电器销售有限公司）、联系人（姚庭，电话：13922365856）等信息。

输入代码：

```
1  client info['广州宁达电器销售有限公司'] = '姚庭 13922365856 '
2  print(f'添加客户后客户清单：{client info}\n')
```

运行结果：

添加客户后客户清单：{北京美迪电器销售有限公司：张明 18902365896，山东精益经贸有限公司'：李清 13809879002，天津世达贸易公司：张一霖 13602236559，郑州国润科技有限公司：赵蓓 13430098768'杭州威尚电器有限公司：肖怡 13709945117 "上海科井电器有限公司：黄轩翰 13922346678'宿迁大野电子商务有限公司：邓子月 13945568123，广州宁达电器销售有限公司'：姚庭 13922365856'}

（3）删除客户信息（知识技能点：删除字典中指定的键值对，del 函数），如删除客户公司名称（广州宁达电器销售有限公司）、联系人（姚庭；电话 13922365856）等信息。

输入代码：

```
1  del(client info["广州宁达电器销售有限公司"])print(f'删除客户后客户清单：{client
2  info}\n'
```

运行结果：

删除客户后客户清单："北京美迪电器销售有限公司：张明 18902365896'，山东精益经贸有限公司：'李清13809879002，天津世达贸易公司：张一霖13602236559，郑州国润科技有限公司：赵蓓13430098768，杭州威尚电器有限公司：肖怡13709945117，上海科井电器有限公司：黄轩翰13922346678，宿迁大野电子商务有限公司：邓子月13945568123'}

（4）统计当前客户数量（知识技能点：求字典的长度，len 函数）。

输入代码：

```
1  print(f'目前美迪公司有{en(client info)}名客户。\n')
```

运行结果：

目前美迪公司有 7 名客户。

三、开发客户信息管理程序

工作场景 11-9：开发客户信息管理系统（二）

白勇希望编写一个 python 小程序，方便大家进行客户信息管理。

（1）白勇根据公司日常客户信息管理的需要，理出程序需要具备的功能为：①查找，②添加，③删除，④修改，⑤退出。即用户进入程序后，可以进行客户信息查找、添加、删除和修改，直到用户希望退出程序时才结束程序。

工作场景
11-9

（2）白勇编写代码实现每一项功能，具体功能要求如下：

①查找。用户输入"公司名"后，打印出该公司的联系人、联系电话及 email。②添加。接受用户添加客户信息，包括添加公司名、联系人、联系电话、email 等。③删除。用户输入公司名，即删除该公司客户的信息。④修改。用户可以修改对客户信息进行两方面的修改：一是修改客户信息中的公司名称；二是修改客户信息中除公司名称外的其他信息（联系人、联系电话、email）。⑤退出。当用户输入 5 时，退出程序。

代码实现：

（1）定义原始客户信息的字典。

输入代码：

```
1  clients info = {
```

```
2    '北京美迪电器销售有限公司:["张明" 18902365896 "61359328@q9.com'],山东精益经贸有
3    限公司:[李清,'13809879002'54788261@qq.com'],天津世达贸易公司':['张一霖',
4    13602236559','3615049@qq.com'],"郑州国润科技有限公司:['赵蓓,13430098768','
5    14167906@qq.com']杭州威尚电器有限公司':[肖怡,13709945117',67841329@q9.com'],
6    }
```

（2）设计查找公司的功能。

功能：用户输入"公司名"后，打印出该公司的联系人、联系电话及 email。

创建查找函数（知识技能点：访问字典中指定键的值）。

输入代码：

```
1    def search():
2        search_comp = input('请输入待查询公司的名称:')
3        if search_comp in clients_info.keys():
4            print (f'你查找的公司{search_comp}的联系信息是{clients_info[search_
5    comp]}')
6            # 名字存在
7        else:
8            print(f'通讯录里没有{search_comp}公司。')
9    search()
```

（3）设计添加公司的功能。

功能：接受用户添加客户信息，包括添加公司名称、联系人、联系电话、E-mail 等信息。

创建添加函数（知识技能点：字典嵌套列表中添加字典的键值对）。

输入代码：

```
1    def add():
2        add_comp = input('请输入要添加公司的名称:')
3        if add_comp in clients_info.keys():
4            print('你输入的公司已经存在！')
5        else:
6            add_name = input('请输入公司联系人姓名:')
7            add_tel = input('请输入公司联系人电话:')
8            add_email = input('请输入公司联系人电邮地址:')
9            add_list = [add_name, add_tel, add_email]
10           clients_info[add_comp] = add_list
11           print('添加联系人成功！')
12           print(clients_info)
13
14   add()
```

（4）设计删除公司的功能。

功能：用户输入公司名，即删除该公司客户的信息。

创建删除函数（知识技能点：删除字典中的键值对 del 函数）。

输入代码：

```
1  def delet():
2      del_name = input('请输入你要删除的公司名称：')
3      if del_name in clients_info:
4          del clients_info[del_name]
5          print('删除成功！')
6      else:
7          print('删除失败，查无此公司！')
8
9  delet()
```

（5）设计修改公司的功能。

功能：修改客户信息中的公司名称，修改客户信息中除公司名称外的其他信息，如联系人、联系电话等。

创建修改函数（知识技能点：字典与列表方法的综合使用）。

输入代码：

```
1   def change():
2       old_name = input('请输入需要修改的客户公司名称：')
3       for name in list(clients_info.keys()):
4           if name == old_name:
5               choice = eval(input('请问需要修改什么内容？ 1：公司名；2：公司联系信息。
6   '))
7               if choice == 1:
8                   new_name = input('请输入新公司的名称：')
9                   clients_info[new_name] = clients_info.pop(old_name)
10                  print(f'修改后的信息为：{clients_info}')
11              elif choice == 2:
12                  change_name = input(f'请按顺序输入{old_name}的联系人姓名：')
13                  change_tele = input(f'请按顺序输入{old_name}的联系人电话：')
14                  change_email = input(f'请按顺序输入{old_name}的联系人电邮：')
15                  lnv = [change_name, change_tele, change_email]
16                  clients_info[old_name] = lnv
17                  print(f'您成功修改了{old_name}的信息：{clients_info[old_name]}')
18              break
19      else:
```

```
20        print('查无此公司！')
21
22    change()
```

（6）设计主函数的功能，包含程序退出的提示。

创建主函数将以上函数串联起来。创建主函数（知识技能点：字符串输出格式 format 的方法，函数的优点）。

输入代码：

```
1    def main():
2        # 设计程序开端
3        a = '美迪公司客户通讯录程序'
4        b = '1.查找  2.添加  3.删除  4.修改  5.退出'
5        print('{0:=^40}'.format(a))
6        print('{0:^40}'.format(b))
7        print("=" * 51)
8
9        # 获取用户需求
10       while True:
11           choice = eval(input('您希望进行什么操作(1.2.3.4.5)? \n'))
12           if choice == 1:
13               search()
14           elif choice == 2:
15               add()
16           elif choice == 3:
17               delet()
18           elif choice == 4:
19               change()
20           elif choice == 5:
21               print('{0:=^42}'.format('感谢使用通讯录程序'))
22               break
23
24   main()
```

任务五　项目工作量计算

一、计算订单工作量

美迪公司生产部门开发工作量计算器小程序，用于计算生产订单的工作量，保障按时交货。用户输入计算类型（人均工时、人力计算或订单大小计算）等参数，程序依此快速计算。输入环节设异常处理,如输入错误格式,则程序提示重输。计算考虑工人 8 小时/天标准工时、生产起止日期,对比计划与实际完成天数判断能否按时交货。通过获取输入、计算、输出函数实现流程,用户输入后系统自动计算输出,以助力生产部门调整安排,提升效率。

工作场景 11-10:订单工作量计算(一)

美迪公司生产部门主要负责加湿设备的生产,当产品库存不足时,管理系统会向生产部门下达计划生产订单。一个标准生产订单为 120 工时(订单大小为 1),每名车间工人一天工作 8 个工时,即一名车间工人需进行 15 天车间作业来完成一个标准订单。

这天,管理系统又下达了一笔计划生产订单编号 3001,该笔订单大小为 1,生产部门可以调配 2 名工人进行订单工作。李小新经手动核算,发现这笔订单人均工时为 60 个工时(1×120÷2=60 工时)。美迪公司 3 月下达的生成订单情况如表 11-9 所示。

表 11-9 美迪公司 3 月下达的生产订单情况

订单编号	产品名称	订单人均工时	订单人力输量	订单数
3001	小熊迷你加湿器	60 工时	2 人	1
3002	小熊迷你加湿器	50 工时	4 人	未注明
3003	小熊迷你加湿器		3 人	1.2
3004	小熊迷你加湿器	32 工时		0.8

由于手工核算容易出现错误,李小新想要利用 Python 开发一个程序,完成订单所需工时、订单所需人力和订单大小之间的快速计算,直接利用程序得到生产订单 3002—3004 的补充信息。

他按照自顶向下设计程序的思路,将自己的工作划分为以下几个步骤:

(1) 对程序进行顶层设计,设计主函数 main()(知识技能点:程序的顶层设计)。

步骤 1:打印程序的介绍性信息。

步骤 2:获取程序运行需要的参数,即 size、labour、hour。

步骤 3:完成人力、工时或者订单大小的计算。

步骤 4:输出程序运行结果。

(2) 对程序进行第 n 层设计(知识技能点:程序的第 n 层设计)。

基于上述程序框架,在主程序 main()下需设计 4 个函数,主要包括 printintro()函数、myinput()函数、estimated()函数和 printsummary()函数。

(3) 设计程序介绍函数,对程序作简要介绍。(知识技能点:程序中的基本函数设计)

(4) 设计获取程序运行所需参数函数,例如:计算订单编号 3002 的订单大小,需采集订单人均工时和订单人力数量信息(知识点:程序中的基本函数设计、函数返回值)。

(5) 设计计算工时、人力和订单大小的函数(知识技能点:程序中的基本函数设计)。

(6) 设计程序输出函数,输出程序运行结果(知识技能点:程序的基本函数设计)。

(7) 对设计过程进行总结(知识技能点:自顶向下的设计思路)。

代码实现:

(1) 设计程序介绍函数(对程序作简要介绍)。

输入代码:

```
1   def printintro():
2   print("欢迎使用工作量计算小程序!")
3   print('程序运行需要输入计算类型')
```

（2）设计获取程序运行所需参数函数（例如，计算订单编号 3002 的订单大小，需采集订单人均工时和订单人力数量等信息）。

输入代码:

```
1   def myinput():
2       print('请选择计算类型:(1-工时计算,2-人力计算,3-订单大小计算)')
3       choice = input('输入计算类型:')
4       if choice == '1':
5           print('请输入订单大小:(1代表标准大小,可以输入小数)')
6           size = eval(input('输入订单大小:'))
7           print('请输入人力数量:(请输入整数)')
8           labour = int(input('输入人力数量:'))
9           hour = None
10          return choice, size, labour, hour
11
12      if choice == '2':
13          print('请输入订单大小:(1代表标准大小,可以输入小数)')
14          size = eval(input('输入订单大小:'))
15          labour = None
16          print('请输入工时数量:(可以输入小数)')
17          hour = eval(input('输入工时数量:'))
18          return choice, size, labour, hour
19
20      if choice == '3':
21          size = None
22          print('请输入人力数量:(请输入整数)')
23          labour = int(input('输入人力数量:'))
24          print('请输入工时数量:(可以输入小数)')
25          hour = eval(input('输入工时数量:'))
26          return choice, size, labour, hour
```

（3）设计计算函数。

输入代码:

```
1   def estimated(choice, size, labour, hour):
2       # 工时计算
```

```
3      if choice = = '1':
4          hour = size * 120 / labour   # 需要工时 = 订单大小 * 每订单的工时/人力数量
5      # 人力计算
6      elif choice = = '2':
7          labour = math.ceil(size * 120 / hour)
8      # 需要人力数量 = 进位取整(订单大小 * 每订单的工时/工时)人力数量必须为整数
9      # 订单大小计算
10     elif choice = = '3':
11         size = hour * labour / 120   # 订单大小 =   工时数量 * 人力输量 / 每订单的
12 工时
13     return size, labour, hour
```

（4）设计程序输出函数（输出结果）。

输入代码：

```
1  def printSummary(size, labour, hour):
2      print('订单大小为 %.1f 个标准订单,使用 %d 个人力完成,人均工时数量为: %.1f 个
3  '%(size, labour, hour))
4      print("感谢使用工作量计算小程序!")
```

（5）主函数。

输入代码：

```
1  def main():
2      printIntro()
3      choice, size, labour, hour = myinput()
4      size, labour, hour = estimated(choice, size, labour, hour)
5      printSummary(size, labour, hour)
6
7  main()
```

二、设计订单工作量计算器

工作场景 11-11：订单工作量计算（二）

美迪公司主要生产小熊迷你加湿器、智能恒温加湿器和大容量上加水加湿器三种产品。由于产品制造工艺有所不同，车间工人生产每种产品的效率也有所不同。每位车间工人每工时的产出数量如表 11-10 所示。

表 11-10　每人每工时产出产品数量(每天工作 8 工时)

产品编码	产品名称	产品数量(每人每工时)
CW-0001	小熊迷你加湿器	20 件
CW-0002	智能恒温加湿器	12 件
CW-0003	大容量上加水加湿器	8 件

李小新利用 Python 自顶向下的设计思路开发一个订单工作量计算器小程序,来快速判断下列订单是否能够按时交货。但是他发现当实际使用时,用户输入错误的数据格式,程序就会报错。他想进一步改进自己的程序,并将自己的工作划分为以下几个步骤:

(1) 设计计算生产订单计划完成天数的函数。

(2) 设计计算生产订单实际完成天数的函数。

(3) 设计比较计划完成天数和实际完成天数,并输出结果的函数。

输入代码:

```
1    import time
2    import math
3    def intro():print('欢迎使用订单计算器)
```

(1) 输入错误的产品需求数量或人力数量格式。查看异常名称和描述,并使用 try-except-finally 语句对 getinput()函数进行修改,完成异常处理。

输入代码:

```
1    def getinput():
2        print('请输入开始时间(请按照 yyyy-mm-dd 格式填写,如 2020-04-20')
3        day1 = input('请输入开始时间:')
4        print('请输入结束时间(请按照 yyyy-mm-dd 格式填写,如 2020-04-20')
5        day2 = input('请输入结束时间:')
6        print('请输入产品类型:1-小熊迷你加湿器,2-智能恒温加湿器,3-大容量上加水加
7    湿器')
8        type = input('请输入产品类型编号:')
9        amount = input('请输入产品需求数量(单位:件):')
10       labour = input('请输入可调度人力数量:')
11
12       # 在此补充代码,在用户输入错误产品数量和人力数量格式时,要求用户重新输入。
13       并且最终都运行以下 if-elif 语句,返回五个值。
14
15       try:
16           int(amount) and int(labour)    # 判断输入类型是否正确,不正确,则运行 except
17       except ValueError:
```

```
18              print('产品数量或人力数量输入格式错误！请输入整数！')
19              amount = input("请重新输入产品需求数量：")
20              labour = input("请重新输入人力数量：")
21      finally:
22          if type == '1':   # 根据不同的产品类型，定义对应的没人每工时生产数
23  量 counts
24              counts = 20
25              return day1, day2, amount, labour, counts
26          elif type == '2':
27              counts = 12
28              return day1, day2, amount, labour, counts
29          elif type == '3':
30              counts = 8
31              return day1, day2, amount, labour, counts
```

（2）输入错误的日期格式，查看异常名称和描述，完成异常处理。

输入代码：

```
1   def plantime(day1, day2):
2       # 在此补充和修改代码，在用户输入错误的日期格式时，能重新运行主函数()，输入正
3       确格式时按原代码计算 result1。
4       try:
5           time_array1 = time.strptime(day1, '%Y-%m-%d')   # 转换数据的类型和
6       格式 变为 x-x-x
7           time_array2 = time.strptime(day2, "%Y-%m-%d")
8       except ValueError:
9           print('日期格式输入错误！将重启程序！')
10          main()
11          result1 = 0
12          return result1
13      else:
14          timestamp_day1 = int(time.mktime(time_array1))   # 将 x-x-x 时间格式 转
15          换为时间戳
16          timestamp_day2 = int(time.mktime(time_array2))
17          result1 = (timestamp_day2 - timestamp_day1) // 60 // 60 // 24   # 计算差值，
18          并转换为小时数
19          return result1
20
21
```

```
22   def actualtime(amount, labour, counts):
23       result2 = math.ceil(float(amount) / float(labour) / float(counts) / 8)
24       return result2
25
26   def summary(result1, result2):    # 计算实际完成的天数
27       if result1 != 0:
28           print('计划完成时间为%d天,预计实际完成时间为%d天' % (result1,
29           result2))
30           if result1 >= result2:
31               print("能按计划时间交货")
32           else:
33               print("不能按计划时间交货")
34       return
```

（3）输入错误的产品类型格式,查看异常名称和描述,并使用 try-except-else 语句对 main（）函数进行修改,完成异常处理。

输入代码：

```
1    def main():
2        intro()
3        try:
4            day1, day2, amount, labour, counts = getinput()    # 调用 getinput() 获取输
5            入的各项参数
6        except TypeError:    # 如果 try 执行失败,则执行 except
7            print('请输入正确的 type 类型\n', TypeError)
8        else:
9            #传入计划的始末时间,计算计划完成天数 result1
10           result1 = plantime(day1, day2)
11           #调用 actualtime()计算实际完成天数 result2
12           result2 = actualtime(amount, labour, counts)
13           summary(result1, result2)    #调用 summary() 给出能否完工的结论
14
15   main()
```

在 getinput()函数中,输入错误的 type 格式,比如 type 输入为 5 时,不满足 if-elif 语句中的任一条件,counts 变量不会被赋值,这时用 5 个变量接收 getinput()函数的返回值由于其中 counts 没有被定义,运行程序会在此出现异常。请查看异常名称和描述,在上述程序补充和修改代码。在用户输入错误的产品类型格式时,提示错误类型即 except TypeError；而在用户输入正确的格式时,则正常运行。

拓 展 阅 读

2025 年影响中国会计行业的十大信息技术

"2025 年影响中国会计行业的十大信息技术"评选结果,分别是:人工智能通用大模型、会计大数据分析与处理技术、中台技术(数据中台、业务中台、财务中台)、流程自动化(RPA 和 IPA)、财务云、数电票、数据治理、商业智能(BI)、数据挖掘、多模态数据分析。同时,发布了"2025 年潜在影响中国会计行业的五大信息技术",分别是生成式人工智能(AIGC)、财务多模态垂直大模型、智能体(AI Agent)、数字员工及其智能调度管理、业财税融合与数据编织。本次评选委员会主任、智能财务研究院院长、上海国家会计学院教授、博士生导师刘勤从评选的设计、投票样本和情况、投票结果等方面介绍了本次评选的情况。他表示今年组委会共遴选出 205 位专家组成专家委员会,其中新任专家为 38 人,特别增加了会计媒体业的专家。本次调查在 10 天内共收到评选问卷 2 282 份,为保证评选数据的有效性,最后筛选出有效问卷 2 215 份。结果分析方面,刘勤简要介绍了专家和公众十大技术投票结果比较、不同领域专家投票结果比较、不同层级公众投票结果比较、当前影响技术生命周期比较、当前影响技术 11～35 名榜单等。

刘勤教授指出,评选结果显示,人工智能通用大模型首次上榜即登顶十大技术首位,成为年度最受关注技术,多模态数据分析亦首次入榜,在潜在影响的榜单中也出现了新的面孔,即当前非常热的 AI Agent 智能体技术。不同群体投票差异显著,专家更关注技术的前沿性与系统性风险,公众则侧重技术的普及度与用户体验,不同领域专家的投票结果亦各有侧重,体现了行业对技术应用的多元视角。通过对技术的生命周期分析可知,上榜技术都处于"导入期"与"扩散期",其中人工智能通用大模型虽处于导入期,但因其颠覆性潜力被专家与公众高度认可。网络舆情分析显示,可视化技术、隐私保护、产业工业互联网等技术热度较高,但未进入榜单。此外,信息安全相关技术在本次评选中关注度较低,与国际同类评选存在差异,值得思考。

刘勤教授在接受媒体采访时表示,本次评选出的当前影响技术和潜在影响技术较往年都有较大的改变,这样的变化一方面体现信息技术迭代的速度,另一方面表明会计人员与时俱进、积极拥抱新技术的态度。

从长远来看,以大模型和智能体 Agent 为代表的人工智能技术的应用必然会对财务流程、财务组织,乃至财务管理模式、企业发展战略等层面产生深远的影响。但同时需要注意的是人工智能技术的深度应用也可能会对内部控制、会计人员的知识结构以及商业伦理等方面带来新的挑战。

资料来源:节选自中国新闻网于 2025 年 5 月发布的专题报道《2025 年影响中国会计行业的十大信息技术评选结果揭晓》。

课后练习

项目十二
Python 在财务中的综合应用

 知识目标

1. 了解 CSV 文件的读写操作方法及 pandas 的核心方法,如分组、分组求和、重置索引和排序。

2. 掌握 matplotlib 的多子图绘图方法及灵活的子图布局控制。

3. 熟悉 pandas 的 groupby 方法与 sum 函数的应用,进行复杂的数据分组和聚合分析。

 能力目标

1. 熟练使用 csv 库和 pandas 库进行表格文件的读写及数据分组、排序操作。

2. 掌握文件遍历与批量操作方法。

3. 能够将表格数据绘制成可视化图表,分析变化趋势及动因。

4. 熟悉绘制多子图、双轴图、饼图和玫瑰图,并设置指定样式。

 素养目标

1. 增强流程自动化思维与解决问题的能力。

2. 提升数据可视化能力,培养数据分析思维。

3. 培养探究精神和积极向上的人生态度。

知识导图

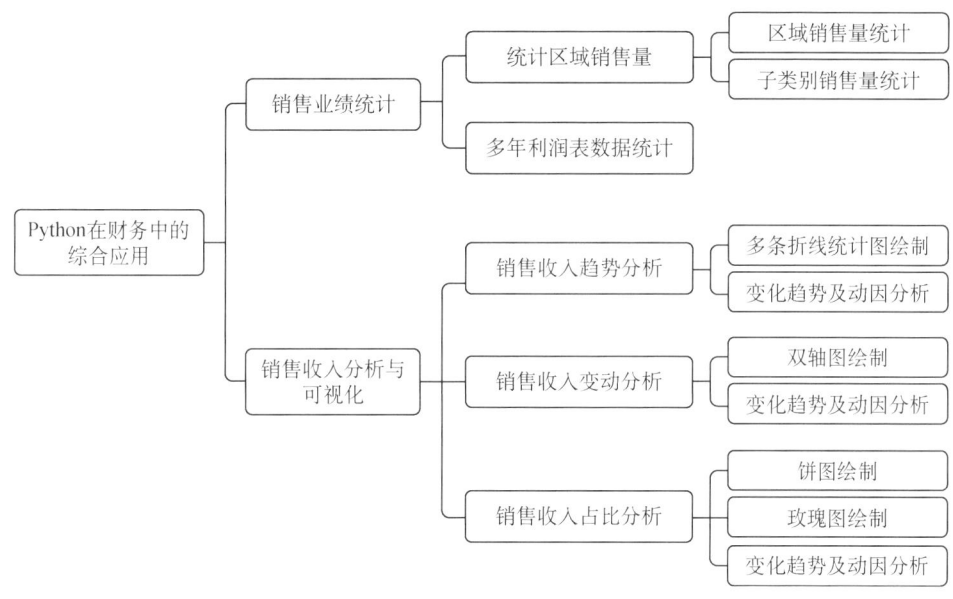

任务一　销售业绩统计

一、统计区域销售量

工作场景 12-1：区域销售量统计

华泰办公家具有限公司（以下简称华泰公司）是一家专注于办公家具设计、生产和销售的大型企业，其业务遍布全国。2020 年 12 月，营销部希望通过数据分析统计各区域的销售量，以便优化资源分配。团队采用 Python 的 pandas 库对销售数据进行分析处理。

首先，读取包含区域、销售量等信息的表格文件；其次，按"区域"分组，统计每个区域的销售总量；最后，得出华东区域销售量为 11 637 件，华中区域为 8 241 件，华北区域为 27 380 件，华南区域为 20 562 件。在另一场景中，公司分析 2021 年 6 月的门市销售数据，按"子类别"统计商品销售数量，并以降序排列。统计结果显示，"椅子"子类别销售数量最高，为 1 744 把。通过这种数据分析，企业能够快速、准确地获取销售信息，从而优化供应链管理和市场策略。这种基于 Python 的自动化统计方法极大地提高了工作效率，为企业决策提供了重要支持。

（一）区域销售量统计

表 12-1 展示了华泰公司 2020 年 12 月的销售量统计情况。该表列出了不同区域、省市的销售数据，旨在为公司提供一个全方位的销售量分布图。这些数据将帮助公司更好地分析各地区的市场表现，为制定未来的销售策略和资源分配提供依据。

表 12-1　华泰公司 2020 年 12 月销售量统计

单位：把

区域	省	市	销售量
华北	北京	北京（朝阳区）	5 943
华南	广东	广州	1 174
华中	河南	开封	4 195
华南	广东	深圳	7 718
华中	湖北	武汉	4 046
华北	河北	石家庄	2 306
华北	山西	太原	4 957
华东	上海	上海	6 638
华南	广西	桂林	5 298
华北	北京	北京（通州区）	1 787
华东	江苏	南京	668
华南	福建	厦门	2 608
华北	天津	天津	5 934
华东	江苏	苏州	4 331
华北	河北	张家口	972
华南	福建	福州	3 764
华北	山西	大同	5 481

使用 pandas 库读取该表格文件，获取区域、销售量两列数据。

输入代码：

```
1    # 导入 pandas：数据分析库
2    import pandas as pd
3
4    # 1 指定文件路径
5    file_name = '销售业绩统计/华泰公司 2020 年 12 月销售量统计表.csv'
6    # 2 获取华泰公司 2020 年 12 月销售量统计数据，并赋值给变量名 df
7    df = pd.read_csv(file_name)
8    # 3 对华泰公司 2020 年 12 月销售量统计数据按照"区域"进行分组，并将分组的结果赋值
9    给变量 df_group
10   df_group = df.groupby(by='区域')
11   # 4 对区域分组结果 df_group，统计每个区域的销售量总和，reset_index 重置行索引，从
12   0 开始 13df_group_sum = df_group['销售量'].sum().reset_index()
14   # 5 输出区域销售量
15   print(df_group_sum)
```

运行结果：

```
    区域    销售量
0   华东    11,637
1   华中    8,241
2   华北    27,380
3   华南    20,562
```

运行结果展示了按区域统计的销售量数据。该表概述了公司在不同区域的销售表现，反映了各区域的市场需求情况。通过这些数据，公司可以更加精准地评估每个区域的销售潜力，并为未来的市场拓展与资源配置提供参考依据。

（二）子类别销售量统计

华泰公司是一家集设计、生产、销售为一体的大型办公家具企业，公司产品种类繁多，产品分成“类别”和“子类别”。

2021 年 6 月营销部王笑笑拿到了当月“门市销售数据表”，现在需要根据 5 465 条记录的门市销售数据，统计当月不同“子类别”的商品的销售数量并保存为 Excel。

部分数据表截图如图 12-1 所示。

订单日期	发货日期	邮寄方式	客户名称	细分	城市	产品 ID	类别	子类别	品牌	销售额（元）	数量（PIC）	折扣	利润（元）	客户编号	品名	规格
2021/6/25	2021/7/5	二级	曾惠	公司	杭州	10002717	办公用品	用品	Fiskars	129.696	2	0.4	-60.704	14485	剪刀	蓝色
2021/6/6	2021/6/16	标准级	许安	消费者	内江	10004832	办公用品	信封	GlobeWeis	125.44	2	0	42.56	10165	搭扣信封	红色
2021/6/21	2021/7/1	标准级	许安	消费者	内江	10001505	办公用品	装订机	Cardinal	31.92	2	0.4	4.2	10165	孔加固材料	回收
2021/6/11	2021/6/21	标准级	宋良	公司	镇江	10003746	办公用品	用品	Kleencut	321.216	4	0.4	-27.104	17170	开信刀	工业
2021/6/6	2021/6/16	二级	万兰	消费者	汕头	10003452	办公用品	器具	KitchenAid	1375.92	3	0	550.2	15730	搅拌机	黑色
2021/6/6	2021/6/16	标准级	俞明	消费者	景德镇	10001640	技术	设备	柯尼卡	11129.58	9	0	3783.78	18325	打印机	红色

图 12-1 华泰公司 2021 年 6 月销售数据表截图

使用 pandas 库读取该表格文件，获取子类别、数量(PIC)两列数据，数据表截图如图 12-2 所示。

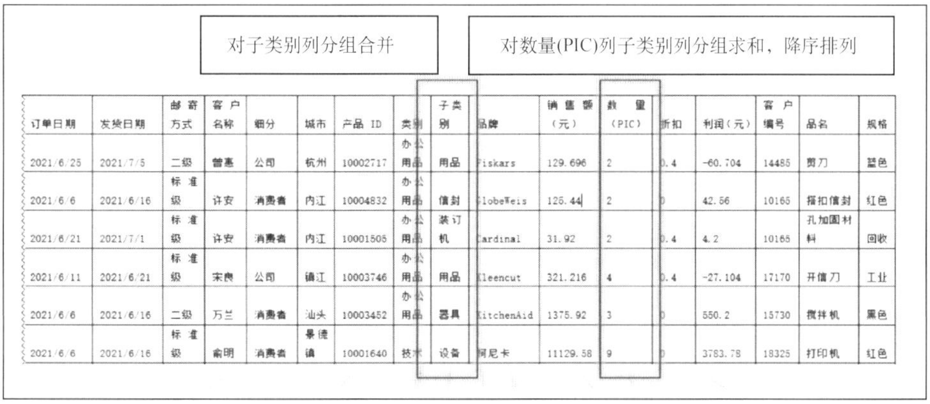

订单日期	发货日期	邮寄方式	客户名称	细分	城市	产品 ID	类别	子类别	品牌	销售额（元）	数量（PIC）	折扣	利润（元）	客户编号	品名	规格
2021/6/25	2021/7/5	二级	曾惠	公司	杭州	10002717	办公用品	用品	Fiskars	129.696	2	0.4	-60.704	14485	剪刀	蓝色
2021/6/6	2021/6/16	标准级	许安	消费者	内江	10004832	办公用品	信封	GlobeWeis	125.44	2	0	42.56	10165	搭扣信封	红色
2021/6/21	2021/7/1	标准级	许安	消费者	内江	10001505	办公用品	装订机	Cardinal	31.92	2	0.4	4.2	10165	孔加固材料	回收
2021/6/11	2021/6/21	标准级	宋良	公司	镇江	10003746	办公用品	用品	Kleencut	321.216	4	0.4	-27.104	17170	开信刀	工业
2021/6/6	2021/6/16	二级	万兰	消费者	汕头	10003452	办公用品	器具	KitchenAid	1375.92	3	0	550.2	15730	搅拌机	黑色
2021/6/6	2021/6/16	标准级	俞明	消费者	景德镇	10001640	技术	设备	柯尼卡	11129.58	9	0	3783.78	18325	打印机	红色

图 12-2 华泰公司 2021 年 6 月销售数据表截图

代码实现:

使用 pandas 库读取该表格文件,获取子类别、数量(PIC)两列数据。

输入代码:

```
1   # 导入用于数据分析的库 pandas
2   import pandas as pd
3
4   # 1 读取华泰办公用品公司 2021 年 6 月销售数据,并赋值给 con。
5   con = pd.read_csv('销售业绩统计/华泰办公用品公司 2021 年 6 月销售数据表.csv')
6   # 2 这里统计子类别的数量,所以获取需要处理的列,'子类别','数量(PIC)',并赋值给变量
7   con_kind
8   con_kind = con[['子类别', '数量(PIC)']]
9   # 3 对 con_kind 中的"子类别"分组,并求出每个子类别的数量的和,并赋值给变量 count
10  count = con_kind.groupby('子类别').sum()
11  # 4 对 count 中的"子类别",按照"数量"降序排序 。并将结果重新赋值给变量 count
12  count = count.sort_values(by='数量(PIC)', ascending = False)
13  # 5 保存 count 的不同"子类别"的商品的销售数量
14  count.to_csv('销售业绩统计/华泰办公用品公司 2021 年 6 月销售数据表_分析结果.csv',
15  encoding = 'utf - 8 - sig')
16  print(count)
```

运行结果:

子类别	数量(PIC)
椅子	1,744
装订机	1,727
收纳具	1,651
书架	1,343
系固件	1,280
信封	1,269
器具	1,261
用品	1,254
用具	1,237
电话	1,211
标签	1,194
配件	1,171
复印机	1,119
纸张	1,111
美术	1,068
设备	760
桌子	277

运行结果展示了按子类别统计的销售数量数据,提供了各个子类别产品的销售数量,反映了不同类型产品的市场需求情况。通过这些数据,公司可以了解各子类别的销售趋势,为进一步的产品策略和库存管理提供有价值的参考。

二、多年利润表数据统计

工作场景 12-2:统计多年利润表数据

华泰公司在全国有 16 家分公司,分公司每个季度都会向总部的财务部提交利润表。现在要求统计出分公司 2017—2019 年营业收入、营业成本、净利润的总和,并将结果保存到新的表格文件中。

每个分公司提供的利润表有 12 个,分别为 2017—2019 四个季度的数据。因为第四个季度数据为全年累计数据,所以统计数据时只需要取每年第四个季度的数据。

图 12-3 展示了华泰公司分公司 2019 年利润表的截图,其涵盖了公司在 2019 年 12 月 31 日的各项财务数据。使用 pandas 库读取利润表文件,如何获取对应的数据? 如图 12-3 所示,可将利润表中的数据利润表中能够将各项数据分解对应为行索引、列索引和数据坐标。

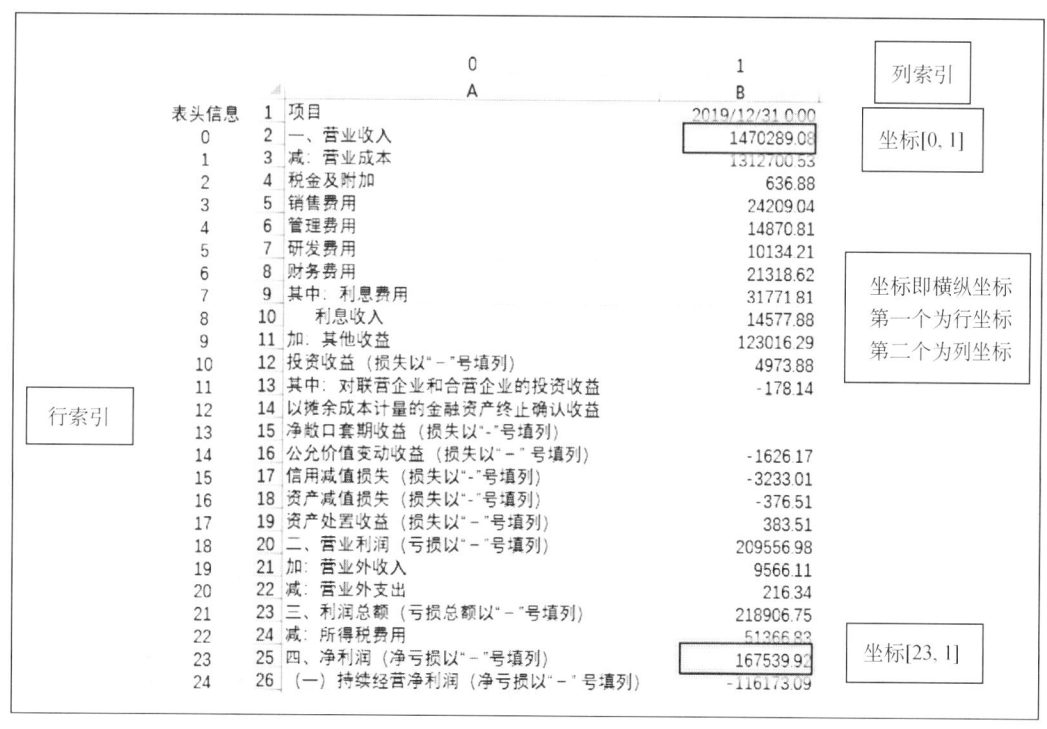

图 12-3 华泰公司分公司 2019 年利润表截图

代码实现：

输入代码：

```
1   import pandas as pd
2   import glob     # 获取文件夹中的文件名
3
4   income_sum, operating_cost, net_profit = 0, 0, 0     # 定义初始值,因为均为求和的
5   值,全部设置为0
6   for file_name in glob.glob('销售业绩统计/某 * .csv'):     # 使用 glob 匹配全部以某开
7   头,csv 后缀的文件,并取得文件路径
8       df = pd.read_csv(file_name)     # 读取对应文件
9       # 获取营业收入
10      income = df.iloc[0, 1]
11      # 获取营业成本
12      cost = df.iloc[1, 1]
13      # 获取净利润
14      profit = df.iloc[23, 1]
15      income_sum + = income     # 求和计算三个值
16      operating_cost + = cost
17      net_profit + = profit
18
19   # 构造新的 DataFrame 数据,并赋值给 pd_df
20   pd_df = pd.DataFrame()
21
22   # 给 pd_df 添加一列'项目'内容,项目这一列的数据是'营业收入','营业成本','净利润'
23   pd_df['项目'] = ['营业收入','营业成本','净利润']     # 项目列有的三行内容
24
25   # 给 pd_df 添加一列'金额(2017 - 2019)'内容,'金额(2017 - 2019)'这一列的数据是'营业收
26   入'对应的数值,'营业成本'对应的数值,'净利润'对应的数值
27   pd_df['金额(2017 - 2019)'] = [income_sum, operating_cost, net_profit]
28
29   # 将 pd_df 统计的营业收入、营业成本、净利润数据保存为 csv 文件。
30   pd_df.to_csv('销售业绩统计/集团总计 2.csv', encoding = 'utf - 8 - sig', index = False)
31   print('ok')
32
33   print(pd_df)
```

运行结果：

```
ok
项目,金额(2017 - 2019)
营业收入,61816900.319999985
营业成本,55424924.96000002
净利润,6524318.72
```

任务二　销售收入分析与可视化

一、销售收入趋势分析

在美迪公司的办公室内,团队正专注地研究 2020 年全年三种加湿器的销售数据,以助力决策分析。统计数据显示,小熊迷你加湿器全年销售收入表现优异,而智能恒温加湿器次之,大容量上加水加湿器稍显逊色。通过 Python 编程语言,团队使用 matplotlib 和 pandas 等工具,将这些数据以多种形式可视化,包括折线图、堆积柱形图和双向条形图等。屏幕上,各月的销售趋势、产品之间的对比以及关联性清晰可见,销售收入的下降与增长趋势一目了然。团队成员对图表所揭示的消费者需求变化展开热烈讨论,并为制定未来的市场策略提出了优化建议。这些图表不仅帮助决策者洞察市场动态,还为公司产品定位和战略调整提供了坚实的数据支撑。

(一)多条折线统计图绘制

工作场景 12-3:绘制销售收入折线图

表 12-2 展示了美迪公司 2020 年销售收入统计数据。该表按月份列出了公司三种主要产品,即小熊迷你加湿器、智能恒湿加湿器和大容量上加水加湿器的销售数量。通过分析这些数据,可以观察到每种产品在不同月份的销售表现,帮助公司识别销售高峰期及低谷期,从而为未来的生产和销售策略提供决策依据。

工作场景
12-3(一)

表 12-2　美迪公司 2020 年销售收入统计　　　　　单位:万元

名称	1月	2月	3月	4月	5月	6月	7月	8月	9月	10月	11月	12月
小熊迷你加湿器	604	460	196	190	202	240	206	252	174	160	264	580
智能恒湿加湿器	406	298	128	134	124	145	141	138	119	117	180	387
大容量上加水加湿器	210	140	65	70	55	71	80	73	60	57	86	196

根据产品需求文档说明,将三种加湿器的 2020 年销售收入绘制为折线图,展示其收入走势并分别按步骤绘制四张子图,展示数据的不同特征。利用 Python 实现,可以熟悉 Python 语法变量、函数调用。操作步骤如下:

(1)设置中文字体和负数显示问题。

(2)导入美迪电器销售公司销售收入数据。

(3)第一张图表:将三种类型加湿器的销售收入绘制为三条折线图,并显示在一张图表上。

(4)第二张图表:设置子区域绘图,将区域划分为 2 * 2。

(5)第二张图表:第一个子区域绘制三种类型加湿器销售收入折线图,并将标题设置为"折线图"。

(6)第二张图表:第二个子区域将小熊迷你加湿器和智能恒温加湿器的销售收入对比绘

制为双向条形图,并将标题设置为"双向条形图"。

(7) 第二张图表:第三个子区域将小熊迷你加湿器的销售收入绘制为直方图,并将标题设置为"直方图"。

(8) 第二张图表:第四个子区域查看大容量上加水加湿器和小熊迷你加湿器销售收入之间的关系绘制为散点图,并将标题设置为"散点图"。

代码实现:

(1) 使用 pandas 库读取该表格文件,绘制多折线图。

输入代码:

```
1   import pandas as pd
2   import matplotlib.pyplot as plt
3
4   # 1、设置中文字体和负数显示问题。
5   plt.rcParams['font.sans-serif'] = ['SimHei']    # 设置中文字体为黑体,
6   plt.rcParams['axes.unicode_minus'] = False      # 并设置负数显示问题
7
8   # 2.导入美迪电器销售公司销售收入数据。
9   df = pd.read_csv('销售收入分析与可视化/美迪电器销售有限公司 2020 年销售收入.csv')
10
11  # 3.第一张图表:将三种类型加湿器的销售收入绘制为三条折线图,并显示在一张图表上。
12  plt.plot(df['月份'], df['小熊迷你加湿器'], df['月份'], df['智能恒温加湿器'], df['月份
13  '], df['大容量上加水加湿器'])
14  plt.xlabel('月份')
15  plt.ylabel('销售收入')
16  plt.show()
```

运行结果:如图 12-4 所示。

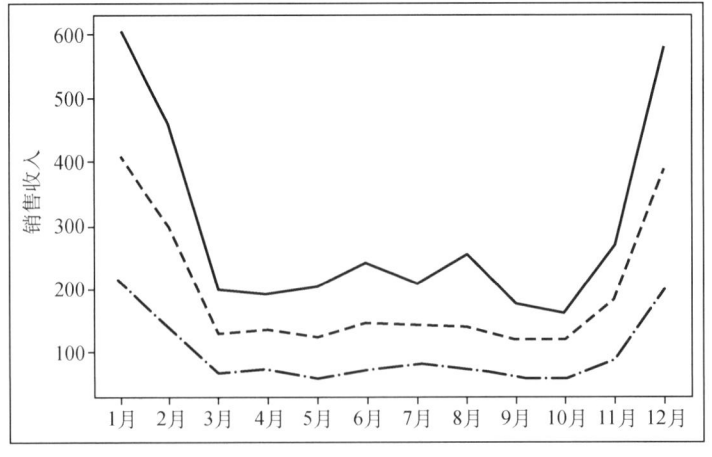

图 12-4　多折线图

（2）使用 pandas 库读取该表格文件，绘制多子图。

输入代码：

```
1    import pandas as pd
2    import matplotlib.pyplot as plt
3
4    # 1.设置中文字体和负数显示问题。
5    plt.rcParams['font.sans-serif'] = ['SimHei']   # 设置中文字体为黑体
6    plt.rcParams['axes.unicode_minus'] = False   # 并设置负数显示问题
7
8    # 2.导入美迪电器销售公司销售收入数据。
9    df = pd.read_csv('销售收入分析与可视化/美迪电器销售有限公司 2020 年销售收入.csv')
10
11   # 3.第二张图表:设置子区域绘图,将区域划分为 2*2。
12   plt.clf()   # 清除当前已绘制图形
13   fig = plt.figure()
14   ax = fig.subplots(2, 2)
15
16   # 4.第二张图表:第一个子区域绘制三种类型加湿器销售收入折线图,并设置标题为"折线图"。
17   ax[0, 0].plot(df['月份'], df['小熊迷你加湿器'], df['月份'], df['智能恒温加湿器'],
18   df['月份'], df['大容量上加水加湿器'])
19   ax[0, 0].set_title('折线图')
20
21   # 5.第二张图表:第二个子区域将小熊迷你加湿器和智能恒温加湿器的销售收入对比绘制
22   为双向条形图,并设置标题为"双向条形图"。
23   ax[0, 1].barh(df['月份'], df['小熊迷你加湿器'], facecolor = 'skyblue')
24   ax[0, 1].barh(df['月份'], -df['智能恒温加湿器'], facecolor = 'salmon')
25   ax[0, 1].set_title('双向条形图')
26
27   # 6.第二张图表:第三个子区域将小熊迷你加湿器的销售收入绘制为直方图,并设置标题
28   为"直方图"。
29   ax[1, 0].hist(df['小熊迷你加湿器'], 5, facecolor = 'lightsalmon')
30   ax[1, 0].set_title('直方图', y = -0.3)
31
32   # 7.第二张图表:第四个子区域查看大容量上加水加湿器和小熊迷你加湿器销售收入之间
33   的关系,绘制为散点图,并设置标题为"散点图"。
34   ax[1, 1].scatter(df['大容量上加水加湿器'], df['小熊迷你加湿器'], c = 'midnightblue',
35   alpha = 0.5)
36   ax[1, 1].set_title('散点图', y = -0.3)
37   plt.show()
```

运行结果：如图 12-5 所示。

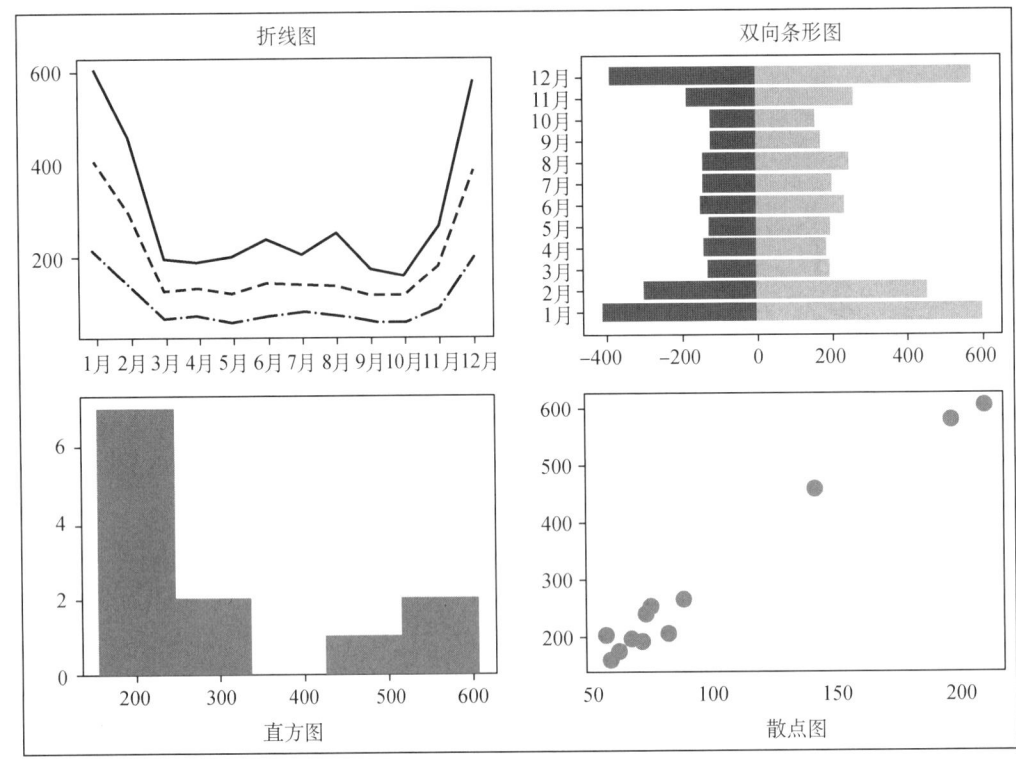

图 12-5　多子图

（二）变化趋势及动因分析

结合图 12-5 与可视化图表能够明显观察到：三种型号的加湿器 1～2 月的销售收入呈现持续下降趋势，3～10 月的销售收入基本保持稳定，10～12 月的销售收入呈现持续上升趋势。各产品中，小熊迷你加湿器表现最佳，智能恒温加湿器次之，其后为大容量上加水加湿器。

（1）结合 2020 年美迪公司销售收入统计表及多子图进行可视化展示，如图 12-6 所示，分析销售收入的变化趋势。

3～9 月为我国的春夏与早秋季节，消费者对于加湿器的需求基本保持不变，销售收入基本维持稳定。10～11 两月中，平均降水量偏少，湿度下降，仲秋之后天气更加干燥，北方开始供暖，室内更加干燥；人们对加湿器的关注度与需求量持续上升，加湿器的销售收入表现出稳步提升的态势，12 月中旬更是达到峰值。3 月集中供暖结束，其间销售收入持续下降，消费者对加湿器的需求量下降明显。

（2）分析三种产品的销售收入变化的动因。不同产品的销售收入变化较为明显：小熊迷你加湿器的销售收入最高，说明其得到了市场与消费者的认可；智能恒温加湿器的销售收入同比略低于小熊迷你加湿器，市场认可度适中；大容量上加水加湿器的销售收入同比低于前两者，可能是因为产品本身存在的问题或使用场景受到限制。三种产品的销售收入基本同步增减，可能说明产品定位准确，满足了用户的差异化需求。

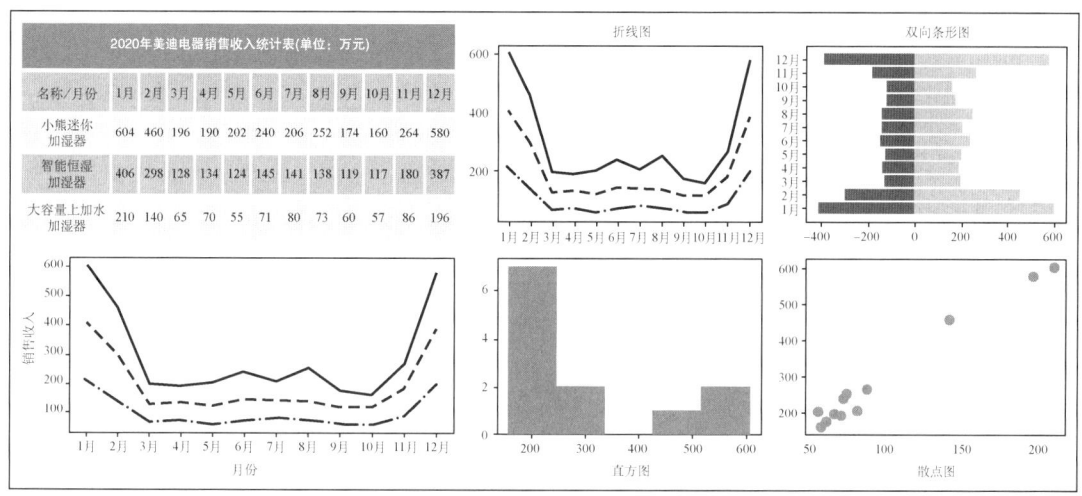

图 12-6　变化趋势分析

二、销售收入变动分析

工作场景 12-4:绘制销售收入双轴图

(一) 双轴图绘制

分析 2020 年美迪公司旗下三种产品的销售收入变动,主要是将三种产品的销售收入绘制为堆积柱形图,计算每月合计销售收入,并计算销售增长率。可在堆积柱形图的基础上,将销售增长率添加为折线图。利用 Python 学习,可以熟悉 Python 语法、变量、运算、函数调用。

工作场景
12-4

其操作步骤如下:

(1) 设置中文字体和负数显示问题。

(2) 导入美迪公司的销售收入数据。

(3) 将三种产品的销售收入绘制为堆积柱形图。

(4) 计算每月合计销售收入,并计算销售增长率。

(5) 在堆积柱形图的基础上,将销售增长率添加为折线图。

(6) 设置标签和标题。

使用 pandas 库读取该表格文件,根据 2020 年美迪公司三种产品的销售收入,绘制堆积柱形图与折线图结合的双轴图。

输入代码:

```
1    import pandas as pd
2    import matplotlib.pyplot as plt
3    import matplotlib.ticker as ticker
4
```

```
5    # 1.设置中文字体和负数显示问题。
6    plt.rcParams['font.sans-serif'] = ['SimHei']                    # 设置中文字体为黑体,
7    plt.rcParams['axes.unicode_minus'] = False                     # 并设置负数显示问题
8
9    # 2.导入美迪电器销售公司销售收入数据。
10   df = pd.read_csv('销售收入分析与可视化/美迪电器销售有限公司 2020 年销售收入.csv')
11
12   # 3.将三种产品的销售收入绘制为堆积柱形图
13   fig, ax = plt.subplots()        # 绘制画布和子图
14   width = 0.6      # 设置柱图的宽度
15   x1 = ax.bar(df['月份'], df['小熊迷你加湿器'], width, color='#5BC2E7', label='小熊
16   迷你加湿器')       # 设置三组柱图数据
17   x2 = ax.bar(df['月份'], df['智能恒温加湿器'], width, bottom=df['小熊迷你加湿器'],
18   color='#51629E', label='智能恒温加湿器')        # bottom 指定小熊迷你加湿器柱图在
19   其下方,即指定柱图起始高度
20   x3 = ax.bar(df['月份'], df['大容量上加水加湿器'], width, bottom=df['智能恒温加湿器
21   '] + df['小熊迷你加湿器'], color='#6980C5', label='大容量上加水加湿器')
22
23   # 4.计算每月合计销售收入,并计算销售增长率
24   df['该月合计'] = df.apply(lambda row: row['小熊迷你加湿器'] + row['智能恒温加湿器
25   '] + row['大容量上加水加湿器'], axis=1)        # 对三列数据 沿列方向求和为一列数据,
26   构成该月合计
27   df['销售增长率'] = df['该月合计'].pct_change(periods=1)        # 对该月合计列的数
28   据,计算增长率,即计算销售增长率
29   print(df)
30
31   # 5.在堆积柱形图的基础上,将销售增长率添加为折线图
32   ax2 = ax.twinx()   # 设置双轴
33   ax2.yaxis.set_major_formatter(ticker.PercentFormatter(xmax=1, decimals=1))
34   # 设置轴坐标为百分比显示
35   ax2.plot(df['月份'], df['销售增长率'], label='增长率')        # 显示为折线图
36
37   # 6.设置标签和标题。
38   ax.legend(loc='upper center')     # 设置堆叠柱图的图例
39   ax2.legend(loc='upper right')     # 设置折线图的图例
40   ax.set_ylabel('销售收入(单位:万元')     # 设置堆叠柱图的 y 轴标签
41   ax2.set_ylabel('销售增长率')     # 设置折线图的 y 轴标签
42   ax.set_title('2020 年美迪公司销售收入变动')     # 设置标题
43   plt.show()     # 显示图片
```

运行结果:如图 12-7 所示。

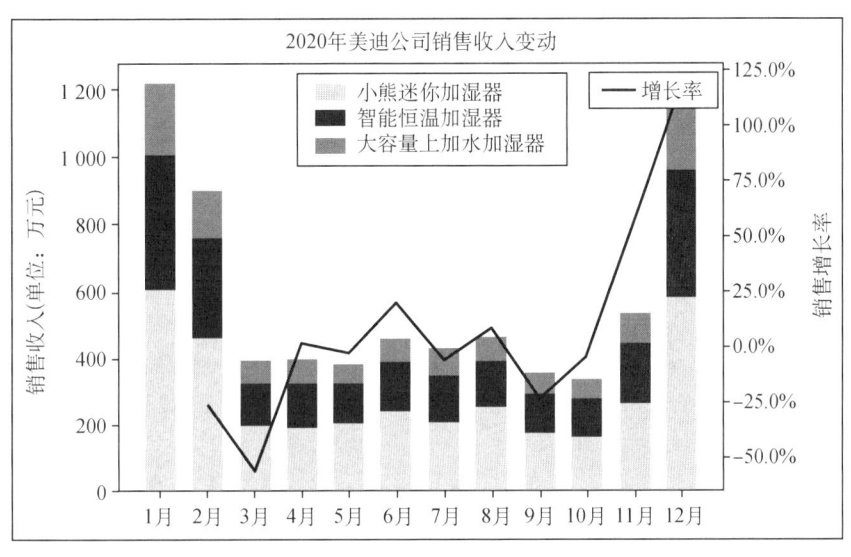

图 12-7　双轴图

（二）变化趋势及动因分析

结合图 12-7 的观察发现：三种型号的加湿器在 1～2 月的销售收入呈现持续下降趋势，说明产品在 1～2 月处于急速衰退期。产品在 5～6 月处于销售收入的短暂的增长期，在 11～12 月处于销售收入的急速增长期。

如果将销售增长率的年度换为季度，在一年当中，1 月前后销售收入经历急速的增长与衰退，说明产品对季节的依赖性非常强。其他季节增长率变化相较于冬季的变化并不明显。

三、销售收入占比分析

工作场景 12-5：绘制销售收入占比饼图与玫瑰图

（一）饼图绘制

将美迪公司 2020 年旗下 3 种产品销售收入按照季节进行汇总，将结果绘制饼图。

操作步骤如下：

（1）设置中文字体和负数显示问题。

（2）导入美迪电器销售公司销售收入数据。

（3）第一张图表：计算每月合计销售收入，并将销售收入数据按季节进行汇总。

（4）第一张图表：绘制饼状图，展示季节销售收入数据。

工作场景 12-5

输入代码：

```
1    # 1.导入 Python 库
2    import pandas as pd
```

```
3    import matplotlib.pyplot as plt
4
5    # 2.设置中文字体和负号显示问题
6    plt.rcParams['font.sans-serif'] = ['SimHei']    # 设置中文字体为黑体
7    plt.rcParams['axes.unicode_minus'] = False    # 解决负号显示问题
8
9    # 3.设置广东美迪电器销售公司销售收入数据
10   df = pd.read_csv('销售收入分析与可视化/美迪电器销售有限公司2020年销售收入.csv')
11
12   # 4.计算每月合计销售收入,并将销售收入数据按季节进行汇总
13   df['该月合计'] = df.apply(lambda row: row['小熊迷你加湿器'] + row['智能恒温加湿器'] +
14   row['大容量上加水加湿器'], axis = 1)
15   df['季节'] = ['冬季', '冬季', '春季', '春季', '春季', '夏季', '夏季', '夏季', '秋季', '秋季', '秋
16   季', '冬季']
17   sizes = df['该月合计'].groupby(df['季节']).sum()
18
19   # 5.归一化处理,确保总和为100%
20   sizes_normalized = sizes / sizes.sum() * 100
21
22   # 6.绘制饼状图,,季节销售收入数据
23   labels = ['冬季', '春季', '夏季', '秋季']
24   explode = (0.05, 0, 0.2, 0)    # 突出显示夏季数据
25   colors = ['#FF8DA3', '#FFD7CF', '#FFF8EC', '#FFC66E']    # 自定义颜色方案
26
27   plt.figure(figsize = (8, 6))
28   # 使用 round 函数四舍五入到2位小数,确保总和为100%
29   sizes_normalized = sizes / sizes.sum() * 100
30   sizes_normalized = sizes_normalized.round(2)
31
32   # 调整最后一个值以确保总和正好为100%
33   if sizes_normalized.sum() ! = 100:
34       sizes_normalized.iloc[-1] = 100 -sizes_normalized.iloc[: -1].sum()
35
36   plt.pie(sizes_normalized, explode = explode, labels = labels, colors = colors,
37           autopct = '%1.2f%%', startangle = 90)
38   plt.title('美迪销售公司各季节销售收入汇总', pad = 20)
39   plt.legend(title = "季节", bbox_to_anchor = (1, 0.5), loc = "center left")
40   plt.tight_layout()
41   plt.show()
```

运行结果: 如图 12-8 所示。

（二）玫瑰图绘制

将 2020 年美迪公司旗下 3 种产品销售收入按照季节进行汇总，将销售收入按月份进行汇总，将结果绘制为玫瑰图。

操作步骤如下：

（1）设置中文字体和负数显示问题。

（2）导入美迪公司的销售收入数据。

（3）第二张图表：将每月合计销售收入进行排序。

（4）第二张图表：设置极坐标轴。

（5）第二张图表：将 12 个月份的销售收入绘制为玫瑰图。

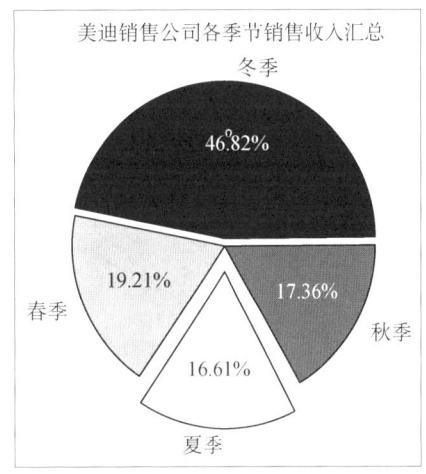

图 12-8　销售占比饼图

输入代码：

```
1   # 导入 Python 库
2   import numpy as np
3   import pandas as pd
4   import matplotlib.pyplot as plt
5   # 1.设置中文字体和负数显示问题。
6   plt.rcParams['font.sans-serif'] = ['SimHei']    # 设置中文字体为黑体，
7   plt.rcParams['axes.unicode_minus'] = False      # 并设置负数显示问题
8   # 2.导入美迪电器销售公司销售收入数据。
9   df = pd.read_csv('销售收入分析与可视化/美迪电器销售有限公司 2020 年销售收入.csv')
10  # 3.第一张图表：计算每月合计销售收入，并将销售收入数据按季节进行汇总。
11  df['该月合计'] = df.apply(lambda row：row['小熊迷你加湿器'] + row['智能恒温加湿器'] +
12  row['大容量上加水加湿器'], axis = 1)
13  df['季节'] = ['冬季','冬季','春季','春季','春季','夏季','夏季','夏季','秋季','秋季','秋
14  季','冬季']
15  sizes = df['该月合计'].groupby(df['季节']).sum()
16  # 4.第一张图表：绘制饼状图，展示季节销售收入数据。
17  labels = ['冬季','春季','夏季','秋季']
18
19  # 5.第二张图表：将每月合计销售收入进行排序。
20  amount = pd.Series(df['该月合计'].values, index = df['月份'])
21  amount = amount.sort_values()    # 默认升序排序
22  data = list(amount.index)    # 行索引转换为列表
23  print(amount, data)
24  # 6.第二张图表：设置极坐标轴。
25  plt.figure(figsize = (15, 15))   # 设置画布大小
```

```
26  plt.subplot(111, projection = 'polar')   # 设置子图个数,1 行 * 1 列,第 1 个子图,极坐
27  标轴
28  # 7.第二张图表:将 12 个月份的销售收入绘制为玫瑰图。
29  N = 12   # 玫瑰图分为 12 个月份
30  theta = np.linspace(0 + (100 / 180) * np.pi, 2 * np.pi + (100 / 180) * np.pi, N,
31  endpoint = False)  # 设置扇形的起始角度
32  width = 2 * np.pi / N    # 每个扇形宽度
33  plt.bar(theta, amount, width = width, bottom = 30, color = np.random.random((len
34  (sizes), 3)))   # 绘制玫瑰图,amount 为扇形高度(半径),bottom 为扇形底部距离圆心的
35  距离,color 指定随机颜色
36  for a, b, c in zip(theta, amount, data):
37      plt.text(a, b + 100, str(c), fontsize = 15, weight = 'bold')   # 为每个扇形加文
38  字,显示其数值
39  plt.title('美迪销售公司月份销售收入排序')
40  plt.show()
```

运行结果:如图 12-9 所示。

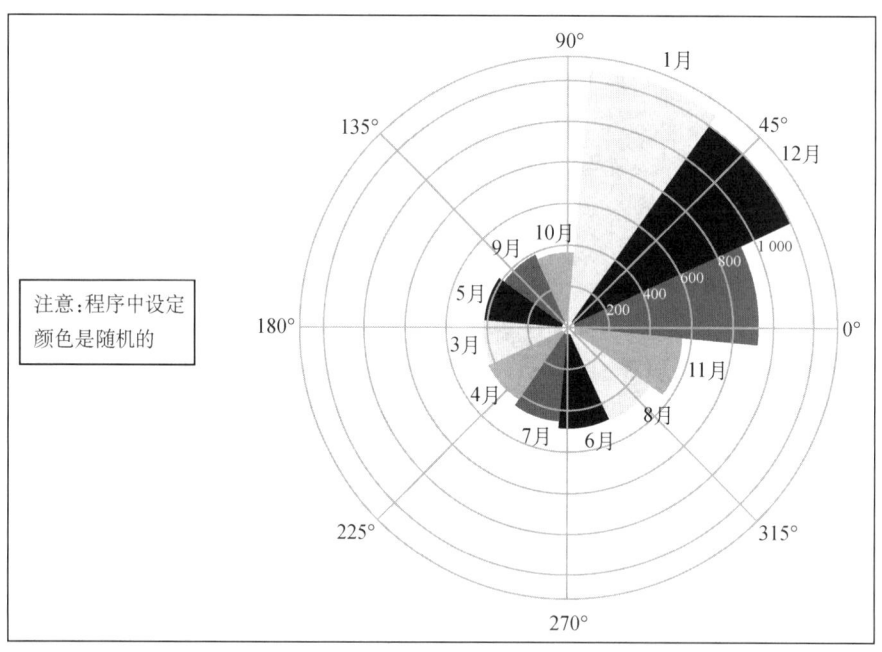

注意:程序中设定
颜色是随机的

图 12-9　销售占比玫瑰图

(三) 变化趋势及动因分析

结合图 12-8 与图 12-9 观察发现:三种型号加湿器在冬季销售收入占比最大,占全年销售收入的 46.83%。春夏秋三季的销售收入基本持平。

三种型号加湿器销售收入的季节性差别较为明显：冬季销售情况最好，其他三季销售收入基本持平；室内供暖后，由于空气干燥，对加湿器的需求量增大。其他三季需求大致为冬季的1/3，其中春季销售额最多，秋季次之，夏季最少。其他三季需要加湿器的人群可能对环境要求较高，因此，公司可针对性开发有特色、具备差异化功能的产品，满足市场与消费者的需求，从而增加销售收入。

拓 展 阅 读

当画法遇上算法

正如 19 世纪摄影术的诞生，标志着人类社会图像时代的到来，20 世纪 AI（人工智能）技术的诞生，正在开启图像视觉智能时代。如果说，摄影术是物理现实的照相机，那么 AI 就是人类思想的显像仪——通过文字口令，捕捉显意识的逻辑轨迹，呈现潜意识的情感暗流。这种显像仪会对美术创作带来怎样的影响？

AI 绘画有自己独特的拓展空间。当前，脑机接口正在突破生物认知的边界，渐冻症患者通过神经信号作画，其作品的情感浓度是常人的 3 倍。类似实验证明，AI 不仅可以成为思想的显像仪，或许还可以成为认知的望远镜——让我们看到思维从未展现过的光谱波段，为美术创作带来更多可能。比如，社交媒体语料对集体潜意识的过度"显影"，形成 AI 幻觉，这实际上激发了另一种创造力，使 AI 绘画成为一场充满惊喜的思维碰撞。

作为工具，AI 不能替代人这个创造主体。欲用好 AI，创作者一方面要有发现、提出问题的能力；另一方面要有丰富的知识结构、多维的跨界经验、包容的思想理念、深厚的艺术底蕴，以及对语言、信息的精妙编织与解码能力。当然，无论是 AI 绘画还是传统绘画，都需要创作者深入生活，把握时代脉搏。在我的 AI 绘画中，很多创意、指令都来自现实生活，创作者要有把"日常"变成"异常"的能力，避免作品流于平庸。

当算法将《清明上河图》转化为数字编码时，当计算机模拟出上百种决策路径时，我们如何避免技术的强光灼伤思想的本质？答案或许藏在中国水墨画"留白"的智慧中：最好的显影术懂得保留银盐颗粒间的呼吸缝隙。在 AI 将人类思想无限解析的时代，我们更需要守护那些无法被捕捉的认知暗区——那些游移在语义边缘的直觉，那些在逻辑断裂处绽放的灵光。将人的感性、思绪与 AI 的理性、技术更好融合，AI 绘画才会焕发新的光彩。

资料来源：节选自舒勇于 2025 年 4 月发表在人民日报的文章《当画法遇上算法》。

课后练习